「瓦礫」を追った人びと

――黎明期考古学界の先達たち

杉山博久　著

はじめに

ずっと以前には、土器や石器、さらに古瓦の破片などは、「瓦礫」と一括りされ、農作業の邪魔ものとばかりに、耕地の片隅や斜面に投棄されていた。半世紀も前なら、私が住む附近でも、未だ、そうした光景がふんだんに見られた。学史的にも有名な南足柄市沼田・西念寺裏遺跡（甲野勇「相模国岡本村沼田石器時代遺跡」『人類学雑誌』三九四一九二〇年二月ほか）など、そうした遺棄された土器や石器の格好な採集場所であった。切り崩された法面に、石囲い炉をもつ縄文中期（勝坂式期）の竪穴住居址の断面が顔を覗かせていたこともあった。また、農道のバラス代わりに撒き散らされていた土器片を拾い集めて、深鉢形土器のほぼ全容を復原出来た遺跡もある。

一八八〇年代になると、それまで、個々に、そうした「瓦礫」に関心を寄せ、拾い集めていた人びとを糾合し、それらを作った遠い過去の人類やその用法などを考究しようとするグループが出現した。一八七七年（明治一〇）に行われたE・S・モースによる東京・大森貝塚の発掘とその報告書（『大森介墟古物編』一八七九年ほか）の刊行や、H・V・シーボルト『考古説畧』（一八七九年）の出版などの影響もあったであろうが、多分に、自発的な機運でもあったように思われる。東京ばかりでなく、地方でもそうした動きは始まっていたのである。東京では、一八八四年（明治一七）に坪井正五郎等による〈じんるいがくのとも〉が発足し、福島県・岩代地方では新国西賞たちが〈古器物研究会〉（一八八九年）を、山形県・庄内地方では羽柴雄輔による〈奥羽人類学会〉（一八九〇年）の立ち上げなどのことがあった。鳥居龍蔵の〈徳島人類学取調仲間〉は一八八八年（明治二一）に発足した。

その頃、鳥居邦太郎は「遺物及遺跡ニ基ツキテ 考古学ノ梗概ヲ示シ 以テ初学ノモノ、指針ニ供セシ」と、『日本考古提要』（一八八九年）を刊行した。後年、和田千吉が、此書については当時彼是批評した人もあったが、要するに小冊子ながらも纏まった考古学の書物であった。と評し（「本邦考古学界の回顧 二」『ドルメン』二―九三二年五月）、また、中谷治宇二郎によって、

本邦人としては最初にものせし考古学の通論書、古墳時代の記事其他に於て可なりの甚しき過誤あれど、乏しき文献を狩りて石器時代の人種論、遺物の説明を試みたり。コロボックル人種論貝塚地名表等あり。

と紹介された著作である（『日本石器時代提要』一九二九年）。

少し後のことになるが、坪井は「廃物を利用せよ。所謂無用の瓦礫を転じて学術研究の資料とする」といって、「瓦礫」（この場合は、土器と石器）を石器時代の人びとの生活を考察する貴重な資料であると主張したのであった（「先史考古図譜序」『先史考古図譜』一九〇二年）。「瓦礫」＝土器や石器、古瓦の破片などは、考古学的には〈遺物〉と呼ばれるが、それに対して、「古墳」と「塚穴」（古墳）や「横穴」（横穴墓）、介墟（貝塚）などもはやくから人びとが関心を寄せた〈遺構〉であった。ただ、貝塚にしても、遺物の採集に簡便な土地という意識だけが優先して、貝塚そのものを〈遺構〉として研究する姿勢は永く欠如していた。土器や石器が採集される散布地は、「土器塚」（かわらけづか）と呼ばれた。「土器塚」が「遺物散列地」とも呼ばれ、二次的な堆積状態、つまり、農作業などによって「遺物包含層」（遺構）が破壊され、その埋蔵物が地表に散乱した結果と理解されるようになったのも少し遅れてからであった（例えば、大野・鳥居「武蔵国多摩郡国分寺村石器時代遺跡」『東京人類学会雑誌』一〇七 一八九五年一月）。また、土器や石器を作り、使用した人びとの起居の場である竪穴住居址も、一部の地域を除いては、その探求はずいぶんと遅れたように思う。『日本考古資料写真集』（一九一二年・『日本考古資料写真帖』と仕様は異なるが、内容はまったく同一である）を見ても、全八八図版のうち、遺跡・遺構図はわずかに五図版（貝塚一・古墳墳丘一・古墳石室二・横穴墓一）に過ぎない。考古学界の趨勢として、遺物により多くの関心が寄せられていたことの反映であろう。

モースの発掘や〈じんるいがくのとも〉の創設以来、一四四年ないし一三七年を経過した。この日本考古学界の永い歴史のなかで、たくさんの人びとが生涯を考古学の研究に精進し、また、人生の或る時期をその探究に邁進したこ

とであった。そして、多くの優れた成果を私たちに遺してくれたし、あるいはその発展に寄与したのであった。小著では、そうした人びとのなかから、もう忘れられているかも知れない五人の先学を選んで、その活躍の跡を回顧してみた。即ち、犬塚又兵（甘古）・大野延太郎（雲外）・三輪善之助（小陽）・神津猛・弘津史文の五人である。ただ、三輪は民俗学的な仕事が多く、また業績も顕著であるから、その分野では忘れられてはいないだろう。

大野は、東京帝国大学の人類学教室の画工から助手となり、弘津は、（旧制）山口高等学校歴史教室の嘱託として考古学研究に従事したが、犬塚（中学・師範学校教師）や三輪（会社員）・神津（銀行家）の三人は、ほかに生業をもちながら考古学の研究にも精進し、また、その発展に貢献したのであった。

経済の高度成長期以来、継続する発掘調査の量的な増大と発掘技術の革新は、次々と真新しい事実を私たちに伝えてくれ、ややもすると、その新しい情報の摂取にのみ目を奪われ、先達たちが積み上げてきた研究成果は蔑ろにされてしまいがちである。一度、先人たちの仕事を真摯に振り返ってみることも必要なのではないか、と深刻に考え始めてから四半世紀ほどを経過した。そんなことで、この間、私は、古い著作や雑誌、あるいは散在する反故のなかに埋没した故人の仕事を発掘する作業に専念し、貧しい成果ではあったが、折々に発表して来た（巻末「関係拙稿一覧」参照）。

神奈川県の西端に位置する田舎町に住んで、独り仕事を続けていると、パソコンを駆使することなど夢にも考えられない私には、この程度の仕事でも、かなりの労力を必要とした。とくに、地方発行の書物や雑誌のバックナンバーの探索などには、多くの時間と労力を費やさなければならなかった。関係する書籍や雑誌があれば、その所在地の見当をつけることから始めて、電話や手紙でコピーを依頼したばかりでなく、また、所在地まで出掛けて目を通すなど、なかなか容易ではなかった。が、その探訪の折りにも、予期しなかった発見があったりして嬉しいこともあった。

ただ、私の仕事によって、各地の博物館（資料館）・図書館・教育委員会の職員の皆さんに、ご迷惑を掛けてしまったのではと案ずる気持ちも強い。私の依頼への対応で、貴重な時間を費やさせてしまったわけで、一々お名前を挙げることをしていないが、心から感謝していることはいうまでもない。また、文献の探索・コピーには、愚息浩平にも手伝って貰った。私の後を追って考古学を学び始めた愚息も、良き師友に恵まれて、いつの間にか私の前を歩くようになった。本誌の作成にも、文献を教示し、いくつかの有益な示唆を与えてくれるまでに成長した。私事ながら有難く、嬉しいことである。

拙い仕事ではあるが、本書及び私の一連の著述が、考古学を学ぶ若い人びとにとって、学史を回顧し、先人たちの努力に敬意を払う機縁となり、また、読書人士には、今日のすばらしい日本考古学の発展の蔭には、こうしたたくさんの無名の人びとの努力があったのだ、ということを知って頂く契機ともなることが出来れば私の大きな喜びである。

凡例

一　本書は、日本考古学界の一四〇年ほどに及ぶ歴史のなかで、専門あるいは非専門と立場の相違はあっても、斯界の発展に貢献した犬塚又兵（甘古）等五人の評伝である。
一　小稿では、考古学界での活動に限定して記述した。従って、三輪の民俗学に於ける顕著な業績については言及していない。
一　文献の閲読・引用に際しては、可能な限り原典に当ることを心掛けたが、極く一部、大野延太郎の著作集「土中の日本」（『中央史壇』九―四）所収のものに依ったところがある。例えば、「土器の形式分類」（『人性』一四―七）、「土版岩版の形式分類」（『人性』一四―九）、「本邦発見石鏃の形式分類」（『飛騨史壇』二―一）などである。
一　引用文中、句読点の施されていないものは、読者の便を考え、引用者の判断で適宜示した。また、旧漢字は、原則として常用漢字に改めたが、旧仮名遣いについては、原文のもつ雰囲気を伝えるために改訂することをしなかった。
一　引用文は、本文から二字下げで表記した。複数行にわたる引用では行頭および、段落の行頭は三字下げで表記した。
一　本文中、「石器時代」を「縄文時代」を同じ意味で使用している箇所がある。文章の前後の雰囲気によったものので、特別な意図はない。
一　文献の引用に際しては、煩雑さを避けるため、当該者の著作・雑誌発表論考で一覧に収載したものは、適宜、掲載誌名や刊行年月を省略し、題名のみを記した。また、参考文献とした拙稿も、題名を提示するに止めた。巻末の著述一覧を参照されたい。

一　遺跡所在地等の地名に関しては、可能な限り現在〔本書執筆時、二〇二一年〕の地名への対照を心掛けた。

一　人名の表記については、大野延太郎の「雲外」や三輪善之助の「小陽」・「Z・M」などの著名があるが、いずれも大野延太郎・三輪善之助に統一した。

一　書影はすべて所蔵する著作によったが、著者近影や図版は、キャプションに註記したように、その大半を掲載されている著作・雑誌から複写させていただいた。明記して謝意を表わしたい。一部、記念館所蔵の肖像写真を使用させていただいたものもある。

一　固有名詞、例えば早稲田大学や国学院大学などは、正しくは早稲田大學・國學院大學であろうし、人名も、佐藤伝蔵や藤森栄一さんなどは佐藤傳藏・藤森榮一であろうが、ここでは慣用に従うことにした。

一　『日本石器時代人民遺物発見 地名表』は、頻出するので、適宜、『第二版 地名表』とか『第三版 地名表』という具合に書名を省略した。

一　引用文中に、「支那」や「朝鮮」など、一部適切でない表現もあるが、研究史上のことであるので、そのまま使用したことを了解していただきたい。

目　次

第一篇　書道教師の考古学～犬塚又兵小伝～

一　犬塚への関心

甘古・犬塚又兵は、一八八〇年代半ばから一九〇〇年代初めにかけて、まったく日本考古学界の揺籃期に、教師として赴任した先の福島県や愛媛県、さらには愛知県などをフィールドとして、考古学研究を展開した斯界の先達である。とくに、福島県に於ける活躍は顕著で、後に、八木奘三郎によって、

又岩代福島の犬塚又兵氏　磐城中村の館岡虎三氏等は　恰も両国内を独り舞台の如くに探査の手を伸ばして居つた。

犬塚又兵（『国分史』より）

と評されたほどであった（「明治時代の先史古物採集家」『民族文化』二一九四〇年六月）。従って、多くの遺物を蒐集していたことでも知られており、

人類学の会員中尤も多く古物を保存せらるゝは旧会長神田氏にして其他九州には江藤小川の諸氏あり、奥羽には犬塚羽柴佐藤蔀氏等各々蔵品の豊かなるを聞しも再后時勢の変遷と一家の事情とに因りて旧躰を存するもの一二に過ぎざるに至れりと云ふ。

と伝えられている（「本会員蔵品陳列所の新設」『東京人類学会雑誌』

一四二　一八九八年一月）。

一八八六年（明治一九）の一月末か二月初旬、神田孝平（東京人類学会々長・元老院議官）が犬塚を訪ね、一〇日ほど福島に滞在した可能性がある。「二月十二日」の日付をもつ羽柴雄輔宛書簡に、

此程 犬塚老人を尋手福島県下尓而十日斗遊び申候 少々者獲物も有之 大ニ見聞を広メ愉快ニ御座候

とある。この書簡は年次の記載を欠くが、収載する『淡崖手簡』の構成やその内容から判断して、一八八六年の「二月十二日」と結論されたのである。厳寒期の福島はきついと思うが、「此程」という文面からはそう距たった日程を考えることは難しいだろう。翌年（一八八七年）八月にも犬塚を訪ね、その案内を得て、近隣に所在する遺物を探訪している。須賀川の日枝神社へも立ち寄り、その成果が「土中出顕経巻実見記」（『人類学雑誌』二〇　一八八七年一〇月）である（「創設期人類学会の庇護者―神田孝平小伝―」）。また、一八九四年（明治二七）八月には、中沢澄男が北海道旅行の帰途、郡山に立ち寄っている。中沢は、「全地方のもの能く採集せられたり」と感歎している（「北海道旅行中人類学上の見聞」『東京人類学会雑誌』一〇四　一八九八年一一月）。

神田の犬塚訪問のことは、地元にも記録が遺っている。そこには、

元老院議官従三位　神田孝平
犬塚又兵
長原孝太郎

八月廿六日 曲玉古器物類御一覧ニ 態々御出相成リ 安斉相楽松井及村社曲玉入（入字衍？）御披見ニ入申候 午後一時八幡村へ御出ニ相成 直郡山へ御帰リニ相成

と記録されている（「安斉倉美氏所蔵書付」『福島県郡山麦塚古墳』一九六二年）。一八八七年（明治二〇年）八月二六日、安積郡大槻村（現福島市）の村社に、犬塚に伴われた神田と長原孝太郎が、古墳出土の遺物（曲玉）を見学に訪れたというのである。安斉は安斉茂七郎、相楽は相楽四郎、松井は松井玄竹であるらしい。その安斉茂七郎は、『東京人

類学会雑誌』(五〇・五六)の記事に見える安藤茂七郎・安斉茂七であるように思われる(『東京人類学会雑誌』への誤報か誤植?)。いずれも、犬塚や新国西賞と古器物研究会に参加した人たちである。

神田は、同じ年(四月～六月)に、関西(京・大坂・奈良)から北陸(敦賀)、中部(岐阜・長野)地方を巡遊した「古物等採集巡覧」旅行を行い、その折りにも長原を伴っている。長原の画図を描く技術に期待したのであろう。この旅行中に長原が作成した画図群は、人類学教室に保管されていたらしい(「神田孝平氏一行の飛騨旅行 二」『ひだびと』一〇五 一九四三年三月)。長原は、若い頃は神田邸に寄宿し、『東京人類学会雑誌』の巻末石版図などを画いていたという(八木静山「明治考古学史」『ドルメン』四―六 一九三五年六月)。『東京人類学会雑誌』(三二 一八八八年一〇月)に掲載されている御物石器図など、いずれも見事な出来栄えである。この採集旅行に随伴した羽柴雄輔の日記が「青山入夢日記」である(「『石狂』の先生～羽柴雄輔小伝～」)。

この犬塚に関連して、一〇年ほども前になるが、九州のある古書店のカタログに、

犬塚又兵　国分史　三冊　大正一年

とあるのを見附けた。詳しい内容は分からなかったが、甘古・犬塚又兵と著者名が同じであることから、あるいはと考えて注文してみた。さっそく送られて来た著作は、総てで二、八五〇頁に近い大冊で、著者の犬塚又兵は、正しく甘古・犬塚又兵であった。ただ、その内容は、山城国以下、各国ごとの歴史を、主に「日本史、及び野史に採り」叙述したもので、私が秘かに期待していた考古学的な記述は皆無であった。従って、犬塚と考古学を問題とするときには参考とならず、犬塚にはこうした著作も存在するという事実を知るだけで満足するしかなかったわけである。が、挿入されている著者近影からその風貌を知り得たことや、自筆のままに印刷された序文に、羽柴宛書簡とは違った、犬塚の隷書風の手蹟を見ることが出来たのは幸いであった。

その犬塚について、『福島県史 一』(一九六九年)には、わずかに、

本県内での原始時代の研究は、犬塚又兵・若林勝邦・館岡虎三・大野雲外らによって行なわれ、一八九〇年ご

ろから中央学界に報告されている。

と言及されているだけである。が、梅宮茂（「明治・大正期の考古学史」『福島考古』二〇　一九七九年三月）や斎藤忠先生（『郷土の好古家・考古学者たち 東日本編・西日本編』二〇〇〇年）、同『日本考古学史辞典』（一九八四年）には、やや詳しい記事がある。また、『福島市史 原始・古代・中世』（一九七〇年）や『松山市史料集 第一巻』（一九八〇年）、『西尾市史（自然環境・原始古代）』（一九七三年）にも、調査した遺跡との関連で多少の言及があって参考となるところがある。

梅宮の記述を一部転載すると、

本県の考古学研究が中央学界に紹介されるようになったのは犬塚又兵ヱの賜である。犬塚は山形県庄内の人、松森胤保に師事し、羽柴雄輔らと奥羽人類学会を創設し、一時は東京人類学会に対立していた。明治一五、六年頃福島師範学校助教諭として務め、福島周辺を調査した。……

犬塚は後福島県尋常中学校に転じ、同校が郡山に移るに及んで郡山市に住み、生徒を使って県南地方の古墳等を発掘した。明治二三年に麦塚古墳を掘り、その前年には友人の鳥居龍蔵をよんで福良沢古墳を調査し、石室の奥壁に「長二」の文字があることを確かめている。……

特筆すべきことは、明治一七年有坂鉊蔵、坪井正五郎らにより東大構内から弥生式土器が発見され話題をまいた。その直後に犬塚が郡山で弥生式土器を発見している。……この郡山の弥生遺跡は福良沢か柏山であるとされる。

とある。「犬塚又兵」を「犬塚又兵ヱ」とするなど、やや杜撰なところも見受けられ、また、少し穏当さを欠いた表現や記憶違いもあるが、おおよそ、福島に於ける犬塚の事績は伝え得ているかと思う。

斎藤先生は、その梅宮の記事を祖述しながら、後に愛媛県でも活躍したことを附け加え、横地石太郎を「よき研究の伴侶」として、古墳の探訪などを続けたといい、⑱「伊予の石器」こそ、愛媛県（伊予国）に於ける最初の学問的報告であったと評価している（『郷土の好古家・考古学者たち 西日本編』）。が、どういうわけか、この『郷土の好古家・考古学者たち』では、愛知県に於ける活動については、まったく言及されることがなかった。ただ、『日本考古学史辞典』（一九八四年）では、「岡崎に移ってからは『三河国幡豆郡西の町貝塚に就き』（同一六―一七九、明治三四年）等を発表した」と、『東京人類学会雑誌』に論考を発表していることや、慶応義塾大学博物館に「土偶及土器模写図」が収蔵されていることも伝えているから、なにかの工合で抜け落ちてしまったのであろう。

いま、私は、梅宮の記述に、多少納得していないところがある。例えば、梅宮は、「羽柴雄輔等と奥羽人類学会を創設し、一時は東京人類学会に対立していた」という。この部分など、私が不適切な表現と考える一例である。犬塚が奥羽人類学会の創設当初からの会員であり、その設立を悦んでいたことは間違いない。が、その創設に関与したという記録はない。また、「東京人類学会に対立」という言葉も適切ではない。曲玉の定義に関して、羽柴雄輔と坪井正五郎の間で激しい応酬があり、最後には、羽柴も、

坪井君よ 君は私の望む処を顧みず 尚辞句や文意の欠乏を窺ひて攻撃なさるゝならば 私も三宅君に倣ひ 曲玉定義の論は余り大切ならぬと申切りて遁るゝより外良策の無いのであります。

と匙を投げ、論議を終了させたことも確かである（『東京人類学会雑誌』六二 一八九一年五月）。が、それは決して両学会の「対立」を意味するものではない。むしろ、「奥羽人類学会規則」にもあるように、「東京人類学会ノ悌弟ト成リ」、さらに、独自の機関誌を持たなかったから、例会での報告・談話のなかで、「弘ク世ニ示スヲ便トスルモノハ」東京人類学会に転送し、『東京人類学会雑誌』に掲載を委ねるなど親密な関係を保っていたのである。東京人類学会も、長い歳月、奥羽人類学会の動静を丹念に伝えているし、送附された原稿も掲載し続けていることを忘れてはならない（「『石狂』の先生～羽柴雄輔小伝～」）。言葉尻を捉えるようで気が咎めるが、誤解を招きかねない表現である。

また。記憶違いと思われる部分も何箇所か認められる。鳥居龍蔵と福楽沢古墳（梅宮のいう福良沢を指す）を踏査したことは確かであるが、鳥居の福島県探訪は古墳調査のためではなく、郡山近くの開墾地で、「異様な土器」が大量

に出土したからである。その調査を人類学教室に依頼されたことでの出張であったはずである。そして、一八八九年（明治二二）のことでもなく、一八九四年（明治二七）と訂正されなければならないと思う（「磐城岩代両地方ノ古墳談」ほか）。

犬塚は、五〇年近い以前にその名を知り、関心を持った考古学界の先達でありながら、とくに調べてみることもせず、長いこと放置していた。が、羽柴を調べているなかで、多少の犬塚関係の資料も閲覧することが出来て、改めてその活動の軌跡を追ってみたいと思うようになった。それからでも、ずいぶんと歳月が経過してしまった。いま、斎藤先生が見ることのなかった資料も参考として、私なりに、犬塚の考古学的な活動を回顧・確認することも、強ち無駄ではないだろうと考えての著述である。

二　古器物研究会

犬塚又兵の福島県に於ける考古学的な研究活動は、私の知り得た限りで、一八八三年（明治一六）ないしは八四年（明治一七）から始まる（「磐城岩代両地方ノ古墳談」）。が、その考古資料への関心は、すでに、山形県西田川郡鶴岡町（現鶴岡市）にいた頃から、羽柴雄輔等に触発されて昂まっていたらしい。一八七六年（明治九）頃には、後に奥羽人類学会の会長となる松森胤保や、同会に参加した高野栄明、門山周智等と競うように遺物採集に励んでいたという（羽柴「両羽四郡ニ於テ古物捜索ノ経歴略記」『東京人類学会報告』六　一八八六年七月）。E・S・モースの東京・大森貝塚の発掘に先行する活動であった。一八八四年に、赴任先の福島県でも遺物採集に努めていたことは、羽柴の稿本『古物図帖』に収録されている遺物図の註記によっても確かめられるところである。ただ、その頃に採集し、福島中学校に保管されていた資料は、同校の火災で焼失してしまったらしい（「磐城岩代両地方ノ古墳談」）。

福島に於ける犬塚の考古学的述作は、一八八七年（明治二〇）八月、『東京人類学会雑誌』（一八）に「石器彙報　岩代元宮石器」を発表したのを以て嚆矢とする。その後は、一八九五年（明治二八）まで、一八九二年（明治二五）を除き、毎年、磐城・岩代地方の調査結果を『東京人類学会雑誌』に報告しているのである。その福島地方に関係する論考は一六篇に及んでいる。新国西賞（四篇）や館岡虎三（九篇）も寄稿を繰り返しているが、比較しても、質・量ともに犬塚の活躍は卓越している。福島を離れてからは、一九〇三年（明治三六）まで、新潟県や愛媛県、愛知県、三重県に関する報告などを発表し続けているが、量的には、とても福島時代には及ばないことになってしまった。

福島県在住の頃には、かなり活発に調査活動を展開し、その結果を執筆しており、貴重な報告や優れた指摘も多かったが、やはり、新国西賞等と古器物研究会を創始したことが注目されるように思う。その創設を伝える『東京人類学会雑誌』（四四　一八八九年一〇月）の記事には「古器物展覧会第一会」とあるが、第二会からは「古器物研究会」の標題で報道されるようになるから、組織を「古器物研究会」と呼び、活動として「古器物展覧会」を開催したと理解される。一八八九年（明治二二）九月二九日に第一会を開催し、犬塚と新国西賞のほか、相楽四郎、新国竹千代などの「同意者」が、「人類学研究ノ緒ヲ開カント欲シ」て、それぞれの採集遺物を持ち寄っての展覧会であった（新国西賞「古器物展覧会第一会」『東京人類学会雑誌』四四）。羽柴の奥羽人類学会の発足に一年ほど先行した試みであった。その時点では、鳥居龍蔵の徳島人類学取調仲間しか地方の研究会は存在しなかったから、東京人類学会でも、

新国氏の挙は誠に喜ぶべし　然れども何卒通例の古物会に流れず　物品の精麁によらず確実なる材料を選み　出出（出土の誤植）地名目録を製し　又は用法等を研究し　人類学研究会、阿波徳嶋の取調仲間と共に　斯学の為充分講究あらんことを望む

と期待するところが大きかった（「新国報告への附言」）。

『東京人類学会雑誌』によると、古器物展覧会は、一八九〇年（明治二三）一一月まで、七回ほど開催されたと伝えられている。ただ、記事には多少の錯誤があるようで、例えば、「明治二十二年二月十五日」とある第三会や、「一月二十九日」とする第四会は、それぞれ「明治二十三年二月十五日」及び「三月二十九日」と開催年月日を訂正しなければ辻褄が合わない。また、どうしたわけか、第六会についてはまったく関連記事がない。第七会を第六会の誤り

としても、それではあまりにも間が空き過ぎて、それまで比較的順調に開催されていたことを考えると不審感を禁じ得ないのである。が、参考のために、第三会と第四会の開催年月を訂正した結果に基づいて、その開催年月日と参加者名を記載すると左記のようになる。なお、参加者名の記載の不統一は、『東京人類学会雑誌』に従ったまでである。単に「早川」とあるのは早川金吾、「富田」は富田勝美、「相楽」は相楽四郎であろうが、強いて推測による補訂を試みなかった。

第一会　一八八九年（明治二二）九月二九日　犬塚又兵・相楽・永井・新国西賞・新国竹千代
（会場？）

第二会　一二月　三日　新国西賞・佐藤長蔵・新国竹千代・犬塚又兵・富田・阿部・相楽・早川
（会場犬塚又兵邸）

第三会　一八九〇年（明治二三）二月一五日　早川金吾・岡田匠作・犬塚又兵・佐藤長蔵・新国西賞
（会場早川邸）

第四会　三月二九日　犬塚又兵・富田・早川・新国西賞
（会場新国邸）

第五会　四月一三日　富田主馬・富田勝美・国分佐重・伊藤七左衛門・安藤文次郎・伊藤春之助・松井玄竹・新国竹千代・早川金吾・前林丑次郎・犬塚又兵・相楽・遠藤熊太・安藤（斎の誤植？）茂七郎・橋本綱吉・遠次郎吉
（会場相楽四郎邸）

第六回　？　？

第七会　一一月　三日　犬塚又兵・安斉茂七（郎字脱？）・相楽四郎・渡辺・落合・藤沼・早川・長沼・新国

（会場？）

いま、史料的に確認された範囲でいうと、犬塚と新国西賞、早川金吾、相楽四郎などが順繰りで自宅を会場に提供したようで、また参加回数も多く、この四人が古器物研究会の中核的存在であったかと推察される。さらに、東京人類学会への通報者が新国西賞であったことを考えると、音頭取りはその新国であったかも知れない。当時、犬塚は安積郡桑野村（現郡山市）に仮寓し、新国西賞は同郡小原田村（現郡山市）、早川金吾は同郡久保田村（現郡山市）、相楽は同郡大槻村（現郡山市）に居住しており、佐藤長蔵や新国竹千代も安積郡小原田村の人であったから、古器物研究会は福島県安積郡地方（現郡山市）の同好者によって組織されたものであることが分る。従って、展示物も同地方の出土品が多かったであろうことは容易に推察されるが、それでも、旧岩代国の四郡（安積・安達・信夫・伊達）ばかりでなく、旧磐城国の四郡（西白河・石川・田村・石城（磐前））にも及んでいることが見て取れるのである。また、遺物ばかりでなく、時には、「土器石器出所表安積郡方言表」といった資料が展示されることもあった〈第三会〉。この表は新国西賞が作成したものらしく、『東京人類学会雑誌』（五〇　一八九〇年五月）に、「岩代国安積郡古器物発見村名表」の標題で掲載されている。「明治六年ヨリ明治二十二年ニ至ル」一六年間の遺物（土器・石器）採集地を、各村の大字ごとに、その数で記録したもので、一四箇村二五大字の八二箇所に及んでいる。新国西賞は、一八七三年（明治六）という早い時期から遺物採集を始めていたらしい。

犬塚は、大槻村の塔山古墳群（堂山古墳群）に関連して、

此一山ノ墳墓ヨリ出テタル遺物ノ如キハ何ニ程アリシヤ　現ニ会員大槻村相楽四郎其他松井玄竹安斉某等ガ勾玉管玉ヲ多ク蔵セシハ　皆同所ノ発見品也

などと、古器物研究会に参加した相楽等が、たくさんの玉類を採集していたことを伝えている（「磐城岩代両地方ノ古

墳談」)。開墾が進展するなかで、数多くの遺跡が破壊され、大量の遺物が出土し、安積郡地方の人びとによって採集されていたようである。犬塚についていえば、展示遺物の採集範囲は、安積・安達・信夫・伊達・西白河・石川・石城(磐前)の七郡を算え、新国西賞や早川金吾などと較べて、やや広範囲に亘るかと思われるが、第四会展覧会に於ける相楽の安積郡大槻村近郊採集の石鏃八〇〇点以上という出品例もあり、数量的な面では、犬塚が他の人びとに卓越していたかどうかは明らかでない。

三 奥羽人類学会

創設からわずか一年四ヶ月、一八九〇年(明治二三)一一月三日開催の第七会展覧会を最後に、古器物研究会は消息を絶ってしまったが、その前日、隣県の山形県西田川郡鶴岡町に、羽柴雄輔の奔走によって奥羽人類学会が誕生した。東北地方の同好者を糾合した組織で(「『石狂』の先生~羽柴雄輔小伝~」)、鶴岡出身の犬塚又兵がその発足当初から参加していたことは間違いない。

いま、手書きの「奥羽人類学会々員姓名簿」が伝わっている。用紙五枚に及び、そこには今田栄治以下三五名の住所・姓名が連記され、犬塚については、

福島県安積郡桑野村　　犬塚又兵

とある。また、入会を希望する旨の角田俊次の申込書も添付されている。その角田の申込書の日付は、第一会例会の開催日であるから、例会に参加する際に、入会申込書を提出したと考えられる。会員姓名簿には、その角田は記入されていない。

この会員姓名簿は作成年次が記載されていないので、いつの時点でのものか判然としない。が、結論をいえば、私は第一会例会開催日に、受付けに用意されていたものではないかと考えている。明らかに同筆の記名が続く部分もあり、何人かで手分けして整理したように観察される名簿である。

角田は「賛成会員」としての入会希望であった。「奥羽人類学会規則」によると、会員には名誉会員と通常会員の別があり、さらに「会員ノ外ニ賛成員ヲ置ク」とあるから、角田の場合、「会員ノ外」（賛成員）として処理され、会員姓名簿に記載されなかった可能性も否定は出来ない。が、羽柴が名誉会員としての入会を勧誘した田中正太郎が、羽柴宛返信のなかで、「賛成員位になし置被下度候」と謙虚な申し出をしているとしても（一八九〇年一一月三〇日付け羽柴宛書簡）、その田中の名前も記載されていないのである。羽柴が入会を勧誘しておきながら、「賛成員」を希望したからといって、まったく名簿に記載しないというような不作法なことは考えられないわけで、この事実は、名簿が田中の返信を受領する以前の作成であったことを示唆して充分である。受付に用意されていた会員姓名簿に、松森胤保や上野漸は押印・花押し、角田の場合は入会を承諾して、その入会申込用紙を名簿と共に保存したと理解するのがもっとも妥当ではないかと私は考えている。

さらに、記録を調べてみると、会長となる松森胤保のほかに、四ヶ月後の一八九一年（明治二四）三月一日の第五会例会までに、七名の名誉会員の入会があったはずである（「第三会記事」『東京人類学会雑誌』五八　一八九一年一月、「第四会記事」『東京人類学会雑誌』五九　一八九一年二月、「第五会記事」『東京人類学会雑誌』六〇　一八九一年三月）。また、他の記事から、松森を除く名誉会員のうちの三人が、小川敬養や山崎直方、真崎勇助であったことも明らかである（「第一二会記事」『東京人類学会雑誌』六八　一八九一年一一月）。が、それらの人びとの氏名も会員姓名簿には記録されていない。従って、彼等が入会する以前の段階での会員姓名簿であることは疑いようがない。あれこれ勘案した結果、私は前記した結論に達したのである。とすれば、犬塚は設立当初からの会員であったと見て誤りはない。犬塚と羽柴の間には、以前から、親しく書簡の遣り取りはあったようであるから、とうぜん、はやくに羽柴の勧誘があったであろうことは推測される。

なお、この「奥羽人類学会々員姓名簿」には、古器物研究会からの参加者として、早川金吾の名はあるが、新国西賞や相楽四郎などは見えない。新国や相楽、佐藤長蔵等は、東京人類学会には加入したが（「東京人類学会々員一覧表」

明治二二年一一月、明治二三年一〇月調）、奥羽人類学会とは交渉をもたなかったようである。奥羽人類学会の発足が古器物研究会終焉の遠因となったかも知れない。

奥羽人類学会では、一八九三年（明治二六）一一月一一日に開催された、創立第三年会を兼ねた第三七会例会で、「奥羽ノ各地ニ委員ヲ置クノ可否」が審議、可決されて、犬塚も、舘岡虎三とともに、福島県の地方委員に銓衡され（「第三七会記事」『東京人類学会雑誌』九二　一八九三年一一月）、承諾している（「第三九会記事」『東京人類学会雑誌』九四　一八九四年一月』）。「地方委員」とは、東京人類学会の「地方委員」の制度を踏襲したもので、その職務も「東京人類学会委員ノ職務ニ準シ」たものである。東京人類学会に於ける「地方委員」の制度は、一八九三年二月に開催された「第三委員会」（山崎直方・若林勝邦・佐藤重紀・坪井正五郎）で議決されたもので、

其地方ニ於ケル人類学上ノ事実ヲ取調ベ本会へ報道スル事。

其地方ノ新聞雑誌ニ出デタル記事論説中　人類学ニ関係有ルモノ見ヱタル時ハ　之ヲ切リ抜キ或ハ写シ取リテ本会へ送ル事。

とある（「第八三回例会」『東京人類学会雑誌』八三　一八九三年二月）。この東京人類学会の地方委員には、江藤正澄（筑前博多）や小川敬養（豊前小倉）・羽柴雄輔（羽前鶴岡）・寺石正路（土佐高知）たちよりは多少遅れたが（「第八六例会」『東京人類学会雑誌』八六　一八九三年五月）、間もなく受諾したようで、一〇月発行の『東京人類学会雑誌』（九一　一八九三年一〇月）に掲載された「東京人類学会役員　地方委員」の一覧には、犬塚（岩代）の名前も見出すことが出来る。

奥羽人類学会の地方委員に就任したのは、最終的に、高野栄明（幹事兼任）や加藤伊三郎・門山周智・越島幾久太郎（山形県）、真崎勇助と宮沢運治・平野虎吉・佐藤初太郎（秋田県）、工藤祐龍と角田猛彦（青森県）、宍戸一郎（宮城県）、犬塚又兵と舘岡虎三（福島県）、武藤留之助と旅河卓雄（北海道）の一五人であった（「第三九会記事」『東京人類学会雑誌』九四　ほか）。岩手県を除く東北四県と北海道に及ぶ、かなり大所帯な陣容であった。真崎や宮沢、佐藤な

ど、いずれも『東京人類学会雑誌』上に懐かしい人たちである。

この「地方委員」に就任した各委員の寄稿や資料提示の状況を概観すると、旅河が突出した回数を示し、寄稿と資料提示・寄贈は一七回と一六回に達している。なかでも、第七〇会例会と第八三会例会、第八四会例会の出展数は多く、また、その第八四会例会での談話「余カ実践セル石世期遺蹟及遺物散布地并ニ採集品」は、『東京人類学会雑誌』（一四二　一八九八年一月）に、「第八十四会記事」として全体が転載されている。北海道に於ける遺跡三七箇所の詳細な記録で、『日本石器時代人民遺物発見　地名表』を補完する内容であった。旅河の「追記」にも、「東京帝国大学人類学教室ニテ出版セル日本石器時代人民遺物発見地名表ニ記載アリシ地名ヲ除ク　余報告セシモノニテ偶重出セルモノハ校正セシモノト知ルベシ」と、『日本石器時代人民遺物発見　地名表』を補訂するものと自負していたことが窺われる。が、何故か、この成果が『第三版　地名表』に採択されることはなかった。旅河の報告による遺跡は、すでに『第二版　地名表』に登載されている樺戸郡月形村（現月形町）字円山（第五版まで登載）と網走郡網走（現網走市　第四版からは消去）が記録されているばかりである。

犬塚の寄稿は三回、資料展示四回、寄贈は五回であった。その寄稿した論考は、「岩代国安積郡大槻村ニ於テ古墳ノ奥壁ニ大王ノ二字アルモノヲ発見ス」（「第八会記事」『東京人類学会雑誌』六三　一八九一年六月）と、「古代住居ノ竪穴遺跡ニ就キテ」（「第四三会記事」『東京人類学会雑誌』九八　一八九四年五月）、「越後国中蒲原郡程島村字畜生ヶ原石器時代ノ遺跡発見ニ就テ」（「第六四会記事」『東京人類学会雑誌』一一九　一八九六年二月）の三篇である。それらのうち、「古代住居ノ竪穴遺跡ニ就キテ」を除く二篇は、『東京人類学会雑誌』に掲載された。

また、資料展示・寄贈のことは、「古物図（福島県各所出土ノ土器九点）」一巻を第三七会例会に展示し（「第三七会記事」『東京人類学会雑誌』九二）、第五二会例会に、「縄紋土器図（磐城岩代陸中北海道ノモノ十個）」一巻（「第五二会記事」『東京人類学会雑誌』一〇七　一八九五年二月）、第五四会例会に、「岩代各所出顕土器図（埴輪円筒一個縄紋土器十七個）」一巻（「第五四会兼本会創立第四年会記事」『東京人類学会雑誌』一〇九　一八九五年四月）を展覧し、第六三会には、「岩代越後ノ遺物図（七枚）」（「第六三会記事」『東京人類学会雑誌』一一八　一八九六年一月）を展示した後、それぞれ寄贈している。『扶桑の花』一冊を寄贈したこともあった（「第五会記事」『東京人類学会雑誌』六〇　一八九一年三月）。その『扶桑の花』（三二　一八九二年一月）には、犬塚の「古代の瓦は多く神社仏閣に用ひたる説」が掲載されていた。田中正能「犬塚又兵著『古代の瓦は多く神社仏閣に用ひたる説』について」（『福島考古』二一　一九八〇年三月）に翻刻されている。

四　羽柴雄輔との交流

犬塚又兵と羽柴雄輔の関わりについては、以前、羽柴を紹介した際に言及したことがあるが（「『石狂』の先生～羽柴雄輔小論～」）、ここでは、多少の重複を厭わず、犬塚の立場から再説してみたいと思う。

羽柴に、『か里のおとつれ』と題した、諸家の書簡を帖仕立てにしたものがある。その「序」に、

朋友の日々月々に寄せら留ゝ数多の文書は　既于筺中に充満してケれバ　それか中于は他日の参考になる辺きものと紀念になるべきものをもあれは　無下に紙屑籠の中于退けんも惜むべきの至りなり　故ニ其等乃ものを抜き採りて　見安寿からんが為ニ一帖于網羅して　かりの音伝となん名付ける

とあることから、羽柴の整理した意図は明らかである。そこに数通の犬塚の書簡も収載されている。羽柴は、犬塚に註記して、

鶴岡藩士　号甘古　好事家　善書画（鶴岡藩士　甘古と号し　好事家　書画を善くす）

というが、犬塚は、松山では書道の教師を務めていたと伝えられている（『松山市史料集　第一巻』）。

『か里のおとつれ』所収の書簡は達筆に過ぎて、正直なところ、私の判読力を超えるところもある。が、その「二十二年一月一日」（一八八九年）の日付をもつ一通を見ると、そこには、

一　年末ヨリ　私休業中横穴ヲ探求以たし候処　八十有余ニ及ヒ　奮発シテ又尋ね出し　終ニ百六穴ニ及へリ　寒中之

大奮発ニ御座候 只今調中ニ御座候 学会ニ可差出と存居候 草稿出来次第御廻可申候間 阿まりニ見咎メラレサル様 不文之処も直し申度間 願クハ先ツ貴兄ニ御廻可申候間 御加筆被下様奉願度候

などと、⑤「福島県石川郡竜崎村其他横穴探求記」と関連した記述を見出すことが出来る。また、同年七月二八日消印の書簡もあって、少なくとも、これらの書簡から、奥羽人類学会創設以前に、犬塚と羽柴との間に交流のあったこと、考古学的な話題も交されていたことが確認され、奥羽人類学会の旗揚げに、犬塚が躊躇なく加わったであろうことは容易に納得されるのである。さらに、考古学の分野では、犬塚は羽柴に一日の長を認めていたようで、それは執筆した原稿の校閲を懇請していることからも明らかである。それほどに昵懇であったことも充分に知られるのである。

奥羽人類学会に寄贈された犬塚の画図のうち、田村郡守山村（現郡山市）字大善寺所在の古墳に伴う円筒埴輪図は、『山形県史 考古資料』（一九六九年）の「口絵三八」に掲載されている。それを見ても、犬塚の画図は見事なものであったことが分る。その円筒埴輪図は、一八九五年（明治二八）四月一四日に開催された第五四会兼創立第四年会に展覧・寄贈されたもので、余白に、奥羽人類学会の隆盛を喜ぶ言葉が添えられている。

予ハ欣々然トシテ奥羽人類学会創立第四年会ノ盛隆ナルヲ賀ス 又此会ノ西南地方ニ起ラズシテ 東北地方然カモ我カ故国ノ鶴岡ニ隆起スルヲ賀ス 又斯会ノ創立者ノ他人ニアラズシテ 予カ尤懇篤親愛ナル所ノ羽柴兄ニシテ然カモ同会ニ尽力サレシ人ハ 皆郷里集居ココナリシコトハ 殊ニ欣々然トシテ賀セスハアラサル也……

とある。独り郷里を離れて、奥羽人類学会の創設・発展を心から悦んでいることが伝わってくる。ただ、この文面からも、犬塚が創設の計画に参画していたように読み取ることは出来ない。

犬塚の画図が優れたものであったことは、羽柴の『古物図帖』に収められている「甘古写生」とか「甘古筆」、さらには「鑑古生誌」とある土器や石器図によっても充分に窺われる。犬塚は、「甘古」ばかりでなく、「鑑古」と署名することもあったらしいが、その「鑑古生誌」とある注口土器の図は、「廿一年五月廿七日 郡山如法寺ニ古器物ヲ見ル 此器和尚ノ我ニ贈ル所ノモノ 大サ略約如図」と註記し、朱印五顆を捺した洒落た画図である。カラー写真にはない息づかいが感じられる。なお、同図帖に「甘古写生」とある独鈷石（「福島県下ノ出」と註記）二点は、『古物類集』に犬塚祐吉所蔵とする石器に一致するが、犬塚又兵から子息犬塚祐吉へ譲渡された段階で、新たに画かれたものであろう。

その『古物図帖』には、犬塚所蔵の諸資料の画図・拓本も収載されている。概観した範囲で、羽柴の註記のままに列記すると、①蝦夷神代斧　②魚躍硯（青唐石）　③古画硯（色青黒）　④名古曽関桜硯　⑤岩代信夫郡輿ヶ浜蓋七道伽藍古瓦（二種　一種には、明治十七年三月信夫郡腰カ浜村ヨリ発見字駅ト云蓋七堂伽藍之古瓦　甘古生　とある）　⑥岩代国信夫郡腰ヶ浜古瓦二点（一点は軒丸瓦）　⑦岩代国信夫郡腰ヶ浜出古瓦（軒丸瓦　西田川郡八日町村甘古堂犬塚氏所蔵とある）　⑧多賀城古瓦　⑨西白河ニテ得タル二短石剣之図　⑩福島県石川郡小山田村塚穴中所出之古鐙などを挙げることが出来る。

五　東京人類学会

犬塚又兵は、東京人類学会に、一八八七年（明治二〇）八月の第三二例会後に入会したが、その折りの住所は、「福島県信夫郡渡利村舟場　大村文次郎方」であった（『東京人類学会雑誌』一九　一八八七年九月）。信夫郡渡利村は、一九四七年（昭和二二）に福島市に合併し、現在の福島市渡利である。が、しばらくして安積郡桑野村に転居している（『東京人類学会雑誌』三八　一八八九年四月）。

東京人類学会の創設期には、坪井正五郎や神田孝平など、積極的に会員を勧誘したらしいが、その紹介者名が新入会員名に併記されるのはずっと後になってからのことで、犬塚にも紹介者の記載はない。ただ、すでに言及したように、一八八七年（明治二〇）八月には、神田孝平が福島に犬塚を訪ね、親しく出土遺物の探訪もしているから、その勧誘があったであろうことを推測するのに困難ではない。犬塚は、入会と前後して、「石器彙報」に、①「岩代元宮石器」と題した短報を寄稿している。元宮（安達郡本宮町?、現本宮市）の道路開設時に出土した勾玉や石製模造品（もちろん、この段階では、石製模造品というような用語はなかった）などを紹介し、その石器は「埋葬ノ時製作セシモノナラン」と推定したのであった。この報告は、遺物図を伴うとはいえ、わずか二二〇字ほどの短いものであったが、それでも、山中笑の注目を得て、その石器時代人＝アイヌ人説を主張する根拠の一つとして「石小刀」が採り上げられたのであった（「縄紋土器はアイヌの遺物ならん」『東京人類学会雑誌』五〇　一八九〇年五月）。ただ、「石小刀」を含めた山中の理解は、直ぐに、坪井正五郎に反駁されることになったが（「縄紋土器に関する山中笑氏の説を読む」『東京人類学会雑誌』五四　一八九〇年九月）、犬塚は、断片的な資料でも研究に有効であること、また、それを用いた研究の面白さも充分に認識したことと思われる。

「石器彙報」を含めて、犬塚は、福島県時代の一七篇と愛媛・愛知県時代の六篇、併せて二三篇ほどの報告や論考、考古学的紀行文を、一九〇三年（明治三六）三月まで、『東京人類学会雑誌』に発表し続けている。それらを発表年次順に列記してみると、以下のようになる。

①「石器彙報 岩代元宮石器」一八　一八八七年八月
②「雑記 岩代の古器古墳」一九　一八八七年九月
③「雑記」（題名不明　福島県岩瀬郡須賀川出土の経筒）二五　一八八八年三月
④「雑記 石器」二六　一八八八年四月
⑤「福島県石川郡竜崎村其他横穴探求記」三八　一八八九四月
⑥「福島県岩瀬郡稲村ノ横穴」三八　一八八九年四月
⑦「蜂巣ノ如ク凹ミアル石器ノ説」四一　一八八九年七月
⑧「岩代安積郡発見ノ古代鏃及鋤」四九　一八九〇年四月
⑨「岩瀬郡和田村石川郡小山田村ヨリ発見ノ武器類」五一　一八九〇年六月
⑩「磐城行方郡小高村ノ貝塚」五五　一八九〇年一〇月

⑪「岩代国安積郡大槻村ニ於テ古墳ノ奥壁ニ大王ノ二大字アルモノヲ発見ス」六五　一八九一年八月
⑫「石鏃製造場所ノ話」八五　一八九三年四月
⑬「安達ヶ原黒塚近傍ハ石世期人民ノ遺跡ナリ」九二　一八九三年一一月
⑭「会津及安達郡ノ遺跡」九四　一八九四年一月
⑮「岩代福島地方石器時代遺跡」（坪井正五郎への書簡）一〇一　一八九四年八月
⑯「磐城岩代両地方ノ古墳談」一〇七　一八九五年二月「磐城岩代両国地方ニ於ケル古墳談」一〇九　一八九五年四月
⑰「越後国中蒲原郡程島村字畜生ヶ原石器時代ノ遺跡発見ニ就テ」一一九　一八九六年二月
⑱「伊予の石器」一三三　一八九七年四月
⑲「伊予松山地方の石器時代遺物」一五五　一八九九年二月
⑳「伊予の古墳墓談」一六〇　一八九九年七月
㉑「三河国幡豆郡西の町貝塚に就き」一七九　一九〇一年二月
㉒「伊勢国鈴鹿郡国分村北一色古墳発見品に就きて」一七九　一九〇一年二月
㉓「三河国渥美半島旅行」二〇四　一九〇三年三月

なお、『東京人類学会雑誌』一九〇（一九〇二年一月）の「雑報」欄に、「原稿領収」として、「越前吉野郡の古墳」が記載されているが、この原稿は掲載されることがなかった。

『東京人類学会雑誌』に発表された二三篇のうち、⑪「岩代国安積郡大槻村ニ於テ古墳ノ奥壁ニ大王ノ二大字アルモノヲ発見ス」と⑰「越後国中蒲原郡程島村字畜生ヶ原石器時代ノ遺蹟発見ニ就テ」は、ともに奥羽人類学会に寄稿され、一八九一年（明治二四）六月開催の第八会例会と、一八九六年（明治二九）二月開催の第六四会例会で朗読されたものである。奥羽人類学会では、例会に寄せられた論考のなかで、「弘ク世ニ示スヲ便トスルモノハ　複写ノ上一本ヲ東京人類学会ニ廻シ同会幹事ノ許可ヲ経テ其雑誌ニ登載スベシ」という規約（「奥羽人類学会規則」『東京人類学会雑誌』五五　一八九〇年）によって、実際に、何篇もの報告・論考が『東京人類学会雑誌』に転送・掲載されている。が、いま、これら犬塚の報告が羽柴から東京人類学会へ転送されたものか、犬塚が直接東京人類学会に寄稿したものかは判然としない。『東京人類学会雑誌』への転載原稿は、奥羽人類学会の例会発表後、一・二箇月で収載されているものが多いから、⑪報告については羽柴の転送によるものとも考えられる。が、一方、⑰報告の場合は、転送・掲載は時間的に無理があり、犬塚が直接東京人類学会へも投稿していたと考えたほうが妥当であると思う。羽柴の場合、月初めに奥羽人類学会の例会で発表し、その月の『東京人類学会雑誌』に掲載されたものもあるが、その場合も、別に原稿が東京人類学会へ送附されていたと考えるべきであろう。

それはともかくとして、①から⑯までは、いずれも福島県下をフィールドとしたものであり、⑰は新潟県、⑱から⑳の三篇は愛媛県内の遺跡・遺物に関する報告で、㉑以下は愛知県と三重県に関わる論考である。『東京人類学会雑誌』に発表された犬塚の仕事では、圧倒的に福島県の遺跡・遺物に関するものが多いわけであるが、それは他に較べて赴任期間が長かったことや年齢的なことも影響したのだろうと思う。

六　「異様な土器」の発見

『東京人類学会雑誌』に発表された犬塚又兵の仕事のなかには、冒頭に紹介した、梅宮茂と斎藤忠先生が評価する福島県に於ける弥生式土器の発見に関する記事はない。梅宮の指摘は、八木奘三郎の「馬来形式の新遺物発見」（『東京人類学会雑誌』一四五　一八九八年四月）にある、

明治廿七年の春会員、大（犬の誤植）塚又兵氏は書を友人鳥居龍蔵氏に寄せて同地方に一の新遺跡を発見し得たるに由り来探ありたしとの赴（趣の誤植）を報道せられぬ、因て氏は直に彼地に出張して実地の取調べに従事せられしに出す所の土器は貝塚ものとも付ず、又古墳物とも付かざる一種異りたる風にて、且つ其場処は従来類

例を見ざる竪穴様のものなれば何とも決定し難く其儘帰京することとなれり、

とある記事に由来するようである。ただ、当事者の鳥居龍蔵の回顧談『ある老学徒の手記―考古学とともに六十年―』（一九五三年）には、

明治二十六年の秋であつたか、岩代国郡山中学校教諭犬塚又兵衛（衛字衍）氏から人類学教室に「今郡山附近安達太良山に向つた平地を開拓中で、此処から縄紋土器と異なる土器が多く出るから、早く来て調べてもらい度い」との書面があつた。私は坪井先生の依頼により、早速同地に至つて調べたが、盛んに土地を整理し開拓地にしようとしていて、犬塚氏の言われる土器が盛んに出土している。この土器は決して縄紋土器ではない。無紋様の素焼土器で、鉢、皿、瓶、壺等があり、色はやや黄色を帯びた埴色で瓶、壺にはその表面に縦線が刻せられ、焼成はやや堅い。この種の土器はこれまで手をつけられたことはなかつたが、蓋しこれは日本人の原始時代から歴史時代の初期までに行われた埴瓮の一種で、時代は歴史時代の初期のものであろうと思われ、これがその広い平野によほどの範囲にわたつて存在するのを見ると、此処は一大聚落の跡であり、蓋し我が祖先の統一し蝦夷地に進出した最初のものらしく、兎に角これは我々大学で取扱つた初めてのものであつた。

とあって、多少齟齬するところがある。

出張時期に、八木の記録と半年ほどの差異があるのは、鳥居の単純な記憶違いと思われる。犬塚も「昨廿七年ノ春鳥居龍蔵氏ト共ニ」と書き伝えているし（「磐城岩代両地方ノ古墳談」）、大野延太郎も「二十七年春頃」と書き残している（「埴瓮土器に就て」『東京人類学会雑誌』一九二 一九〇二年三月）。また、犬塚の調査依頼は人類学教室宛てであり、坪井正五郎の命によって出張したと鳥居もいっており、それが妥当なところであると思う。また、「これは日本人の原始時代から……」の一節は、後々の知識が加味されたのであろうが、土器とその出土状態に、鳥居は困惑して帰京したらしい。『東京人類学会雑誌』の「記事」や「雑報」欄を見ても、鳥居の福島出張を示す記事は見当たらない。六月三日開催の第九七会例会で予定されていた、鳥居の「岩代旅行談」（「予告」『東京人類学会雑誌』九八 一八九四年

五月）も実現しなかったらしいが、一八九四年（明治二七）春、鳥居が福島を訪れたことは間違いないだろう。
その頃には、未だ弥生式土器の詳細は認識されておらず、大野がいうように、「一種異様な土器」と見られていたのであった。福島を訪れた鳥居は、犬塚の案内を得て、弥生式土器の出土地のほかに、安積郡福良沢村（正しくは福良村？現郡山市）で古墳群を探訪し、信夫郡黒谷村（？）に曲玉や管玉の出土地を探索していることが、犬塚の記録（「磐城岩代両地方ノ古墳談」）に確認されるのである。
八木は、「弥生式土器考」（『増訂 日本考古学』一九〇二年）でも、
明治廿年の頃坪井正五郎氏は本郷向ヶ岡の貝塚を調査して之を東洋学芸雑誌に登載せる事有りし、当時弥生式土器を其遺物中に交へ出せしも不明にて終れり、仝廿六年西ヶ原農事試験場の構内より復貝塚物と共に同式の品を発見せしが猶判然せざりき、然るに仝廿七年岩代に於て東京人類学会員なる犬塚君と云へるが竪穴と覚しき内より此種の遺物を見出してより予等の間に於て全く別個の新種類たるを証明するに至れり
と、犬塚の発見を契機に、弥生式土器が縄文式土器と峻別されたように回顧している。弥生式土器の研究に、福島県下に於ける類例の出土を人類学教室に通報したことは間違いないが、犬塚自身がこの遺跡や遺物について書き伝えることがなかったのは残念である。
前後したが、私は、梅宮のいう「福良沢」遺跡を「福楽沢」遺跡と解している。それは「福島県遺跡地名表」（『福島県史 六』一九六四年）や『福島県遺跡地名表 一九七一』（一九七二年）を検索しても、「福良沢」遺跡は見当たらないが、「福楽沢」遺跡（遺跡番号一七八一）ならば容易に検出出来たからである。ただ、「福良沢」を「福楽沢」と理解しても、市域には、「福良」の字名は確認されるが、「福楽」は知らないから問題は残る。その「福楽沢」遺跡であれば、一九六九年（昭和四四）一〇月に、伊東信夫を担当者として発掘調査が実施され、横穴式石室の残存部と弥生式土器、土師器などが検出されている。弥生式土器のなかに籾圧痕をもつものが存在した（『郡山市福楽沢遺跡調査報告書』一九七一年）。また、柏山遺跡は『福島県史 一』（一九六九年）に目黒吉明による解説があり、弥生式土器一六点

の実測図と土器片及び籾圧痕の拡大写真、管玉二点の写真が紹介されている。さらに、一九七〇年（昭和四五）一一月の調査では、弥生式土器の出土は少なかったようであるが、碧玉や滑石製の管玉と硬玉製曲玉などが小竪穴内から検出されたことが報告されていることを付け加えておく（『郡山市柏山遺跡発掘調査報告書』一九七二年）。

七　古墳の探索

梅宮茂によれば、弥生式土器の発見に並ぶ犬塚又兵の業績は、麦塚古墳や福良沢古墳（福楽沢古墳）を発掘調査し、福島や郡山市周辺の古墳群を探求したこととされている。福楽沢遺跡なら、旧くは「大槻北部古墳群」とも呼ばれ、弥生式土器のほかに鉄鏃や把頭破片を出土しているし（『福島県遺跡地名表』）、伊東信夫も横穴式石室の残部を発掘しているから、古墳も所在したことは間違いないだろう。

それはともかく、犬塚の報告・論考のなかで、福島県下の古墳ないしその出土遺物に関するものは、五篇（②・⑧・⑨・⑪・⑯）を数える。②「岩代の古器古墳」は、元宮村に於ける古墳の存在を伝えるばかりである。⑧「岩代安積郡発見ノ古代鏃及鋤」は、四十壇原や対面原、広野原などで、開拓に伴って出土した鉄製の鏃と鋤について図を添えて報告したものである。一八八三年（明治一六）に、猪苗代湖からの疎水を開鑿し、安積郡の原野が広汎に開墾された際に、対面原や広野原、四十壇原などの地に於いて、多くの古墳群が破壊され、さまざまな副葬品の出土を見たことを伝えている。

さらに、⑨「岩瀬郡和田村石川郡小山田村ヨリ発見ノ武器類」でも、一八九〇年（明治二三）三月、阿武隈川の堤防修築工事で大量の石塊が必要となり、岩瀬郡和田村（現本宮市）と石川郡小山田村（現須賀川市）に分布した多くの古墳群が取り崩されたと記録している。ともに、福島県に於ける、はやい時期に行われた大規模な遺蹟破壊の原因を伝えて興味深い。犬塚は、一八八九年（明治二二）四月、安積郡桑野村南町五三番地（現郡山市）に仮寓し（『東京人類学会雑誌』三八　一八八九年四月）、一一月には、同八番地（「東京人類学会々員一覧表」『東京人類学会雑誌』四五

岩代國安
積郡大槻
村銅山
古墳ノ奥
壁ニ大王
ノ二大字
ヲ彫刻セ
シ様
大王
「大王」の刻字があるスケッチ（『東京人類学会雑誌』より）

一八八九年一一月）に転居したが、附近一帯を精力的に踏査し、破壊された古墳の出土品を確認・蒐集することに努めたようである。桑野村への転居を機に、「閑アレバ必ス原野ノ開墾地ヲ奔走セシ」という活動ぶりであったという。当時は、出土遺物などに興味を寄せる人も少なく、開墾地には、けっこう貴重な遺物も散乱していたに違いない。

⑪「岩代国安積郡大槻村ニ於テ古墳ノ奥壁ニ大王ノ二大字アルモノヲ発見ス」は、題名通りに、安積郡大槻村に所在する古墳群のなかに、石室奥壁に「大王」の二文字を刻んだ事例が確認されたと報告し、その意味に論及したものである。一節を引用すると、

斯ク多ク存在セル古墳ノ中ニテ 奥壁ニ大王ノ二大字ヲ彫刻セルガ如キモノ 両処ヲ発見セリ 一ハ銅山ノ麓ニアル古墳ノ中ニアリテ 石質疎ナルガ為メニ判明ナラス 一ハ同山ノ中央ニアル古墳ノ中ニアリテ 彫刻疎ナリト雖トモ 大王ノ文字ナルヲ判明セリ 然レトモ 当今ノ碑銘ヲ彫刻セルガ如ク鮮明ナルモノニ非ラズシテ 金属器ヲ以テ打付ケ 漸ク字形ヲ成セルモノ、如シ 斯ル文字ヲ彫刻セル所以ハ 死者ヲ尊尚セルヨリ出テタルモノナルベシト思ハル

とある。比較的判読し易かった一基について、すでに側壁の上部を失った石室奥壁の立石に、「大王」の二文字が刻まれた状況を、スケッチまで添えて紹介している。が、その報告の二ヶ月ほど後に、東京人類学会「第七年回編輯事務報告」のなかで、三宅米吉が、

此ノ古墳既ニ開掘シテアリシト云ヘバ其ノ文字ト云フモノ果タ

シテ石槨築造ノ時ニ掘リシモノナリヤ、将後人ノ悪戯ニ成リシヤ、疑ヒナキヲ得ズ。

と疑問を提したように（『東京人類学会雑誌』六七　一八九一年一〇月）、新古判断の難しい事例であった。三宅の危惧した通り、現在では、後刻と確定したようで、「福島県遺跡地名表」（『福島県史　一』）ばかりでなく、他の堂山古墳群関連の文献を見ても、石室に刻字のある古墳の記録はまったくない。

それよりも、この論考のなかでは、「福島県下ヨリ往々白骨ヲ充テタル瓶ヲ古墳ノ中ヨリ出ダスコトアリ」、「古墳中ニ石槨ノ無キモノハ恐ラクハ之ト同一ノモノニシテ白骨ヲ埋葬セシモノナランカ」という指摘のほうが、私には気になる。それらの「白骨」は火葬骨で、容器は高さ一尺前後の「朝鮮土器質ノ瓶」であり、年代的には「仏法渡来後ノモノ……僧道昭以来ノモノナルヲ知ルベシ」と指摘していることが注目されるのである。東北地方に於ける古墳造営の下限を示す資料であろう。犬塚が例記した安積郡桑野北町（現郡山市）例など、古墳出土とは断定し難い。が、一九七七年（昭和五二）の時点でも、

東北地方では八～九世紀にも終末期古墳とよばれるものが各地で盛んにつくられた。その中にも、盛土をもたないものがあり、それを古墳とよんでよいかどうか判断にまようものがある。

といわれているように（『東北の古墳』一九七七年）、墳丘を伴わないとしても、古墳あるいは横穴墓の副葬品と共通する遺物を埋納した場合は「古墳」と認識していたように思われるから、安積郡桑野北町例も古墳に一括してよいのかも知れない。さらに、

奈良・平安時代の火葬墓は横穴古墳を利用したものや小規模の塚を築いて埋葬したものが多い。塚の内部に小石室をつくっているものもある。骨蔵器には土師器や須恵器の壺・甕が用いられ、蓋には坏・鉢・板石などを利用している。

と続けているから、類例は幾つか確認されているのであろう。犬塚の報告は、はやい段階での興味在る遺構の紹介であった。

古墳に伴って火葬骨を収容する骨蔵器の出土した事例は、管見の範囲でも、江坂輝弥先生が「福島県下発見の蕨手刀」（『古代』三一 一九五九年一月）で、信夫郡信夫村（現福島市）平石俗称赤柴と同郡飯坂町（現福島市）大字明神脇字石堂の二例を紹介している。江坂先生の場合は、蕨手刀に関心があったわけで、たまたま火葬骨を伴う古墳からの出土が二例確認されたということであるが、その古墳は小円墳で、古墳時代最終末期に位置するだろうと指摘されている。ただ、この種の遺構は、あまり確認例が増加しなかったのか、「福島県遺跡地名表」（『福島県史 六』）を検索しても、わずかに、白河市の谷地久保古墳（一一五一）と信夫郡信夫村の明石場古墳（二一〇八）の二箇所で、「火葬墳（奈良朝）」と註記が施されているだけである。『福島県遺跡地名表―中通り篇―』では、谷地久保古墳（一一五一）と明石場古墳（二一〇八）の二箇所が記載されて一致しているが、『福島県遺跡地名表 一九七二』になると、明石場古墳と飯坂町平野所在の石堂古墳（四一一八）で蕨手刀の出土を記載するが、「火葬墳」との記載はない。『福島県遺跡地名表』（『福島県史 六』）所載の「明石場」は江坂先生のいう「赤柴」であろうことは容易に推察される。

蕨手刀を集成的に研究した石井昌国は、福島県で三箇所の骨蔵器の出土を記録している（『蕨手刀―日本刀の始源に関する一考察』一九六六年）。即ち、

① 伊達郡保原町伏黒南屋敷
② 信夫郡飯坂町平野明神脇石堂
③ 信夫郡信夫村平石赤柴

である。その「出典・備考」欄によると、①伏黒南屋敷と②神明脇石堂の二箇所は、江坂先生の論考が挙げられ、③平石赤柴は『福島県埋蔵文化財図鑑』となっている。が、江坂先生の論考には、①伏黒南屋敷は蕨手刀の出土地としては記載されているものの、骨蔵器伴出の記載はない。

⑯「磐城岩代両地方ノ古墳談」は連載であったが、後編は、「磐城岩代両地方ニ於ケル古墳談」と題名が少し異なっている。それはともかくとして、この一篇は、各地の古墳及び横穴墓に関するデータを蒐集したいという八木奘

三郎の要請に犬塚が応えたもので、その犬塚の希望によって『東京人類学会雑誌』に掲載されたものである。犬塚が福島県転住以来継続して来た古墳及び横穴墓の調査結果を綜括した仕事である。

犬塚は、先ず、福島県下（磐城・岩代）に於ける古墳及び横穴墓の分布を概観して、

古墳ノ存在スル場所　磐城岩代ノ内　予ガ探見スル所ニ於テ　概シテ云フ時ハ　海岸筋磐城ノ国ニハ磐前行方宇多郡ナリ　中央部国道線路ニ傍タル所ノ各郡ニ於テハ　西白河東白河（ママ）石川岩瀬田村安積安達信夫伊達ノ九郡何レモ古墳ヲ存在ス　会津地方ニハ摩耶郡ニ於テ古墳ト覚シキモノヲ看過シタルコトアルモ　深ク探ラザレバ委シク記スルコトヲ得ズ　河沼郡柳津地方ニハ横穴ノ遺跡アリ

といい、その後に、各地の古墳及び横穴墓と、その出土遺物とをやや詳しく報告している。例えば、犬塚のいう「中央部国道線路」に沿う地方については、

西白河郡ニ於テハ阿武隈川ノ沿岸ニ存在ス　石川郡ニ於テモ沿岸又ハ沿岸ヲ距ル遠カラザル山腹ニ存在ス　岩瀬郡モ又沿岸ニ多シ　又西部須賀川近傍ノ原野地及須賀川ノ西二里ヲ距リテ　横田字経塚ニ横穴アリテ葬品ヲ発見ス……田村ハ凸凹甚シキ土地ニシテ其間各所ニ古墳ノ存在スルヲ見ル　安積郡ハ河ノ沿岸ニアルモ　原野丘陵起伏ノ地多クシテ西方会津堺ノ山ノ手ニハ絶ヘテ見ヘズ……

といった具合である。副葬品は、「勾玉管玉切子玉瑠璃玉土玉珠数玉金環、銀環、直刀、鏡、鈴、祝部、其他鏃、鐙、馬具、ノ装束ノ類」であり、玉類は概して粗製品であるが、その玉類や金・銀環などの量的に多いのは、「ただ勾玉管玉ノ価値アルヲ知テ　其他ノ品類ニ至テハ　金銀環又ハ鍔類ナドノ金ヲ掛ケタルモノ、外ハ　一切拾ヒ取ラザルモノノ如ク」と記し、「真ニ可惜」と概嘆している。採集者の興味・関心（非学術的姿勢）が、蒐集された遺物に著しい偏りを結果しているというのである。八代定識「福島県に於ける古墳分布の状態」（『福島県史跡名勝天然紀念物調査報告』五　一九三〇年）の先駆的な仕事と評価されるだろう。

個別の古墳ないし古墳群では、安積郡福楽沢村の古墳で、⑪報告で紹介した「大王」の二文字の施された事例に関

連して、「長一」の刻字のある古墳を発見したことや、信夫郡小倉村（現福島市）の北弁天島河岸に突出した丘陵上に展開した古墳群を概観して、「構造大ナルモノナク 皆小ナルモノナリ」と指摘している。また、黒谷村（?）虚空蔵山の北に在った古墳群は、開墾によって桑圃となり、一八九四年（明治二七）に、鳥居龍蔵と探訪した際には、もう「桑樹長ジテ路ヲ失ヒ充分ノ探索ヲ遂ゲズ」という状態であったとも伝えている。田村郡守山村の大善寺山に所在する古墳群では、「山腹ニ古墳存在スルモノ数多ナリシニ 追年開拓 ソノ小ナルモノハ皆破壊」された現状を歎きながらも、「大ナルモノニ至テハ現存ス」と、「周囲直径ハ九間 高サ二間半乃至三間 ソノ外囲ニ堀形存セリ」という一基について、発掘調査の経緯を詳述している。

この犬塚が発掘した古墳は、どうやら、梅宮茂が、犬塚の業績として「明治二三年に埴輪をもつ麦塚古墳を掘り」と特記している麦塚古墳であるらしい。麦塚古墳とすれば、『福島県遺跡地名表 一九七一』に、

一七七六　麦塚古墳　大槻町字室ノ木　畑　古　墳　古墳　直刀、鉄製小札、耳輪

とある古墳に該当するだろう。『福島県 郡山麦塚古墳』（一九六二年）には、所在地を郡山市大槻町字麦塚二三番地とある。

一八九〇年（明治二三）に、犬塚は、墳丘径九間（一六・二m）、高さ二間半（四・五m）ないし三間（五・四m）の規模をもつ円墳と観察し、石室の存在を想定して、引率した中学生とともに発掘を試みたが、石室の確認には至らなかったという。それで「通常石槨ノ如キ大ナルモノニハアラズシテ 石棺ナドノ如キ小ナルモノニハアラザルカ」と疑問をもったが、それでも周囲で埴輪の出土を確認し、「上層ノ地盤」（墳丘の被覆土であろうか）から埴輪の破片を採集したとして、「古墳墓タルニ於テ疑フ可キ処アラズ」と指摘している。

ただ、犬塚は、麦塚古墳を円墳と想定したが、一九六〇年（昭和三五）の郡山市教育委員会による発掘調査によって、小規模な前方後円墳であったことが確認されている（『福島県 郡山麦塚古墳』）。『福島県史 一』には、要領よく、

麦塚古墳は主軸二六メートルの小前方後円墳で円筒・人物・馬等の埴輪をめぐらし、残存した積石室からは

金環、銅製鋲つき金具残片、挂甲片などが発見された。とまとめられている。『福島県遺跡地名表 中通り篇』にも、「遺跡の種類」に前方後円墳とあり、「出土遺物」に形象埴輪・人物埴輪・男根・馬鈴破片多数とある。

犬塚の調査結果は、独立した報告としては公刊されなかった。が、その手記というものが新国西新氏のもとに伝わっていたようで、一九六二年の調査報告書に引用されている。内容的には⑯論考を出るものではない。犬塚は、横穴式石室の存在を想定して、墳丘にトレンチを設定したが、わずかに想定線がずれていたために石室の存在を確認出来ず、教育委員会の調査では、「紙一重北に寄つて」トレンチを設定したことで、破壊された石室を確認し得たという。

八　横穴墓の探究　小規模横穴墓の確認

犬塚又兵は横穴墓にも強い関心を寄せ、⑤「福島県石川郡竜崎村其他横穴探究記」のほか、二篇（⑥と⑯）で論及している。

⑤「福島県石川郡竜崎村其他横穴探究記」は、一八八八年（明治二一）一二月二八日から翌年一月四日にかけて実践した、福島県岩瀬郡・西白河郡・石川郡の阿武隈川流域に展開する古墳を含む横穴墓群の踏査記録である。前掲一八八九年（明治二二年）一月一日付羽柴宛書簡で、「年末ヨリ私休業中横穴ヲ探求以たし」とある調査行の成果である。岩瀬郡和田村（現須賀川市）字大仏で二〇基、同郡前田川村（現須賀川市）字伏見で六基、石川郡竜崎村（現玉川村）で四三基、西白河郡三城目村（現矢吹町）で四基、同村字久頭山で一五基、同郡明新村（現矢吹町）字沼和久で七基、同郡松崎村（現中島村）で一一基の都合一〇六基を確認し、内部の状況を観察して、計測可能なものは「室」（玄室）と「通路」（羨道）の奥行き、幅、高さを提示している。「摘要」の項では、ごく簡単にではあるが、「室内ハ斧鑿ノ痕歴々可見」などと、削平痕の観察も可能であると記録したりしている。

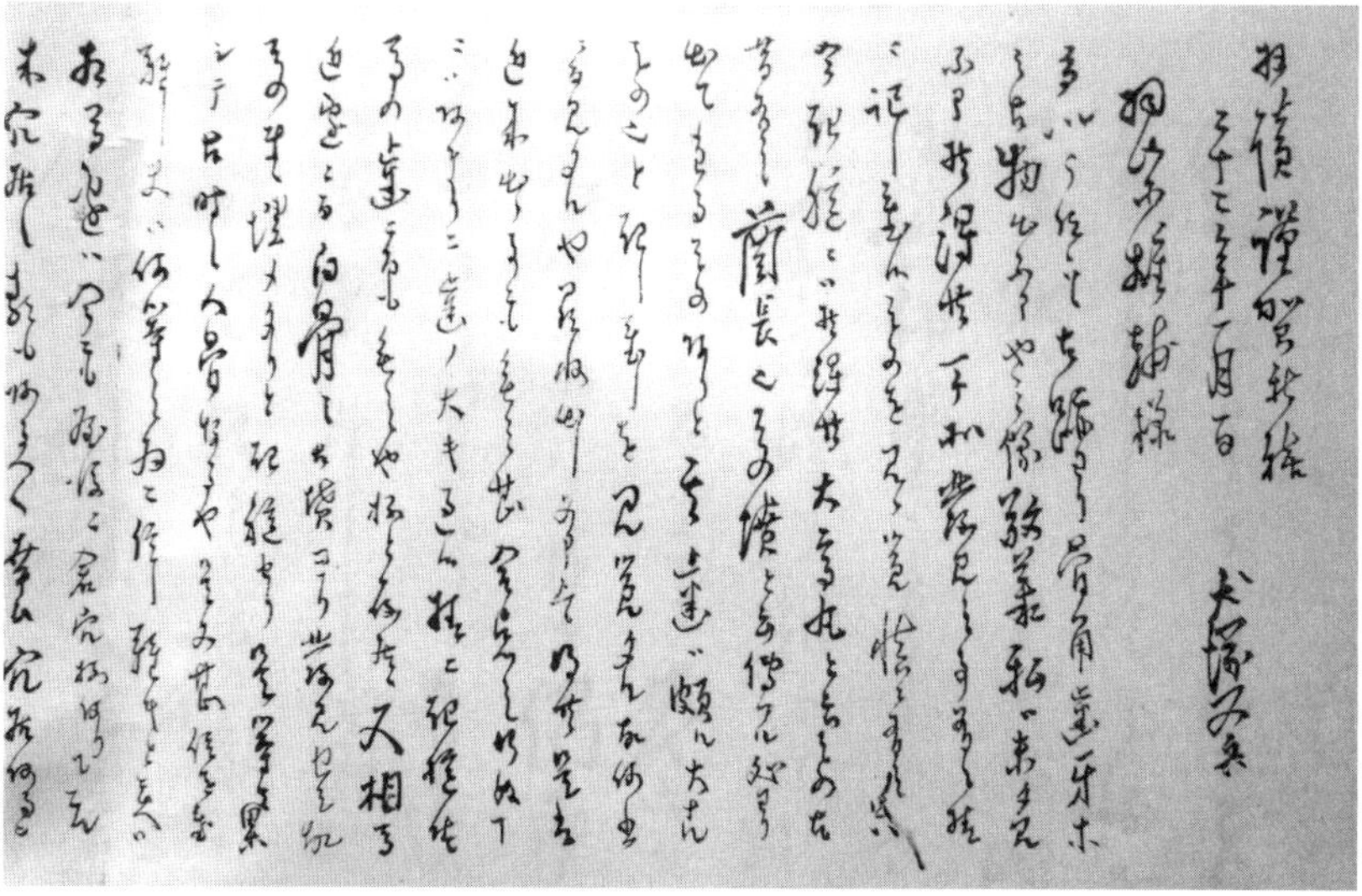

羽柴雄輔宛書簡（鶴岡市立図書館蔵）

ただ、この犬塚の踏査では、羨道や玄室内の崩落土、あるいは流入土を排除する作業を伴わなかったし、すでに山崎直方が作成したような（例えば、「河内国ニ於テ発見セシ横穴ニ就テ」『東京人類学会雑誌』三四　一八八八年一二月）、現在の実測図に近い、個々の横穴墓の構造図や分布図を提示することはなかった。それでも、各地に一〇〇基を超える横穴墓群の存在を探索し、各横穴墓を観察した結果、以下の九点を指摘し得たのであった。

① 「横穴」は、崩壊土や草木に埋没しているものが多く、「一面荊榛ヲ芟夷シ塵土ヲ掃除スルニ於テハ其幾数箇穴ヲ現出センカ」と、法面の精査によって、なお多くの埋没遺構を顕現出来る可能性があること。

② 「未タ口ヲ閉置タルモノヲ見サル」と、入口に閉塞施設を確認し得ないこと。

③ 副葬品の「発見極メテ少ナキハ……葬穴ニ非ラスシテ穴居趾ナルカ為メ」で、穴居民は、転居に伴い、「其物品ハ携ヘ去ル」だろうし、戦いで絶滅した場合は、「敵人ノ掠奪スル」結果であること。

④ 多少の遺物の出土があったとしても、「後人出入ノ時ノ品モアルベケレハ信ヲ置クニ足ラス徴トスルニ至ラ

ス」。「古来埋レ居タルヲ之ヲ穿テ発見スルモノニ非ルヨリハ寧ロ徴トスルニ足ラサルナルヘシ」と、既開口墓出土の遺物には、後世の混入の可能性もあることを示唆し、「当時ノ地盤ヨリ発見スルモノニ非ルヨリハ 古ヲ徴スルモノト為シ難シ」と、床面直上の出土遺物のほかは、時代を考える材料にならないこと。

⑤「近ク乞食ノ死骸ヲ横穴アルヲ幸トシ葬リタルカ如」く、往時にも「横穴ヲ葬穴ニ仮用セシ」こともあろうこと。

⑥「内部ノ狭隘」なのは、穴居民が、「昼間山川原野ヲ奔走シテ 飲食物ヲ獲ルノミニ孜々トシテ 内居ノ暇マナケレハ 聊カ風雨ヲ凌クノ休泊処ニ設ケタルモノナラン」と理解されること。

⑦「斧鑿ノ痕アルヲ以テ 当時金器ヲ用ヰタルヲ知ル」と、掘削に金属器を用いたこと、その金属器（工具）の形状を推定し、さらに、内部に「棚」や彫込み（龕？）の存在を確認したこと。

⑧穴居民には、「酋長アルモノニ似タリ 其故ハ上等ノ窟ト下等ノ窟アリテ 其配布ノ状ヲ見ルニ 下等ノモノハ上等ノモノヲ囲繞シテ 之ヲ護衛スルモノ、如シ」と、「横穴」造営者の間には、階層が生じていたであろうと考えられること。

⑨「南面河岸断崖ノ嶮ニ拠リシ」は、「抑要害ヲ恃ムモノ」であること。

こうした諸条件を勘案した場合、「横穴」は、

一見シテ其葬穴ニアラズシテ穴居跡ナルヲ断スルニ足レリ 今ニ至テ尚純然タル古墳ナリト唱フルガ如キ余ガ敢テ取ラザル処ナリ

と墳墓址説を否定し、穴居址説を主張したのであった。従って、一八九四年（明治二七）になっても、八木奘三郎と下村三四吉の二人は、犬塚の指摘も引用して、「嗚呼横穴問題ハ未ダ決定セラレザルナリ」と慨嘆しなければならなかったのである（「下総香取郡西大須賀村ノ横穴」『東京人類学会雑誌』九五 一八九四年二月）。

なお、犬塚は、横穴式石室の開口した古墳を「塚穴」と呼称するのに、

塚穴ハ古墳ノ石槨ニシテ 口ヲ発セサルヲ塚或ハ墳ト単称シテ 独リ口ヲ発セルヲ塚穴ト云フカ如キ 予カ曾テ好マサル処 則古墳ノ石槨トコソ名称アリタキモノト思フナレ

と、「塚穴」を遺構の名称としては不適切であると指摘していることが注目される。

⑥「福島県岩瀬郡稲村ノ横穴」は、私たちのいう横穴墓と考えることには無理がある事例の報告であり、ここで採り上げる必要も認めない。また、⑯「磐城岩代両地方ノ古墳談」（「磐城岩代両国地方ニ於ケル古墳談」）にしても、横穴墓に関する記述は少なく、わずかに、岩瀬郡鉾（桙）衝村字経塚（現須賀川市）と同郡江持村（現須賀川市）の横穴墓に言及しているだけである。が、そこに「小横穴ノ葬品ニ付」とか「北向ノ小横穴ニ付キ」などの標題を附けて、ごく小規模な「横穴」の存在に注目・言及していることは強く留意すべきである。私は福島県の地理に疎いため、犬塚のいう「岩瀬郡鉾衝村」や「同郡江持村」の横穴墓を、現在知られている横穴墓のいずれに比定すべきか、簡単には判断出来ない。ただ、その「桙衝村経塚」の横穴墓は、『福島県遺跡地名表 一九七一』に、

二五六三　洞山横穴群　南横田字洞山

とあるものが該当するかと思う。旧鉾衝村は合併して長沼町となり、さらに、現在では須賀川市に編入されている。『須賀川市史 自然・原始・古代』（一九七四年）に、

大字南横田字洞山にも洞山横穴古墳群があり、明治期から開口して副葬品が発見されている。犬塚又兵衛（衛字衍）氏によって学会にも報告されたことがある。ほとんど一山にわたって群をなしており、数十基に達する。昭和三十七年頃西端の傾斜地を牧草地として開墾中も新たに群集が発見され、そのうちの一基から複数の人骨・直刀・鉄鏃・大形甕を含む数個体の須恵器片が出土した。

と記録されている横穴墓群であろうと理解している。『福島県史 一』には、金銅製の方頭大刀の出土も伝えられ、『福島県史 六』に、横穴墓群の遠景とその方頭大刀及び鉄鏃の写真図版が掲載されている。が、金銅製方頭大刀は洞山横穴墓群からではなく、近接する末津久保古墳群中の出土品であるという指摘もある（『神成横穴墓群発掘調査報告

書』一九七五年）。

それは別として、この「鉾衝村経塚」横穴墓群では、七基の横穴墓の平面図と奥壁・奥行き・高さなどの計測値も提示されているが、

一号二号七号ハ共ニ通常ノ横穴ト其形ヲ異ニセズ 人ノ住居ニ適スト云ヒ得ベキモ 三四五六号ニ至テハ 構造頗ル小ニシテ怪ムニ足ルモノアリ 此場所ヨリノ発見品ヲ見ルニ 直刀勾管玉及ヒ祝部土器ニシテ其墳墓タルヲ詳カニス

と記されていることが注目される。犬塚は、

横穴ハ惣テ住居址ニシテ 後ニ墳墓ニセシモノナルベシト認メ居タルニ 係ル小横穴ハ 元来住居スベカラザルモノナレバ 元来葬穴ニ穿チタルモノト思ハザルヲ得ズ

と小規模「横穴」に限り、墳墓として造営したものとの理解を提示しているのである。犬塚のいう「小規模横穴」とは、四基のなかで最大の規模をもつ五号址でも、奥行き三尺（約九一cm）、奥壁幅一尺八寸（約五五・五cm）、天井高一尺五寸（四五・四cm）、もっとも小規模な四号址では、奥行き一尺（約三〇cm）、奥壁幅一尺三寸（約三九cm）、天井高七寸（二一cm）ということである。いわゆる小規模横穴墓に注目した最初の仕事であった。

その後、こうした小規模横穴墓は、各地で確認されるようになり、火葬骨を収めた墳墓であろうとか（赤星直忠「中井村横穴」『中井村史』一九五八年）、再葬墓とする理解が提示されている（斎藤忠「日本に於ける再葬（洗骨葬）の展開」『大正大学研究紀要』六三 一九七七年九月）。

犬塚は、「構造頗ル小」な横穴を除いた、一般的な「横穴」を、穴居の址であると繰り返して主張していたのである。「横穴」が穴居址か墳墓址であるのかという問題は、その時期、多くの研究者を捲き込んで活発な論争が展開されたが、八木「本邦横穴考」（『考古学会雑誌』五 一八九七年四月）によると、白井光太郎・山崎直方・三宅米吉・井上（喜久治?）・若林勝邦等が墳墓址説を採り、坪井正五郎と黒川真頼が穴居址説を唱えていたと伝えている。犬塚

の名は見えないが、犬塚が穴居址説の立場に立っていたことは、二篇の論述から明らかであろう。八木は犬塚の穴居址説を知っていたはずであるが、その名を逸したのは、すでに紹介したことがあるように、犬塚や佐藤蔀、真崎勇助、羽柴雄輔、館岡虎三等地方の同好者を、「二三人の他は一向に筆を執らぬ」、「遺物採集家」と手厳しく評価をしていたような姿勢（「明治時代の先史古物採集家」『民族文化』一―一九四〇年六月）が、つい犬塚の名前を逸することになってしまったのであろうか。

九　愛媛・愛知での活動

犬塚又兵の仕事は、福島県下をフィールドとするものが圧倒的に多いが、⑮「越後国中蒲原郡程島村字畜生ヶ原石器時代の遺蹟発見に付きて」は、一八九五年（明治二八）、越後地方の遊歴中、中蒲原郡新津町（現新潟市）に於いて、以前、附近で石鏃が出土したとの情報を得たことから、その探査を試みた結果を報告したものである。一〇月二七、二八日に、ごく小規模な掘削を試み、比較的大形の縄文式土器片を採集したと伝えている。「巾三尺位深さ二尺位の処に多く埋没しありて二尺以下の所に於ては絶へてなし」という出土状況から、上段の畑地で掘り出した遺物を、「集めて低所に落し埋めしもの」と結論した。耕作中に、「瓦礫」として遺棄された遺物群というわけである。器形は別として、「紋様に至ては未た見ざる処のものあり」と、岩代地方の土器と相違するものがあるとし、その特徴を「鱗斑とは竹か木の先きにて点々の紋様を為せるものなり」と説明している。石器は打製石斧と推測される破片一点が出土したばかりという。

私は、この畜生ヶ原という地名への興味から、もう少しこの遺跡のことを知りたいと思い、取り敢えず、『新潟県遺跡目録』（一九六六年）を検索してみた。が、新津市（平成の大合併により、新潟市に編入）という一行政区の範囲には、該当する遺跡を見付けることが出来なかった。次に、『新潟県史　資料編一』（一九八三年）以下、手許にある新潟関係の文献を繙いてみたが、まったく情報はなかった。もう、犬塚の記録はまったく忘れられてしまったのかと、正直、少々落胆したことであった。ところが、ごく最近（二〇二一年二月）になって、新潟市の埋蔵文化財センター職員の方から、現在は原遺跡と呼称され、犬塚のいう「鱗斑」の文様のある土器も、縄文後期前葉の三十稲場式土器であろうと推定されていると教示された。新潟では、犬塚の仕事は忘れられていなかったようで喜ばしいことであった。

新潟を訪れた翌年（一八九六年）には、愛媛県・松山中学校に転勤したらしい。伊予での調査活動が始まることになる。

⑳「伊予の古墳墓談」は、愛媛県転居以来、伊予・松山市近郊に分布する古墳（群）を探訪した、その踏査結果の報告である。例えば、松山市の東野台地では、六、七〇基を算える古墳群が存在したが、ここでも開墾による破壊が進展していること、副葬品の土器類が故意に壊され、投棄されたことなどを指摘している。前方後円墳も所在したという。

『愛媛県史 原始・古代Ⅰ』（一九八二年）によると、松山市桑原町の東野台地の先端部（西新開）には、全長四八・五ｍを計る前方後円墳の所在が伝えられ、東野町正円寺に所在する「東野御茶屋台遺跡」と呼ばれる古墳群は、いずれも小規模な周溝（幅一ｍ前後、深さ〇・八ｍ）を伴う円墳群であるという。なかに、周溝の内側法面に円筒埴輪を廻らしたものも存在したらしい。また、『松山市史料集 考古篇』では、「東野古墳群」と呼ばれ、

かつては一〇〇基におよぶ古墳が群集していたが、現在ではそのほとんどが、果樹園の開発とさらに宅地化により消滅し僅かに東野お茶屋台古墳群として、史跡東野お茶屋に残る数基であるがこれとてまた、藩政時代に竹の茶屋が造られた程である。

と、その惨状が記録されている。『愛媛県史』にいう前方後円墳は、『松山市史料集』の「経石山前方後円墳」であろう。犬塚の報告にある前方後円墳が、この経石山前方後円墳であるとすれば、現在、「端麗な容姿をもち恰好の範例」として、愛媛県の史蹟に指定されている古墳である。

さらに、犬塚は、墳丘を掘り下げ、羨道から玄室を確認し、その内部を観察して、

死屍を安ずる所 祭器武器等を陳列する有様 勾管玉の如何なるものを用ひしや 及其構造をも詳にすべしと、久米郡久米村（現松山市）に於いて発掘を試みたこともあった。が、急な岡崎への転勤によって、完遂することが出来なかったという。

ほかに、⑱「伊予の石器」と⑲「伊予松山地方の石器時代遺物」の二篇がある。これらは雑誌編集者による省略があるとはいえ、ともに五行ほどの短文で、久米村で磨製石斧が発見されたことを報じ（⑱）、松山中学校（?）の生徒が、採集した石器を帝国大学に寄贈する旨を報じた書簡的な内容である（⑲）。その⑱「伊予の石器」には、

昨年土用休業の間 予は四五名相携へて伊予国久米郡久米村近傍の山に古墳墓探見の際 略約山の高さ七八百メートルの処に於て横地校長（愛媛県尋常中学校）は磨製石斧一箇を発見せられたり（中略）要するに此石斧は伊予地方石器採集の嚆矢なり。

と記すばかりである。が、斎藤先生は、この短い報文のなかに、「此石斧は伊予地方石器採集の嚆矢なり」と記していることで、「当時いかに彼が得意であったかがさっせられる」と評言したのであった（『郷土の好古家・考古学者たち』西日本編）。この久米村の磨製石斧出土地は、『第二版 地名表』（一八九八年）に、

久米郡久米村　　磨石斧　　犬塚甘古報

とあるものに該当する。『第三版 地名表』（一九〇一年）では、

温泉郡久米村山伏塚後ノ山上　　磨石斧　　犬塚又兵報　一六〇

とある。郡名の相違は、一八九六年（明治二九）に、久米郡や風早郡などが温泉郡に合併したからである。ただ、「一六〇」とあるのは「一三三」を附加するか、あるいは「一三三」と訂正すべきであろうと思う。一六〇所収の⑳「伊予の古墳墓談」では、問題の磨製石斧については、わずかに久米村の古墳探索の途次、「同氏（横地のこと……引用者註）石斧を拾ひたる所に至る」とあるばかりで、典拠としては、やはり、一三三所載の⑱「伊予の石器」が妥当であろう。その磨製石斧については、横地石太郎「伊予国発見の石器」（『東京人類学会雑誌』一七七　一九〇〇年一二

月）に図面が提示されている。

横地は、一八九九年（明治三二）七月に、犬塚の紹介によって東京人類学会に入会したが（『東京人類学会雑誌』一六〇　一八九九年七月）、一九〇〇年（明治三三）には、「伊予国周桑郡吉岡村の古墳」（『東京人類学会雑誌』一七〇　一九〇〇年五月　附図は一七一に掲載）や「古墳より出つる金銀環の用途」（『東京人類学会雑誌』一七一　一九〇〇年六月）など、矢継早に論考・報告を寄稿している。また、一九二四年（大正一三）頃には山口高等商業の校長職を務め、弘津史文等と山口高等学校の陳列館を開設する基礎を築いたとも伝えられている（三宅宗悦「熊本の旅」『ドルメン』七　一九三二年一〇月）。

犬塚や横地が採集した資料は、松山中学に保管されていたらしく、一九〇五年（明治三八）に四国を探訪した大野延太郎も実見している（「大野延太郎君の四国旅行」『東京人類学会雑誌』二三三　一九〇五年八月）。伊予郡伊予村（現伊予市）では子持勾玉が出土し、犬塚が所有していたが、大野の「子持曲玉」（『東京人類学会雑誌』一八八　一九〇一年一一月）に、図入りで紹介された。さらに、松山では、銅剣を入手する機会にも恵まれたらしい。羽柴雄輔の「古物図集」（下）に、その拓本と断面のスケッチが収載されており、そこに、「銅鋏　長壱尺九寸　刃鋭ナリ　稍全身緑青ヲ帯フ頗古色」、「明治卅年三月三日　於松山市二番町　甘古居士得タリ」との註記が施されている。

一八九八年（明治三一）の岡崎転居は、岡崎師範学校への転勤によるものであった。一九〇三年（明治三六）一二月現在での「東京人類学会々員宿所姓名簿」に、

三河国岡崎町師範学校　　犬塚又兵

とある。岡崎転居後も、犬塚は熱心に考古学的探求を実践している。大野の調査旅行に協力したこともあるらしい（「三河国発見の鹿角器を見て」『東京人類学会雑誌』一八二　一九〇一年五月）。㉑「三河国幡豆郡西の町貝塚に就き」は、一九〇一年（明治三四）一月、愛知県幡豆郡西野町村（現西尾市）で行った発掘調査の結果を報告したものである。この「西の町貝塚」は、現在では、一般に「八王子貝塚」と呼称され、愛知県によって史蹟指定されているが、西尾

市上町八王子に所在し、その調査史は『西尾市史 自然環境・原始古代』（一九七三年）に詳述されている。犬塚の調査報告に、

土器の紋様は東京近傍のものと異なる事なかるべし 石器の至て少きは何等の為なるや 近傍石の少きに由るか

とある一節が、「関東の縄文土器との類似を指摘したのは卓見であった」と評価されている。「人夫」五人を使役し、数時間の間に、土器片一七五点、石器三点を採集したというが、また、獣骨や貝塚を構成する貝類にも一応の関心を寄せて、獣骨には鹿角と猪牙のほか、骨や歯も検出したという。獣骨や無紋の胴部破片などは、

獣骨は予か輩固より解する所にあらず 然れ共猪牙鹿角出てたるより考ふは稍知る事を得るも 其甚大なる歯或は異形なるものに至りては解する事能はず……追て是等を寄贈するなるべし 其時に於て審査せられん事を望む

と記している。貝類については、土地の人の鑑識によって、はかき・はまぐり・うんない（あさり？）が認められたと記すが、多くの無紋の胴部破片や獣骨は投棄してしまったらしい。

この貝塚の出土土器については、大野も興味をも、地元の研究者宇都宮勉爾の書簡（「三河国幡豆郡西野町村貝塚」）への「附言」で、

土器破片は関東式、武、常、総より発見せしものと同様に考へられます 第二図中把手も右と同しく この式が遠く三河地方まで分布されてありますことは交通の結果として面白く考へられます

などと記述している（『東京人類学会雑誌』一八九一一九〇一年一二月）。

なお、この八王子貝塚出土の資料群が、愛知県の文化財に指定されたことを記念して、西尾市教育委員会から『八王子貝塚』（二〇一〇年）が刊行されていることを附記しておく。

㉒「伊勢国鈴鹿郡国分村北一色古墳発見品に就きて」は、一九〇〇年（明治三三）一〇月、三重県鈴鹿郡国分村（現鈴鹿市）北一色に於いて検出された「塚穴」の実査記録である。ただ、犬塚の踏査時には、すでに石室内は半ば埋め戻されていたために、詳細な観察は不可能であったらしい。が、向井栄太郎の書簡を手掛かりに、切石による二

個の石棺が所在することを記し、豊富な副葬品の出土を報じている。副葬品には、「甲冑の胴の如きもの」や「数種刀」、「瓔珞の如きもの」、「古鈴」などがあり、犬塚は「模写するを勉めたり」という。見事な写図が作成されたかと思われるが、「編者曰此図は後号に抜粋すべし」とあるまま、掲載されることがなかったかのようである。私は、掲載された巻号を確認し得ていない。

㉓「三河国渥美半島旅行」は、一九〇二年（明治三五）の年末から翌年正月にかけての一週間、途中、篠島で風浪に祟られることもあったが、渥美半島に遺跡探訪を試みた折りの記録である。犬塚は、豊橋市牟呂から海路で田原に渡り、高松（?）を経由し、半島を横断して赤羽根町に出て、海岸線を辿って堀切に至り、そこから再び半島を横断して、渥美湾沿いの福江に赴き、さらに、篠島に渡航し、亀崎から名古屋・岡崎へと帰える行程であったという。犬塚は、この踏査の結果、

経過する所 渥美郡の南沿岸は 貝塚及石器土器の発見する所有るを聞かず

と記し、『第三版 地名表』（一九〇一年）に記載された、林若樹の報告とする、渥美郡高塚村字ニシホーベなど三箇所の石鏃出土地にも疑問を呈している（市制・町村制施行後に村名も確認されない）。住民からの聞き取りによって、渥美半島の南岸では、縄文時代の遺跡は、「既に洪波に洗ひ去られ海と変じ来たるもの」と推定した。

が、地理的に「伊勢」に近いことから、古墳あるいは古墳時代の遺跡は所在するのではと考え、探索を続けたなかで、渥美町の堀切に於いて、古瓦の出土地を確認するなどのことがあった。その古瓦出土地についての説明に、

同村瓦場と云所に古瓦出る 是も伽藍等有る可き場所に非ざれば瓦焼場なるへし 裏は布目にて 中には大の字を印せるものあり 大仏殿の瓦を焼きたる所也と云伝ふ。

とある。鎌倉期の大仏殿再建時に、その瓦を焼いた国指定史蹟である「伊良子東大寺瓦窯跡」の確認・紹介である。

なお、犬塚は、報告書を作らなかったようであるが、一九〇三年（明治三六）一一月下旬に、小島政吉や小塩十一郎等と保美や伊川津の貝塚を調査して、

精巧なゐ（るの誤植）磨製石斧一、歯牙製曲玉一、及び骨針、骨角矢弭、角鏃、土器破片、人骨?等数個を採集せられた

と伝えられている（「三河片信」『東京人類学会雑誌』二一三　一九〇三年一二月）。

一〇　唯一の批判的論考

犬塚又兵は、一六年ほどの間、日本考古学界のまったくの揺籃期に、考古学に関心を寄せ、赴任先の福島県や愛媛県、そして愛知県をフィールドとして、遺跡・遺物の探索・研究に精進した。福島県での在任期間はやや長かった（八年）ものの、愛媛県や愛知県は比較的短かった（各四年）から、腰を落ち着け、その地方を徹底的に調査するということなど、とうてい不可能なことであったと思われる。が、そうしたなかでも、犬塚は彼なりに努力を傾注していたようである。

犬塚の遺した考古学的な仕事は、『東京人類学会雑誌』に寄稿した報告や論考のほかにも、羽柴雄輔の稿本『古物図帖』や『古物類聚』などに収められた土器や石器などの克明な写生図があり、蒐集した古瓦や古硯の拓本などもある。奥羽人類学会に贈られた画図もある。写生図は実測図とは違うが、私の知る限り、現物を髣髴とさせる見事な図面であって、充分に研究の対象と成り得ると思う。が、それらの犬塚の詳細な画図はほとんど紹介されていない。羽柴の『古物図帖』などは公刊されておらず、わずかに『山形県史　考古資料』に、一点の円筒埴輪図と蕨手刀のスケッチが紹介されているに過ぎないことが残念である。

犬塚は、自らを「天保の老朽もの」⑳「伊予の古墳墓談」）というように、一八三八年（天保九）の誕生であったから、最初の報告①「石器彙報　岩代元宮石器」を発表した時点で、すでに四九歳に達していた。そんな年齢的なこともあってか、気鋭の羽柴のように他と論争を交えることはあまりなかった。⑤「福島県石川郡竜崎村其他横穴探求記」にしても、単に「横穴」群を探索した記録というのではなく、詳細を観察し、考察を加え、その結果を綜合して

穴居址説を主張しているのであるが、論争に割って入るという感じはない。犬塚の記述は、自らの調査や考察の結果を淡々と叙述したという印象が強い。

そんな犬塚が発表した唯一の批判的論考が、⑦「蜂巣ノ如ク凹ミアル石器ノ説」である。積極的に若林勝邦の理解を批判した記述であった。新国西賞が小原田村字気揃壇などで採集した石器を人類学教室に送附し、その名称や用法を質したのに答えた若林の「凹ミアル石器ニ関スル質問ノ答」（『東京人類学会雑誌』三九　一八八九年五月）に異議を唱えたものである。若林は、その「凹ミアル石器」の用途を、

木実、石等ツ（ヲの誤植）砕ク槌トシテ用ヰシモノナルベシ　又櫛形ニシテ一方ノ平ナル側面ニ摩擦セシ痕アルハ石器ヲ磨クニ用ヰシナラン

と、敲打器であり、側面に摩擦痕のあるものは研磨具と考察したのであった。が、犬塚は、西白河郡内松村（西白河郡古関村字内松？　現白河市）で一括出土したという石器などを資料に、この種の石器の石質は「沙石ニシテ堅牢ナルモノニ非ズ」と、敲打器としての用途を否定し、「砥石ナルヲ信スルニ足ル」と反論したのであった。その内松村出土の石器というのは、いわゆる「蜂巣石」と、その「蜂巣石」で蓋をした土器のなかに入っていたという二点の「凹ミアル石」（凹石）である。これら三点の石質が「沙石」であり、また、東白河郡松崎村（西白河郡滑津村字松崎？　現中島村）で採集した石器（蜂巣石）も「沙石」であって、いずれも石質が軟らかく、「蜂巣石」の構造も敲打器あるいはその台石としては適切でないと指摘したのであった。「蜂巣石」の場合、凹みが傾斜部分にも穿たれていることが、木実を受ける「台ニ使用シテ便ナル道理更ニ見エス」ということでもあった。要するに、

木実或ハ石等ヲ砕ク槌トシテ使用セシ云々ノ説ニ至テハ　更ニ信セラレズ　果シテ石等ヲ砕クモノナランニ　却テ堅牢ナル石ヲ可用ニ　何レモ沙石ナルヲ用ユルハ　物ヲ砕クニ用ヰタルモノニアラザルヘシ。

と、用材の石質が軟質であることを根拠に、敲打器としての用途を否定したのである。また「蜂巣石」の場合、その傾斜部にまで凹みがあるのは、台石としても適当ではないとの主張であった。

「蜂巣石」とは、大形の自然石に凹みが多数存在するものをいい、「雨垂石」とも呼ばれた石器である。古くは「凹石」と一括されていたが（高橋健自『考古学』一九一三年、「日本石器時代の遺跡と遺物」『ドルメン』四―六 一九三五年六月）、本来は、凹石・磨石とは区別されるべき石器である。若林が問題とした石器＝凹石は、手頃な石塊の片面ないし両面に、小さな凹みが一つあるいは二つ存在するだけの何の変哲もない石器である。「凹ミアル石器」ということで、犬塚は一括して論じており、やや論点にズレも生じてしまったが、いずれにしても、凹石にも敲打器としての用を否定していることは間違いない。

犬塚は、実見し得た数少ない資料から、

他邦ヨリ出ルモノモ 学会ニ蔵スル処ノモノモ 必同質ナルヘシト想像セラル、也 若堅緻ニシテ 石器ヲ磨スヘカラサルガ如キ石ヲ以テ製セシモノアランニハ 請フ高案ヲ附シテ御報道アランコトヲ

と陳述したから、論考が発表された翌月には、はやくも新国西賞による反論（「楕円或ハ円形ニシテ小穴アル石器ノ考」『東京人類学会雑誌』四二 一八八九年八月）が発表された。新国は若林の解答を読んで、「余ノ思想ニ符合シ 依テ其説弥々信ジテ疑ハス」にいたところ、「反対ノ説ヲ云者アリ 故ニ余ノ説ヲイサ、カ述ヘテ会員諸君ノ高評ヲ待ツ」と寄稿したのであった。「反対ノ説ヲ云者」が犬塚を指すことはいうまでもない。新国は福島県内の四郡（安積・安達・田村・岩瀬）で採集した類例五〇点ほどの石質を調査したところ、沙石のような軟石は二個に過ぎず、「俗ニ生石（いきいし）ト称スル堅硬ナル者頗フル多シ」という観察結果に基づいて、「堅キ石ニテ造リタルハ 石質ヲ見テモ砥ニ非ル一証ナリ」と主張したのである。さらに、「砥ニ用ヒタル者ナレハ全面中ニ磨リタル痕アル可キハツ 是ナキハ砥ニ非ザル」証拠として、犬塚の砥石説をまったく否定したのであった。

この後、羽柴雄輔や坪井正五郎など多くの研究者を捲き込んで、「凹石論争」ともいうべき状況が展開するが、それは以前に回顧したことがある（「探求に熱心なる人～若林勝邦小伝～」）。ただ、現在では、その凹石あるいは磨石と呼ばれる石器は、側面に敲打痕や摩擦痕が観察され、それが敲石（たたきいし）ないし磨石（すりいし）として使用さ

れたことが把握されている。調理具として石皿と組み合わせて、堅果類を破砕したり、木実や根菜類を擂り潰すための道具と理解されていることだけを書き留めておく。そうした理解は。一九四三年（昭和一八）頃には定説として確立していた。『新修 日本文化史 一』（一九四三年）には、石皿及び敲石（磨石）の写真を載せて、

石皿は屢々球形の敲石又は磨石を伴つて発見される。時によると図の如くその上に載せたまゝ出土することもある。組合つた石器であることは疑ふ余地がない。

と説明されている。

一一　犬塚と『地名表』

犬塚又兵は、積極的に未知の遺跡を探索し、『日本石器時代人民遺物発見 地名表』や『古墳横穴及同時代遺物発見地名表』を補足しようとする意図は、それほど強くはなかったようである。それでも、『第四版 地名表』（一九一七年）によって、犬塚の報告とある遺跡を抽出してみると、磐城国西白河郡に二箇所、岩代国信夫郡に四箇所、伊達郡に二箇所、安積郡・北会津郡・摩耶郡・河沼郡に各一箇所と一二箇所が挙げられ、さらに、越後国中蒲原郡と伊予国温泉郡で各一箇所を追加出来る。また、『再版 古墳横穴及同時代遺物発見 地名表』では、磐城国東白川郡で一箇所、田村郡で二箇所、西白河郡と石川郡で各五箇所、岩代国信夫郡で三箇所、伊達郡で二箇所、安達郡で一箇所、安積郡で一一箇所、岩瀬郡で五箇所、河沼郡で一箇所、伊予国温泉郡で八箇所、伊予郡で三箇所を算え、ほかに、伊勢国鈴鹿郡と羽前国東村山郡で各一箇所を確認することが出来る。両地名表を併せれば六三箇所を確認出来た。いずれも、犬塚の調査活動の結果である。

第二篇　画工から研究者へ～大野延太郎小伝～

一　台積みのなかに図譜

四、五〇年も前なら、東京・神田の神保町や本郷・東大前の古書店街を歩けば、いまでは、稀覯本として見ることもないような書籍を、未だ、ある程度は手にすることが可能であった。考古学関係の書物では、坪井正五郎や鳥居龍蔵、小金井良精、八木奘三郎などの明治文献も店頭に見付けることが出来た。その頃、雲外・大野延太郎の『古代日本　遺物遺跡の研究』や『遺跡遺物より観たる　日本先住民の研究』は、社会科学系の古書を扱っている店舗なら、どこの書棚にも見掛けたように思う。再版『日本考古図譜』や『考古学大観』に至っては、版型から書棚に収め難かったのかも知れないが、足許の平台に、無造作に積み重ねられた雑本？の間に混じっていたりして、安価で、入手し易かった。

大野延太郎
（板橋区立郷土資料館所蔵）

私は、大野の著作には、図譜から親しんだのであった。『先史考古図譜』を含む三冊の図譜は、綺麗な着色・石版刷りの画図集で、モノクロが普通であった写真図版とは異なった魅力があり、私は、絵画を楽しむように、一点々々、目を通したものである。なにしろ、身近にある図録といえば、後藤守一『埴輪』（一九四二年）程度であったから、着色図版は物珍しさも手伝っていたはずである。遺物の名称や形態的特徴など、私は概説書ではなく、大野の図譜を閲覧することで学んだのである。その図譜も、近頃ではほとんど見掛けることがなくなってしまったらしい。『先史考古図譜』など、ごくたまに古書店のカタログで見掛けても、まるで稀覯本扱いである。ただ、その大野の図譜でも、『紋様の久羅』や『人種紋様』(先住民の部・上代日本の部)は、当時から、眼にすることはほとんどなかった。

小稿は、大野の仕事を私なりに回顧した評伝である。大野については、はやく、「最も親しい旧い友人」と自認する鳥居が、

氏は最初は絵師として教室に来られたのであるが、その後、実物標本のスケッチや、遺跡地を実査せられたりした結果として、遂に知らず識らずの間に考古学者となり、今日では最早その達人となられたのである。氏は自ら画をよくせられ、而かもその研究法の如き各地の民族・土俗等と比較参考せられて居らるゝは、最も注目すべき所である。

と簡潔に紹介したことがあった(「序言」『遺跡遺物より観たる日本先住民の研究』)。さらに、齋藤忠先生に委曲を尽くした解説(「学史上における大野延太郎の業績」『日本考古学選集』四 一九七六年)があって、正直、それが私の〈大野延太郎小伝〉の執筆を躊躇させていた大きな理由であった。斎藤先生の叙述に、もう何かをプラスすることなど出来ないのではとの思いが強かったのである。が、この際、屋上屋を架す結果となっても、私なりに、大野の活躍の跡を辿ってみることも、強ち意味のないことではなかろうと思い直し、また、多少の補足も出来るはずと執筆を試みたわけである。

二 編著書群

大野延太郎は、「日本本州諸地方を一周旅行調査す」と自負しているように(「武蔵野の古物遺跡研究史」『武蔵野』三―三 一九二〇年一二月、「武蔵に於ける古物研究史」『古代日本 遺物遺跡の研究』)、北海道から四国・九州まで、全国各地

に遺跡・遺物の探訪を繰り返したのであった。離島隠岐にも渡っている。また、大野はけっこう筆まめで、その踏査結果を丹念に書き伝え、考察を加えては発表したから、『東京人類学会雑誌』（『人類学雑誌』）などに掲載された報告・論考は膨大な数に達している。いま、『人類学雑誌総索引』（一九三八年）を検索すると、延太郎名で四二篇、雲外名で八五篇、鳥居龍蔵や松村瞭、下村三四吉との連名で五篇と、都合一三二篇を確認することが出来る。それでも、何篇かの脱漏もあるようだから、実数はもう少し増えるかと思う。この一三二篇に、『武蔵野』（一三篇）など、諸雑誌に発表したものを加算すれば、一五〇篇を超えることは間違いないだろう。中谷治宇二郎は、『紋様のくら』など六冊の単行本を含めて、一四二篇を指摘している（『日本石器時代文献目録』一九三〇年）。それらの総てを収録したわけでもないが、「土中の日本」（『中央史壇』九―四）などに整理・集成してくれたことは、斎藤忠先生も指摘しているように（「学史における大野延太郎の業績」）、私どもにとっては、大変な便宜を与えられたことになる。『東京人類学会雑誌』（『人類学雑誌』）は複刻版が刊行されたから、無理をすれば座右に備えることも可能であったが、馴染みの薄い『飛騨史壇』や『人性』などになると、そこに大野の報告・論考が掲載されていることを知るだけでも容易ではない。

また、「画工」として人類学教室に入室したという経歴でも分るように、「大野氏は画筆に自信がある。それで今迄、大野さんの報告は挿絵に出色あるものとされてゐた」（「新刊紹介」『考古学雑誌』一四―一四　一九二四年一一月）と評されるほど画技に優れていたから、その特技を生かし、『東京人類学会雑誌』（『人類学雑誌』）の巻末図版などに、見事な画図を数多く残している。なかでも、神田孝平や若林勝邦の長逝を悼んだ記念図版の人物埴輪図（一五四一八九九年一月・二二九　一九〇五年四月）や土偶図（一五三　一八九八年一二月・二三二　一九〇五年六月）、土器図（一七二一九〇〇年七月）などは、着色・石版刷りで、単行本の図譜を髣髴とさせるものである。『日本考古図譜』など、図譜の編纂は他の研究者たちの追随を許さない、大野ならではの仕事であった。大野の画図には、写真図版にはない温もりが感じられる。

報告・論考や図譜など、大野の編著書群は一一冊を算える。いま、それらを刊行年次順に配列してみると、次のようになる。

①『日本考古図譜』（古墳物及青銅器之部） 一八九八年（明治三一） 九月 嵩山房
②『模様の久羅』（日本石器時代の部） 一九〇一年（明治三四） 一月 嵩山房
③『先史考古図譜』 一九〇四年（明治三七） 五月 嵩山房
④『人種紋様』（上代日本の部） 一九〇七年（明治四〇） 一〇月 芸艸堂
⑤『人種紋様』（先住民の部） 一九一六年（大正 五） 三月 芸艸堂
⑥『人類学写真集 埴輪土偶之部』 一九二〇年（大正 九） 三月 東京帝国大学
⑦「土中の日本」（『中央史壇』九―四） 一九二四年（大正一三） 一〇月 国史講習会
⑧『古代日本 遺物遺跡の研究』 一九二五年（大正一四） 九月 磯部甲陽堂
⑨『遺跡遺物より観たる 日本先住民の研究』 一九二六年（大正一五） 四月 磯部甲陽堂
⑩『考古学大観』 一九三〇年（昭和 五） 五月 春陽堂
⑪『考古学研究資料 土中の文化』 一九三一年（昭和 六） 八月 春陽堂

ほかに、日本橋如山堂から、石版数度刷りの鮮麗なる絵葉書も発行されているが（「石器時代紋様絵葉書の発行」『東京人類学会雑誌』二三九 一九〇六年二月）、これは採択していない。①『日本考古図譜』から⑥『人類学写真集 埴輪土偶之部』までと、⑩『考古学大観』が図譜あるいは写真集で、他（⑦～⑨・⑪）が報告・論考集である。さらに、図譜・写真集と一括した七冊は、遺物図集（①・③・⑥・⑩）と遺物の器面に施された紋様集（②・④・⑤）とに区別することが出来る。

なお、⑥『人類学写真集 埴輪土偶之部』は、その刊記に、編纂者・発行者とも「東京帝国大学」とあって、大野の個人名はない。が、『人類学雑誌』（四〇三・四〇四 一九二〇年一二月）に、解説である「人類学写真集 人類学教室出版埴輪土偶之部」を執筆していることを勘案すれば、人類学教室の仕事として、大野が編纂に従事したと判断して間違いはないと思う。また、⑦「土中の日本」は雑誌『中央史壇』の臨時特輯号であり、仕様も雑誌のままであるから、単行本扱いするのは不都合かも知れない。が、大野の報告・論考を集成した冊子であって、内容的には、大野の著作集とみて差し支えないと思う。従って、ここでは著書の一冊として扱った。⑪『考古学研究資料 土中の文化』は、その⑦「土中の日本」(『中央史壇』)を改訂増補したものである。

　これらの編著書群のうち、『人種紋様』(先住民の部)には、たった一葉であったが、色校正のゲラが挟み込まれていた。「地の色はもつと原稿に近くする」とか「スミを少し強めにする」などの鉛筆書きの指示が施されている。書き殴りではあるが、大野の註記であろうか。その指摘で補正され、仕上がりの色調はゲラ刷りとは色合いが異なり、ずいぶんと鮮明である。

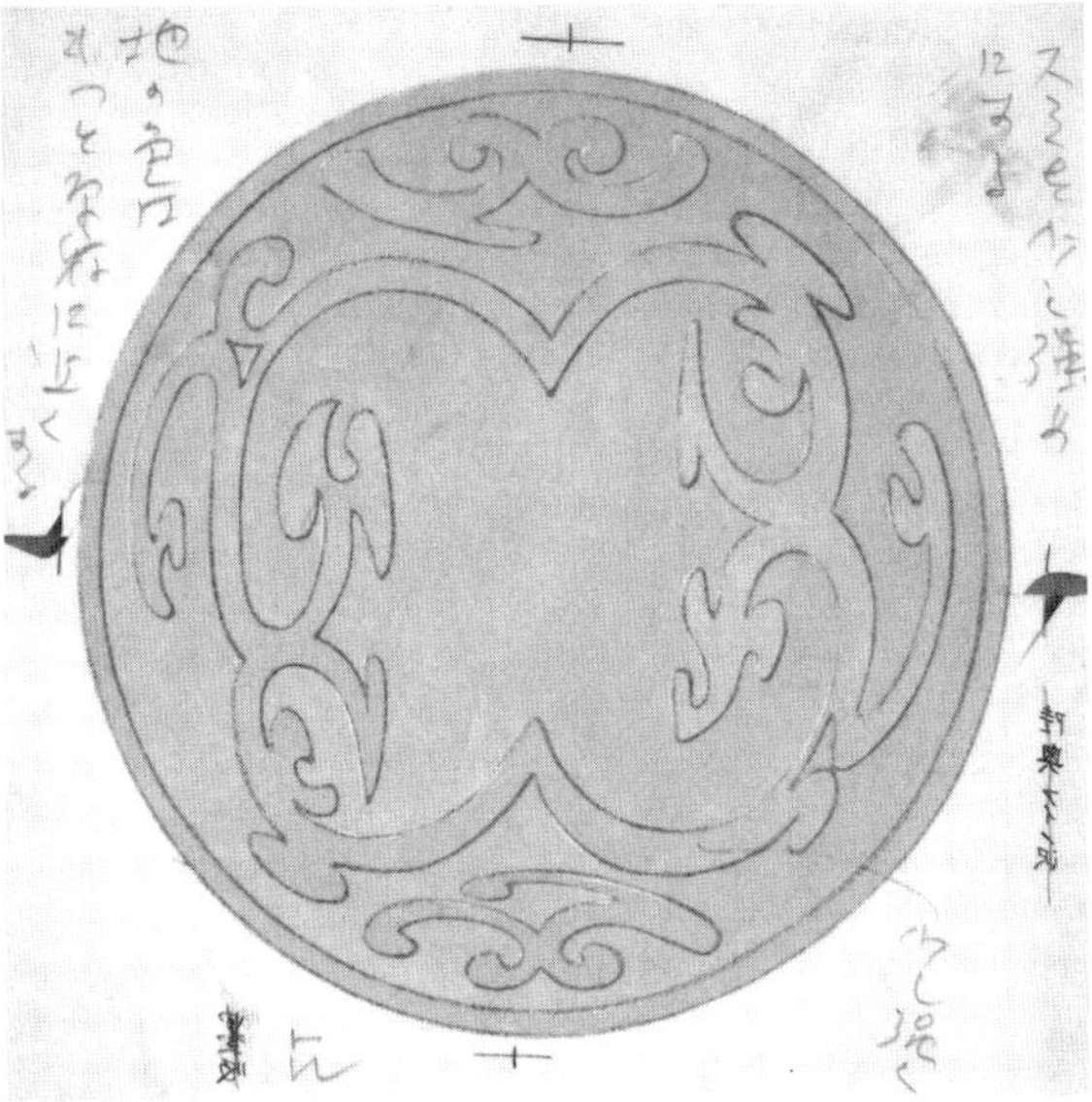

『人種紋様』の色校正のゲラ

　なお、斎藤先生『書簡等からみた 史学・考古学の先覚』(一九九八年)に、「天和中 上野国群馬郡保渡田村浄土宗西光寺境内古墳中所獲」と題詞にある、大野が画いた古墳出土品の図が紹介されている。五枚のなかの一枚はカラー版で、「画工」大野雲外の腕の冴えが見え、嬉しいことである。この画図については、前記「集報」にも言及があって、

　　実物大の図写で着色であり、現在のカラー写真よりは遙かに迫力のあるものである。

との寸評が添えられている。当然のことではあろう

が、大野の画技は東京人類学会の会員仲間では定評があった。創立二二年会の懇親会々場に展示された画図も、「何れも氏の技能をあらはし得て遺憾なきもの」と評されているのである（「本会創立満二十二年会」『東京人類学会雑誌』二四七　一九〇六年一〇月）。

三　親しんだ図譜群

大野の編著書群のうち、報告・論考を収めた著作は、いまも古書店に在庫し、読者の需要に応えているようである。が、図譜、なかでも②『紋様の久羅』や④・⑤『人種紋様』（先住民の部・上代日本の部）の三冊は、発行部数が少なかったこともあってか、古書店に出回った記憶は私にはない。すっかり姿を消してしまい、いまでは容易に眼にする機会もないのではと危惧される書籍である。画技に優れていることが大野の顕著な特徴であり、土器紋様の展開図が提示さるなど、大野らしい工夫もあって参考となるところが多いはずである。が、それが容易に閲覧出来ないのは残念なことである。大野にとっても不本意なことといわなければならないだろう。また、私が最初に親しんだ大野の著作が図譜であったわけで、それら図譜を解説することから起稿したいと思う。

①『日本考古図譜―古墳物及青銅器之部―』は、一八九八年（明治三一）九月に初版が出版され、二版（一九一一年）、三版（一九二二年）と版を重ねた。初版は大判（縦二九・五cm、横四四cm）、横組みの仕様であったから、利用に不便ということで、再版では四六二倍版に版型を縮小している。一九七九年（昭和五四）に、斎藤忠先生によって、その初版本が『日本考古学史資料集成　三』で複刻された。斎藤先生も、「全部色刷りであり、大型の版の中に、当時としては考古学の資料を要領よくまとめたものであり、写真よりも効果のあるものがある」と評した図譜である。ただ、複刻はモノクロ印刷であったから、原本のもつ着色・石版刷りの風趣は伝わらなかった。いま、再版本で見ても、見開き図版いっぱいに画かれた武人埴輪など、充分に迫力がある。大野は画図を担当し、沼田頼輔が解説を執筆した（『東京人類学会雑誌』二〇四　一九〇三年三月）。

その解説に、

　我大和民族の古代の状態を知らんとせば、其の遺跡を探り其の遺物を尋ぬるより善きはなし、蓋遺跡遺物は不文の記録にして、其の断片零物も、亦以て文献の闕を補ひ、或は史籍の疑を解くことを得べし、而して我大和民族の遺跡と認むべきもの其重なるもの二つあり古墳及横穴是なり。

とある。古代日本の歴史を探究するためには、古墳及び「横穴」（横穴墓）が重要であるというのである。さらに、

古墳及横穴が考古学及歴史学の研究に付きて、殊に価値あるは、其の遺物を出すか為なり、

ともあるから、古墳や「横穴」に伴出する遺物（副葬品）が肝要と認識していたことが明らかである。つまり、古代の研究は、古墳や「横穴」から出土する遺物によって可能であると主張しているのである。文責は沼田であっても、共著であるから、大野の理解も同じであったと考えてよいだろう。従って、三六図版（二版・三版では三二図版に改変）の着色図版のすべてが遺物図で占められている。再版及び三版では、見開き二頁で一図版を構成しているが、三二図版と図版数を減じているために、収載遺物の配列に初版とは少し変化が生じている。

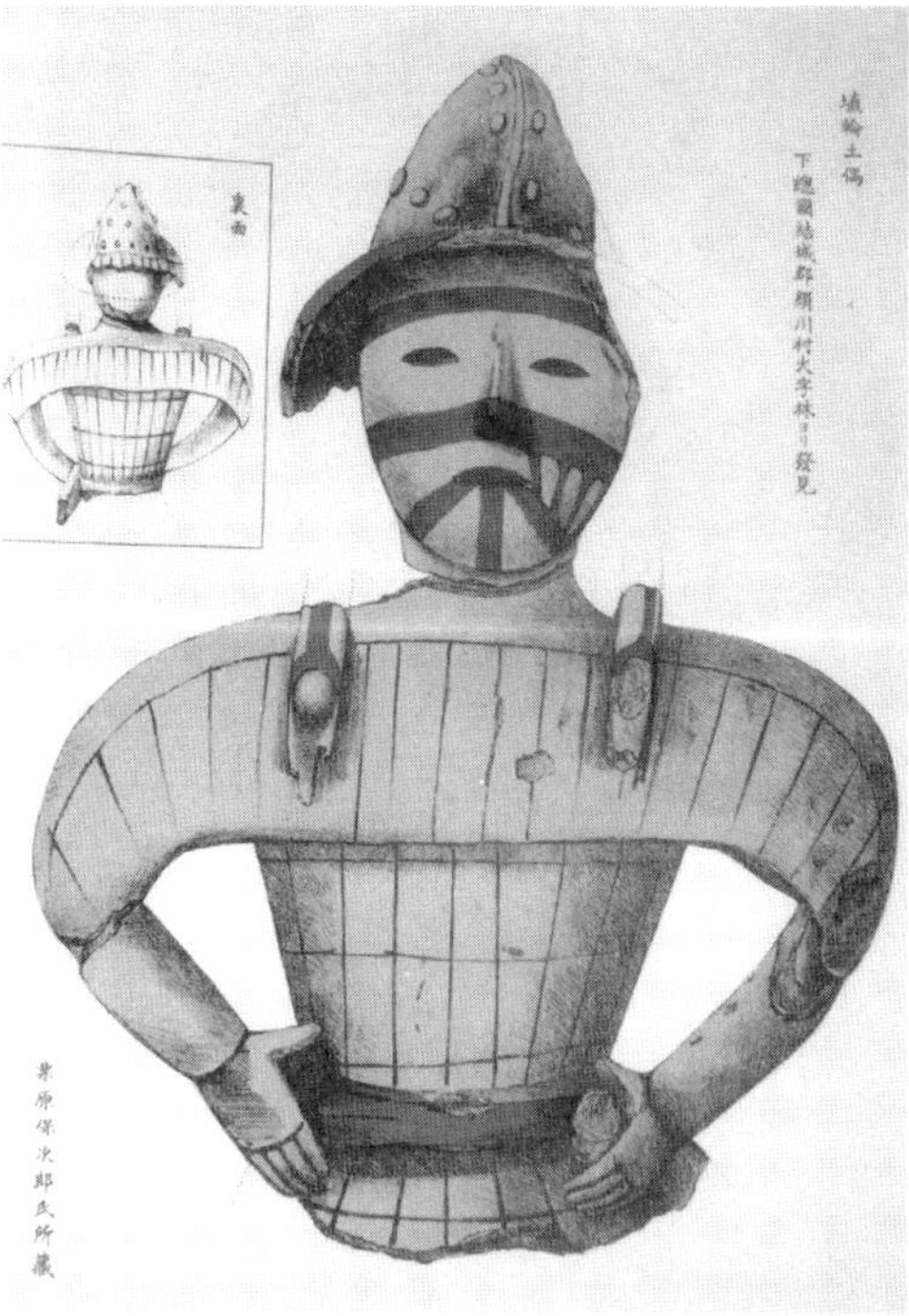

人物埴輪図（『日本考古図譜』より）

　収載する遺物は、「珍奇を衒ふにあらずして唯普通一般の古墳物を紹介」するといい（「凡例」）、埴輪・石人・石棺・陶棺・玉類・

腕輪・金銀環・武器武装具・銅鏡・馬具・武器・各種石製品・須恵器・土師器を図示し、ほかに、青銅器として銅鈴や銅剣・銅鉾・銅鐸などを紹介している。なかでも埴輪図（一一図版）と須恵器図（一〇図版）が多く、しかも一図版に一点、あるいは二点と大きく画かれているから、きわめて精緻である。

が、古墳と「横穴」＝遺構については、着色図版とは別に、わずかに見開きで、「古墳及横穴ノ図」（「播磨国明石郡吉田村古墳ノ図」などのスケッチが五図と、古墳及び「横穴」の説明的な図面一図）が添えられているだけである。「古墳物及青銅器之部」と銘打っているのだから、遺構図のないのは当然かも知れないが、これも当時の考古学界の関心の在り方を反映した結果であろう。つまり、古墳や「横穴」という遺構よりも、伴出する遺物にばかり関心が向けられていたという現実である。はやく、ウィリアム ゴーランドは、古墳々丘や石室を写真撮影し、詳細な実測図を作成して、その比較や構造の研究を遂行していたが（上田宏範・稲本忠雄『日本古墳文化論』一九八一年）、日本考古学界ではそうした研究姿勢は大幅に遅れたようである。斎藤先生も指摘しているように、ゴーランドの研究はイギリスで発表され、それが邦訳されることがなかったから、我国では、ほとんど認識されなかったのである（「推せんの言葉をかねて」『日本古墳文化論』）。貴重な仕事も当時の日本考古学界に貢献することはなかったのである。

「横穴」は、いまでは横穴墓という名称が一般化した。が、明治以来の学史を回顧すると、永く「横穴」が用いられていた。私は、一九八三年（昭和五八）に、斎藤先生のご助力を得て『古墳文化基礎資料 日本横穴地名表』を刊行したが、書名には『横穴地名表』と「横穴」を用いている。その「序」に、

また、横穴の名称については、現在、「横穴墓」という呼称もひろく使われているが、明治年間から用いられた学史を尊重する立場にたつ斎藤の見解に基づき、「横穴」の名称を採用したことを一言しておく。

と断わっているように、学史を重視する斎藤先生の示教に従った結果である。ただ、「凡例」では「横穴（墓）」とカッコ付きで「墓」字を加え、私の主張が生かされ、多少折衷した案配である。私も学史を尊重することでは人後に落ちないと自負しているが、墳墓であることが確かであるから、「横穴墓」と改称するのが適切と考えていたので

ある。その「横穴墓」説を強く提唱したのは、確か、坂詰秀一氏等であったと思う。遺構の名称は、形状のほかに用途も加味して命名すべきである、という趣旨であったように記憶している。

この『日本考古図譜』の初版刊行に際し、『東京人類学会雑誌』（一五一　一八九八年一〇月）は、懇切に紹介して、

今回沼田頼輔大野雲外の両氏が著はされし日本考古図譜なるものは凡て石版図を以て之を表はし、且つ数回着色刷を加へたる為め概ね真物に接するの思ひ有り、……紙数三十六葉他に古墳横穴の全形図を添へ坪井氏の序文を加ふ、猶別に解説一冊を付す、最初埴輪土偶に始りて銅剣に終る、図する所総数百個に及べり、

といい、他書に較べて、「優ること萬々」、「廉なること数等」と評している。再版に際しても、紹介の労を惜しむことなく、「従来の大型なるは取扱に不便なること丶て、今回は製本を四六二倍の大さに改めらる」と、使用に簡便になったと報じている（『東京人類学会雑誌』三〇〇　一九一一年三月）。また、『考古学会雑誌』（二―六　一八九八年一〇月）でも、「世人の坐ながら広く考古学上大切なる標品を認識し得るにあり」と好評である。石器については神田孝平『日本石器時代図譜』（一八八四年）があったが、古墳及び横穴墓出土の遺物図譜はなかったから、学界の期待は大きかったようである。

②『模様の久羅』（第一集　日本石器時代の部）は、一九〇一年（明治三四）四月に刊行された。坪井正五郎の「序」を附し、縄文式土器の紋様を展開図として提示したもので、すべてで六〇図に及んでいる。二色、三色の石版刷りである。

坪井の「序」には、

雲外氏は其粋を集めて此所に模様の倉をあらはされました。第一集に収めたのは本邦石器時代人民の模様で、其拠る所は主として理科大学所蔵の古土器にあるのです。種族の特性を示すに於ては人類学に意を傾ける人を益する事が少くありませんし、豊富な材料を供するに於ては工業に従事する人を利する事が大きい。

とある。坪井は、本書が人類学の研究に有効であるとし、工芸の面に於いても利するであろうといい、工芸面での効

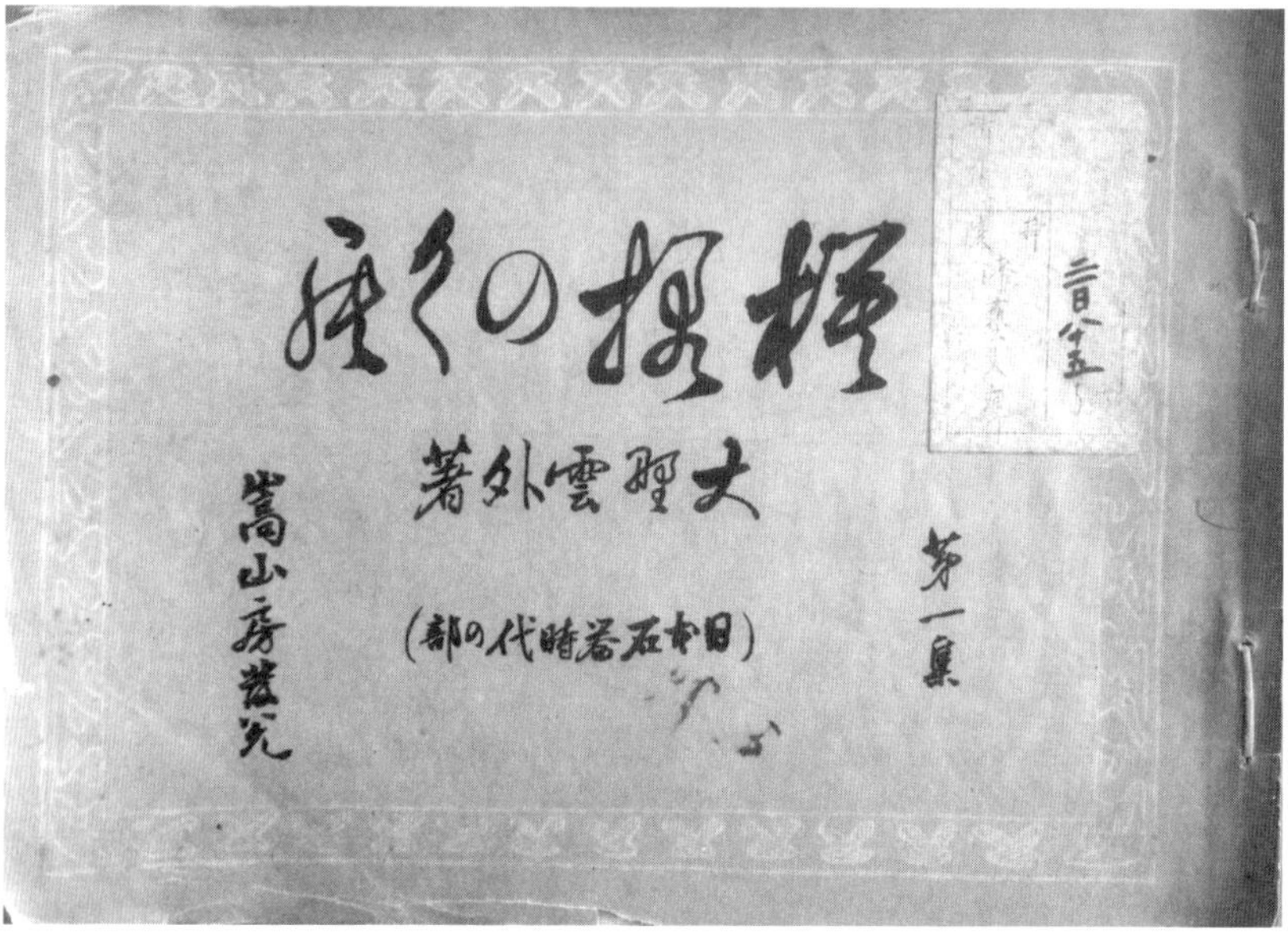

『模様の久羅』

用を二次的に指摘したが、著者である大野は、もっぱら工芸品のデザインとしての用を意図していたようである。

今其中の土器の表に、巧なる模様を画きし技の、如何ニも面白く雅致ありて一種異りたるものなれバ、これをまとめて、世間の工芸技術社会ニ応用なさしめバ、多少裨益することも阿らんと思へバ、破れたるをつぎ集めなるべく原形のまゝ越くづさ寿引き延ハして石版刷ニなし見る于便ならんこと于勉めたり若しこれが模様の資料として世ニ行ハるニ至れバ、余の希望を達したりと云べし、

とある（自序「模様のくら」）。さらに、同年七月の「石器時代土偶系統品と模様の変化に就て」（『東京人類学会雑誌』一八四）でも、「余は如何にも面白く妙味あることを感じて これが意匠を工芸技術に応用する途を開かんとて」と記し、工芸用意匠の参考にと繰り返しているのである。

それでも、後年、「原始時代に於ける紋様」『原始時代之研究』（一九二三年 但し一九二九年の八版による）になると、

それは只にこれらの一種異りたる紋様の材料を、

工芸上の方面に応用したい考への目的にして、弘く一般に普及せしめしものである。又一方これらの紋様は人種の研究に必要のものとして、其調査の有益なることは云ふまでもない。……紋様分類の法式によつて見れば紋様の研究は、人種問題にまで進むで、研究することが出来得るものであらうと考へられる。

と、工芸用意匠の参考にと主張しながらも、紋様の研究が人種問題の検討にも有効であると改めて指摘したのであった。

もっとも、大野の場合、一八九四年（明治二七）の「土中の日本」（『国民新聞』に連載。拙著『魔道に魅入られた男たち』に翻刻）に、鳥居龍蔵の執筆ではあったが、「石器時代人民の作れる紋様とアイヌの作る紋様と異なれり」といった項目を設けた論述があり、挿図を担当した大野も、紋様と人種問題に無関心であったはずはないのである。しかも、一九〇四年（明治三七）刊行の『先史考古図譜』（総説）では、石器時代人民の紋様とアイヌ紋様の比較研究を問題としているのであるから、「原始時代に於ける紋様」を待つまでもなく、当然、意識のなかには、人種問題に寄与し得るとの認識があったことは間違いないだろう。ここでは工芸という実社会での効用に大きな期待を寄せたということであるかと思う。なお、坪井の序文は、『東京人類学会雑誌』（一八〇　一九〇一年三月）の「雑録」に、「『紋様の庫』（日本石器時代の部）序」の標題で転載されている。

『東京人類学会雑誌』（一七七　一九〇〇年一二月）は刊行予告を載せて、

人類学的模様集　大野延太郎氏は今回太古の遺物及び諸人種現用器具より材料を採り「模様の庫」と題する書を編纂されしが、其第一篇として近日世に出づべきは日本石器時代の部なり。其主意とする所は工芸上の応用に在りと雖も、諸人種好尚の異同、古今装飾の変遷を窺ふに於ても有益なる書なりと信ず。

と記し、本書上梓の主目的が「工芸上の応用に在り」というが、考古学研究に有効であると紹介している。当時の人びとの間では、人種問題の研究に役立つ資料と期待されていたことは間違いない。

坪井の「序」とこの刊行予告には「模様の庫」とある。大野も自序の標題を「模様のくら」としたほかに、序文中では「模様の庫」とも書いて、書名の表記が一定しない。『人種紋様』（先住民の部）の「序」では、「模様のくら」とある。が、原本表紙と内表紙（奥付には書名なし）には、「模様の久羅」と「クラ」は万葉仮名風に標記されているから、書名は「紋様の久羅」を採るべきであろうと思う。

この『模様の久羅』と関連し、後になって、大野は、

私はこの土器の表裏面に紋様を刻画したるものにつき、興味を以て（持って？）従来から心掛けて、紋様の一部を出版したことがある。今から早く明治三十三年十二月発行した、「紋様の庫」と題して石版印刷の二三度摺りとして、六拾種だけを集めて出版したことがあるけれども、これは僅少なる部数のことであるゆへに、知る人も稀れであろうと思ふ、其後四十年十一月には「人種紋様」と題して、上代日本民族の製造使用した、種々の物から三拾一種を集めて、木版着色摺りとして、出版したことがある。其次は大正五年四月同じく人種紋様として出版したものは、着色三四度摺りとして、右「紋様の庫」の増補を成したやうなものである。

と回顧している（「先史時代の紋様」『武蔵野』三―三）。『模様の久羅』は発行部数が少なく、『人種紋様』（上代日本の部）は売れ行きが悪かったようで、あまり世上には流布しなかったらしい。『日本原始工芸』（一九二八年）や『日本原始工芸概説』（一九二八年）を上梓した杉山寿栄男も、これらを参照することはなかった。

それでも、工芸社会では、染物や織物、陶芸に利用されたことはあったらしく、

其後世間を注意して見るに、染物などにこの紋様を応用したことは事実にして。（句点の誤植）往々見ることがある。中にも目につきしものは其れを買入れて、心秘に大に楽みておるやうな訳である。

と、利用された悦びを伝えている（「先史時代の紋様」『武蔵野』三―三）。

③『先史考古図譜』は、一九〇四年（明治三七）五月に刊行された。坪井の「先史考古図譜序」と鳥居の「序文」を附し、二、三の弥生時代に属すと思われる遺物も含むが、縄文時代の遺物を見開き二〇図版に及ぶ画図で提示したものである。本書でも、すべてが彩色されている。その遺物の画図のほかに、「石器時代遺跡分布略地図」と遺跡の

光景を示す写真やスケッチ五点を収めた図版（各一図版）を加え、巻末に、二二頁に及ぶ「先史考古図譜解説」と八頁に亘る「総説」及び「表紙の紋様に就て」が添えられている。遺物図は、「実物によつて図写したものである、……力めて其実物を過らず一見其物を観るの感あらしむる目的」で作図したと自負しているように（「凡例」）、よくそのモノとしての特徴を伝えている。なお、解説各項の文末に、画図と関連して、その出土地と所蔵者名のほかに、参照すべき文献が収載された『東京人類学会雑誌』の号数が記載されているのは、研究する読者にとっては便宜であった。

鳥居は、その「序文」で、石器時代人の人種論が喧しいなか、そうした「暗黒界裡にある有史以前の人種論は、これによつて、一道の光明を与へられた」と言挙げしたのであった。当時は、坪井によるコロボックル説（エスキモー説）、小金井良精のアイヌ説と、北千島アイヌを調査した鳥居のクリルスキーアイヌ説とが鼎立していた。

『東京人類学会雑誌』（二二〇　一九〇四年七月）に、執筆者は明らかでないが、「大野延太郎君著『先史考古図譜』」と題した二頁に及ぶ書評が掲載されている。

本書は日本に於ける石器時代遺物を著色石版画にした菊版二倍の美本、蔵むる所は遺跡分布図、遺跡の写真、土偶、土器、石器、角骨器、装飾品、土製獣類等あらゆる遺物で、プレートの数総て二十二。物は主として人類学教室所蔵品中より撰択したもの、著者は此種方面の研究者で然かも人類学の画家であるから、物の撰択及び特徴を画き表はす点に於て妙を得たる事は言はずとも明かである。大躰に於て印刷もよろしく、且つ巻末に図説を附し、遺物の種類、性質特徴等を懇切に説明してあるから、石器時代の遺物に就て知らんとする人には無二の良書である。

と評し、「教授上の標本代用として中学校や師範学校等に一本を備へて置いたら便利の事と思ふ」と推奨している。が、その後で、大野が解説のなかで主張する、「遺跡を遺した住民は二種族位に区別する事が出来る」し、「この二派の最も類似した種族を求むれば今のアイヌ種族と考定することが出来る」という理解に対しての批判が、詳細に展開されている。
その大野が石器時代人二種族説とアイヌ種族との類似を主張したのは、
遺跡遺物を実践目撃した事柄によつて、……この住民は一種族ではなく、二種族位に区別することが出来ようと思はれる。……北海道本島、北千島、奥羽とは遺跡及遺物の上に於て観察するときは能く類似してある、竪穴に伴ふ土器とチヤシコツなどの遺跡はこれらの地方に限られ、此は同種族であろうと思ふ、ゆへにこれらが坪井博士の定説の如く、コロボツクル派の住居せしものとして、区別があるものと見留めらる、亦本州南部に至るまでの、通じて遺跡遺物は、竪穴を造らざる、別に一種の住民ありしこと、考へらる、……二派の種族が諸所に部落を形ち作りて、生存競争の姿であつたとしても差支なく、而してこの二派の最も類似した種族を求むれば今のアイヌ種族と考定することが出来る、
とある個所かと思う。石器時代人とアイヌ人との類似の証は、小金井の骨格研究の成果（「『アイノ』人四肢骨ニ就テ」『東京人類学会雑誌』五三 一八九〇年八月）のほかに、「土石器類の遺物は、今の北海道アイヌも以前は使用されて、三百年以前の歴史記録によつても風俗の上に於て変化せられしことは明らかである」ということにあった。非アイヌ論者の主張する土偶に「アイヌの特徴たる鬚髯のあるのを認めず」との指摘には、「土偶は男女共に頭部から面部を覆ひ或は被物等を致して、……ゆへに髯を顕すまでに至らざるかと思はれ」るし、「精密の製造品でなき所より略せられたるものと思れる」との反論を用意したのである。ただ、書評者は、土偶の考究など「面白い研究と思ふ」ものの、前後、論理的に「吾人をして満足の感を起さしむるに至らない」と批判したのであった。
また、『考古界』（三―九 一九〇四年二月）では、本書の刊行を予告して、
其の内容は勿論先史時代の遺物一切を表わし且つ最も精密なる説明を附せらるゝとの事、殊に同書の特色として注目すべきは……例の石器時代人種論てう個所に重きを置かれたと言ふ点、氏は元来アイヌ論派の一人として最も学界に聞えある人、他の聴き書き的著書と氏の著書とが如何に違ふかゞ一刻も早く知りたいものである。

と、強い期待を寄せていた。紹介者は、『考古学研究法』（一九〇五年）を八木奘三郎と執筆した中村士徳である。その中村の執筆かどうかは判然としないが、刊行後には、

　図版二十二葉有り、最初に石器時代の分布図を載せ、次ぎに貝塚及び遺物包含層、竪穴等の写真版を載せ、以下に土偶類より始めて土器底部の紋様、破れ留め穴の実例、蜂の巣石の類に終り、中間石器、土器、骨器等一切の総種類を列挙し、且つ悉く彩色刷りにせし為真物を見るの想あり、終りに解説を附して図版の出所及び種類名を記し、最後に総説を掲げて右の類を九地方に別つ可き点、又此物の如何なる人種に属す可きものなるや等を論ぜらる、用意周到にして大に後進を裨益するに足れり、

と内容を紹介し、「日本考古図譜と相俟て二時代の神髄を知る好一対の図画類と云ふ可し」と賞賛している。が、それにしても、

　其人種論は　従来坪井博士のコロボックル説と異なりて　アイヌと認めたるは該教室員中に見ざる特異の例なるが　是等の可否は他日別に記す可し、

と、やはり人種論には異論もあるかのような口吻であるし、石器時代人＝アイヌ人説を主張することは、人類学教室では「特異の例」と評されるほどであったらしい（「先史考古図譜」『考古界』三―一二　一九〇四年五月）。

後に、喜田貞吉も、

　何分にも坪井先生は人類学教室と人類学会とに根拠を有せられて、其のお弟子達も多く、又筆に口に、盛んに之を宣伝せらるるの機会を有せられたが為に、其の説は広く世間に流布し、殊に其のお弟子の中に反対意見を有するものがあつても、師に憚つて其の発表を差控へるといふ状態であつたから、一時コロボックル説は学界を風靡するの勢いであつた。

と回顧しており（「考古学上より見たる蝦夷」『ドルメン』四―六　一九三五年六月）、人類学教室助手という立場でのアイヌ人説の主張は、大野の周辺に微妙なものを生み出したであろうことを想像するのに難しくはない。大野自身も、坪

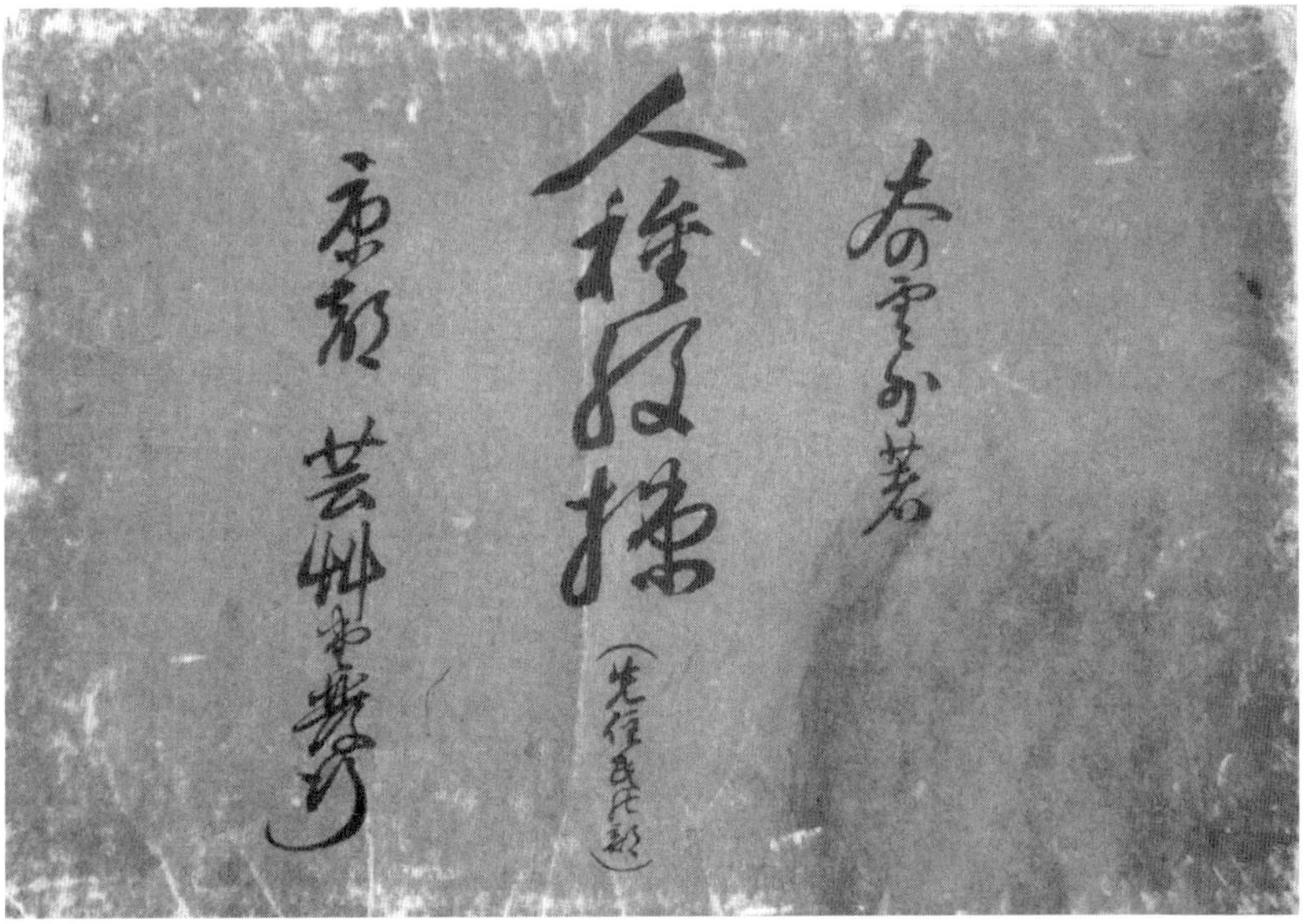

『人種紋様』（先住民の部）

井の「感情を害せしことありしならん」と自覚していたようである（『遺跡遺物より観たる 日本先住民の研究』）。

④『人種紋様』（上代日本の部）一九〇七年（明治四〇）一〇月の刊行である。「人種紋様の解説 附言」（『東京人類学会雑誌』二八〇 一九〇九年七月）や「先史時代の紋様」（『武蔵野』三―三）では、「四十年十一月」の刊行とするが、原本奥付には、「明治四十年拾月廿五日印刷　仝　年拾月　日発行」とある。本書には、「人種紋様」と題した自序ばかりで、坪井による序文はない。③『先史考古図譜』では、内表紙に、坪井（「序」）に著者名を並べ、肩書きを「理科大学助手」と明記していたのに、本書では、坪井の序文も、大野の肩書きもない。ただ「人類学教室ニ於て」とあるばかりである。坪井に「序」を依頼し難いような関係に陥っていたのだろうか。なお、表紙の著者名と自序の署名は「大の雲外」とあるが、大野は『東京人類学会雑誌』の挿図でも、「大の雲外」と、「野」字を平仮名書きで署名することが多かった。

本書は、その自序にいうように、

上代我が日本民族間に使用せし、遺物から、紋様として面白きものを撰択し、着色木版摺りとして、弘くこれを工芸社会に応用せしめんとする目的で刊行したものである。『模様の久羅』と同趣旨の著作である。この「上代日本の部」では、五点の銅鐸面の紋様を含むが、古墳壁面に画かれた紋様や彫刻紋様、陶棺の浮紋、さらには古墳出土遺物（石環・鉄剣柄頭ほか）の紋様などを収め、良質な和紙を用い、袋綴じの一面に摺り上げた、瀟洒な造本である。画図は三二丁に及んでいる。

大野は、「材料は帝室博物館人類学教室及び其他有志者所蔵の逸品に依り、正しく模写したれば、其材料の正確なことは云ふまで毛なし」と、その内容を自負している。が、本書では、掲載遺物の出土地及び所有者（機関）名しか記載しなかったので、改めて、『東京人類学会雑誌』（二八〇）に、「人種紋様の解説」（『古代日本 遺物遺跡の研究』に再録）を執筆して、その欠を補っている。その「附言」には、

多くは古墳其他土中より発見した正確なる紋様にして見らるゝものを集めて出版し只出所地名のみを挙げ別に解説等を加へざりしにより、こゝに余白をかりて説明を試みたれば、若し購求されたる諸氏はよろしく対照の労を取られんことを希望いたします、

とある。

例えば、一丁から六丁までの「筑後国浮羽郡千年村大字若宮日ノ岡古墳石槨内奥壁紋様」については、

（一）は筑後国浮羽郡千年村大字若宮日ノ岡古墳石槨内部に画ける奥壁の紋様にして、（二）（三）（四）（五）（六）は同槨内両方左右の側壁面及び天井などに朱或は白を以て三角、円、二重円、蕨形等の幾何学的紋様を並列或は散布して装飾となしたるものである、最初この発見は坪井教授によりて世に紹介され（東洋学芸雑誌第八十八号にあり）次に余が（人類学雑誌第百三十号に）古墳紋様と題して総ての紋様を集めて記載したることがあるから参考してもらいたい、これらの幼稚なる幾何的紋様は、日本民族性を顕した特徴の紋様と推察することが出来る、故にかゝる材料の趣味多きことは紋様研究の上に最も貴重の事柄と思はれる、

と詳細である。引用文中に、「余が（人類学雑誌第百三十号に）古墳紋様と題して総ての紋様を集めて記載したことが

ある」というのは、「日本古墳紋様考」（『東京人類学会雑誌』一三〇　一八九七年一月『日本古代 遺物遺跡の研究』に再録）を指す。日ノ岡古墳でいえば、

（一）ハ坪井教授ノ発見ニカ、ル（東洋学芸雑誌第八八号）石槨壁面ニ朱色ヲ以テ画ケル紋様ニシテ並列紋様ハ散布紋様トノ二様ニヨリテ組成セル幾何学的三角数箇ヲ並列シ或ハ二重ノ円ヲ数箇並列シ中ニ蕨形ノ変形ヲ加ヘ或ハ三重ノ円アリ或ハ蕨形アリ同変形アリ或ハ舟字形ノモノアリ或ハ三角二重円等ヲ種々ニ混合配置セシムルノ類ナリコレ並列紋様ノ式ナリ

と記述されているものである。

その「日本古墳紋様考」には、巻末に二色刷の「古墳紋様ノ図」が添附されているが、再録された『古代日本 遺跡遺物の研究』では削除されてしまった。「人種紋様の解説」も図版を伴っていないから、大野自身も「文章のみにては了解し難いであらうと思ふ」と危惧したように、『古代日本 遺跡遺物の研究』の読者には、もう『人種紋様』の入手は覚束なかっただろうし、充分な理解は期待し難かったのではないかと思う。

松村瞭であろうか、「あ、ま」の署名のある「大野雲外氏著『人種紋様』」（『東京人類学会雑誌』二六〇　一九〇七年一一月）に、

偖書は美濃紙二ツ折版き（を？）横長に綴ぢたるものにして、片面摺りの着色木版図三十一枚より成る画帖の如きものにて、人類学教室及び帝室博物館の保存に係る陶棺、古墳に於ける模様を初めとして、環石、角製品、兜、剣頭、馬具装飾品、刀鞘、馬鐸等古代日本民族の使用せる物の全形或は其一部を、著者が多年人類学教室に在て、鍛へ上げられたる妙腕を以て画き、其紋様を示したるものなれば、能く其特徴を画示せる事勿論なり、加ふるに印刷も総じて無事の方と云ふべし。説明としては物の出所及び名称を、図の傍に書添へたる外、何等の記載もなし、……本書は前述の如く唯日本民族の遺物中模様……の見らるゝものを撰びたるにあれば、日本民族遺物図を（と？）も見るべきものなり。故に人類学、考古学の研究者は、唯に模様としてのみならず、日本考古学

研究の参考として一本を備ふるの価値あり。

との紹介がある。その「物の出所及び名称を図の傍に書添へたる外、何等の記載もなし」という不満に答えたのが、前引した「人種紋様の解説」である。

本書は、次の⑤『人種紋様』（先住民の部）とともに、『日本考古学選集』（四）に収録されているが、残念なことに、これには着色・木版刷りの風趣は伝わっていない。なお、古墳壁画の模写は、ずっと後になって、日下八光の優れた仕事が公刊されるが（『装飾古墳』一九六七年）、大野の仕事は、その先駆的な作業であり、描写時に於ける照明の不備や印刷技術も未発達であった時代の苦労が偲ばれる内容である。

⑤『人種紋様』（先住民の部）は、一九一六年（大正五）三月の刊行である。『人種紋様』（上代日本の部）と同一の装釘であるが、この「先住民の部」では、標題が、横書きから縦書きに変わっている。やはり、大野の「人種紋様」と題した自序があるばかりで、他に序文はない。その自序に、

曩に「紋様のくら」と題して、三十二年に印刷発売せしことあり、次に「人種紋様」と題して、四十年に上代日本人の遺物から紋様として、着色図版にして発行せしも、未だ充分の売れ行きに至ら須、それが為に、今回前編を償はんとして、こゝに出版することに成りたれば、看者諸君は成る可く、義務的の閲覧を賜はらんことを伏て希望するところである。

と記し、読者の購入を懇願している。『人種紋様』（上代日本の部）の売れ行きが芳しくなかったため、それを補完する意味での本書の刊行ということのようである。

本書は、縄文時代の土版と土器（一点は弥生式土器）の紋様を展開図として提示したものである。逐一トレースしていないが、例えば、第一図の茨城県福田貝塚の土版は、水谷乙次郎が採集したもので、『東京人類学会雑誌』（二五六 一九〇七年七月）の口絵に実大で紹介され、水谷により、

本年二月十一日茨城県稲敷郡大須賀村字福田貝塚より発見いたしました。……常陸から斯かる大きな土版の出

たのは、珍しい事実であらうと思ひます。
と説明されている資料である。図案化されて、地紋の縄文は表現されていない。著名な土版で、いま、東京国立博物館に収蔵されている。

大野は、また、

素焼の土器には、其形や紋様が中々巧に美術的に造られてある、其一種特徴の雅致のあるものにして、人種の研究上、亦工芸美術上から見ても、最も興味あるものにして、

と記して、ここでも紋様の研究が人種の研究にも有効であることを主張している。

『人類学雑誌』(三四八 一九一六年四月)掲載の小田切生(健児?)による「大野雲外氏の最近発行の人種紋様」には、本書を評して、

専ら本邦先住民の土器に残した紋様を蒐め、曩きにも木版摺として出版されたが、……此本は古く明治三十三年十二月に上梓された、紋様のくら、を増訂したもので、図版はすべて鮮麗なる木版着色になつて居る、収載されたる土器の出処は、陸奥(二十四)、武蔵(十二)、常陸(十一)、羽後(五)、陸前(四)、下総(二)、磐城(二)、北海道(二)、陸中(二)、下野(一)の十ヶ国に跨がり孰れも斯学の研究には云ふまでもなく、工芸美術上の好参考図たるを失はない。

とある。

⑩『考古学大観』は、一九三〇年(昭和五)五月の刊行。鳥居の「序」を附す。その鳥居の序文に、この『考古学大観』は、従前の『日本考古図譜』と『先史考古図譜』が絶版となって、入手が難しくなったことから、それらに「増補加筆し美麗なる新図記」として刊行したものとある。従って、本書は一冊を「先史時代の部」と「原史時代の部」に分け、それぞれに「解説」を施した構成になっている。

口絵には、遺構と遺物の写真七点を三頁に収めている。その「先史考古の部」では、図譜一〇頁、解説二〇頁、

「原史時代の部」では、図譜一八頁、解説二五頁に及んでいる。とにかく、「実物を見るが如く、着色図版となし」たもので、現在の写真版図録では感じられない温かみのある図譜となっている。ただ、再版『日本考古図譜』と同じような仕様で、『先史考古図譜』収載の遺物群までを収めようとした結果、一点々々の遺物図が縮小されることになって、それぞれに、元版の図譜のもつ雰囲気は失われてしまった。

⑥『人類学写真集　埴輪土偶之部』一九二〇年（大正九）三月刊行。標題に「埴輪土偶」とあるが、「埴輪と土偶」の意ではなく「人物埴輪」をいう。坪井『はにわ考』（一九〇一年）にも、「埴輪の人形は埴輪人形とも埴輪土偶とも呼ばれて居ります」とあるように、明治の頃に使われた用語である。「日本上代ニ於ケル風俗ノ一端ヲ知ラシメントノ意ヨリ出版シタル」叢書の第三集である。第一集は「台湾紅頭嶼之部」（鳥居龍蔵担当）であり、第二集は「日本石器時代土偶ノ部」（柴田常恵担当）であった。第二集には、坪井の「総説」（二頁）と柴田の「図説」（一三頁）が巻頭に附けられているが、本書では、各図版に収録した埴輪の出土地名と計測値（最大高）を記したものが、目次代わりに存在するだけである。人類学教室に収蔵されている四九点の人物埴輪を四〇図版に収めているが、その詳細な記録は、別に「人類学写真集　人類学教室出版埴輪土偶之部」（『人類学雑誌』四〇三・四〇四　一九二〇年一二月）に掲載された。その「附言」に、

> 記事は単に埴輪写真版の説明にして、興味とてなきものなれど、写真版を所有せらる、人にとりて唯写真のみでは、土偶に白や朱を彩りた（る脱？）様子などは不明であらうと考へ、又男女風俗などの比較の場合、実物がなくとも、この記事によれば、多少知ることが出来やうと思ひ、爰に余白を借りて、記述した……

とあって、『人類学写真集』の欠を補っている。

いま、私は、「埴輪図録　東京大学人類学教室」と背表紙にあり、内容はまったく同一で、仕様ばかりが異なる図録を架蔵している。グリーンのクロス装で、『人類学写真集』とは逆の綴じになり、目次の一頁分を欠落している。奥付もなく、どのような経緯で、この異装本が存在するのか詳らかではない。余計な綴じ穴もないから、旧蔵者の嗜

好による製本の仕直しとは思えない一冊である。また、冒頭に記した帝室博物館編『埴輪』もまったく同様な仕様であるので、疑問が残る。その『埴輪』にも奥付はなく、高橋健自の「緒言」が挟み込まれているだけである。そこには、一九一二年（明治四五）二月の日付がある。諄くなるが、ついでだからもう一点紹介しておくと、『日本埴輪図集』（一九二〇年）とまったく同じ装幀・内容（奥付も同じ）でありながら、帙及び表紙の題箋に、『東京帝室博物館列品埴輪図集』とあるものが存在する。ほかにも同様な事例があったと記憶しているから、旧蔵者の付け替えと簡単に断言することは出来ない。はやい頃の図書には、たまに、こうした異装本が存在する。

四　頻繁な調査旅行

初代の人類学教室助手であった若林勝邦が、「人類学上の調査」と「人類学材料蒐集」による教室の充実を目的に、席の暖まる暇もないほど、各地へ出張し、学史に残る遺跡や遺物を学界に報告したことはすでに紹介した（「探究に熱心なる人〜若林勝邦小伝〜」）。大野の調査旅行も活発で、決して若林に劣るものではなかった。また、「献納」ということで、人類学教室に収納した遺物群も少なくはない。

大野の遺跡探訪のことは、簡単には、⑦「土中の日本」（『中央史壇』）や⑪『考古学研究資料　土中の文化』の「旅行記の部」で、その大概を知ることが出来る。「旅行記の部」には、⑪『考古学研究資料　土中の文化』で「満州考古学的旅行」が追補されるが、それを除き、「武蔵国秩父地方に於ける人類学的旅行」以下、「東北紀行」まで二一項目が収録されている。また、「先住民時代遺跡の部」や「先住民遺物の部」にも、旅行記的記述のあるものが含まれ、資料調査の期日などの記録されているものもあるから、それらを加えると、「旅行記」の記載よりはもう少し詳細に跡付けることが可能である。

いま、それらの記録と『東京人類学会雑誌』（『人類学雑誌』）所載の学会記事などを参照して、大野の調査旅行を年代順に整理してみると、やや判然としない部分もあるが、おおよそ次に整理したようになる。但し、日帰りや一泊二日程度の調査行は省略した。例えば、一八九四年（明治二七）四月五日の「多摩川沿岸遺跡探究旅行」は、鳥居龍蔵との連名で、長大な報告「武蔵国北多摩郡国分寺村石器時代遺跡」が作成され、『東京人類学会雑誌』（一〇二・一〇六・一〇七・一一一　一八九四年九月・一八九五年一・二・六月）に連載されたほか、大野単独でも「武蔵野に於ける先住民の遺跡」（『武蔵野』一―一・三　一九一八年七・一二月。但し、続稿は、目次には「国分寺の石器時代の遺跡」とあるが、標題は「国分寺に於ける遺跡」と簡略化されている）を発表し、広く知られた調査行である。ただ、日帰りの探査であるために採択していないといった具合である。

『中央史壇』「土中の日本」

実際、日帰りの遺跡探訪は、鳥居も「毎日曜日などその遺跡の存在を探査するのにいとまがなかつた」と回顧しているように（『ある老学徒の手記』）、鳥居ばかりでなく、大野を含めて、多くの人びとが頻繁に繰り返していた。大野と鳥居が同行した機会も多かったようである。前記した国分寺遺跡にしても、一八九九年（明治三二）に、鳥居とともに、阿部正功や野中完一、蒔田鎗次郎、浜田耕作等を案内している。浜田は。この踏査で多少の遺物を採集して、「打製石斧六個　国分寺瓦三個　直ちに我が標本の数をして多からしむ」と記録した（『浜田耕作（青陵）日記』一九八九年）。

さらに、一九〇〇年（明治三三）二月一八日に探査していることも確認されている。吉田格が、東京大学綜合資料館に、「武蔵国分寺包含層中ヨリ得 三十三年二月十八日 大の」と墨書された打製石斧が収蔵されていることを報告している（「大野雲外と武蔵国分寺縄文遺跡」『武蔵野』五九―二 一九八一年一〇月）。こうした日帰りの調査行を調べることは困難であるし、また、一覧化することはきわめて煩雑となり、収拾のつかないことになってしまうようである。

一八九五年（明治二八）四月 埼玉県秩父地方 同行 阿部正功・鳥居龍蔵
八月頃？ 福井県 （帰省旅行）
一八九六年（明治二九）春 茨城県地方
一八九七年（明治三〇）七月 岐阜・福井県地方
一二月 栃木・秋田県地方
一八九八年（明治三一）七～八月 鳥取・島根・広島県地方
一一～一二月 千葉・茨城・栃木県地方
一八九九年（明治三二）五月 北海道地方
八月 上総地方
一九〇〇年（明治三三）七～八月 新潟県地方
一二月～一九〇一年（明治三四）福島・茨城県地方
一九〇一年（明治三四）四月 愛知県地方
七～八月 青森県地方 同行 松村瞭
一九〇二年（明治三五）七月 岩手・秋田・青森県地方
一九〇三年（明治三六）七～八月 愛知・岐阜・富山・石川・福井県地方
九月 茨城県猿島・筑波・結城地方

一九〇四年（明治三七）四月　茨城県竜ヶ崎地方
七月　長野県地方
一一月　茨城県結城地方
一九〇五年（明治三八）一月　埼玉県地方
七〜八月　高知・愛媛県地方
一九〇六年（明治三九）七月　福岡県地方
一九〇七年（明治四〇）春？　京都府・丹後地方
一九〇八年（明治四一）三月　茨城県行方郡地方
七月　和歌山・三重・奈良県地方
九月　神奈川県・駒岡横穴墓の調査
一九〇九年（明治四二）三〜四月　中国北東部（旧満州）・長崎県地方
一九一〇年（明治四三）四月　鳥取県地方
一二月　新潟県地方
一九一一年（明治四四）六〜七月　石川・福井県地方
一九一二年（明治四五）四月　静岡・三重県地方
一九一三年（大正　二）三月　大阪府・和歌山県地方　同行　田村政次郎・米田猪三郎・佐野英山
七月　兵庫県地方
一九一三年（大正　三）？　宮城県地方
一九一五年（大正　四）七月　鹿児島県地方

一九一六年（大正　五）三月　茨城・栃木・福島・山形県地方
　　　　　　　　　　七月　栃木・福島・山形・秋田県地方
一九一七年（大正　六）三月？　茨城・栃木県地方
　　　　　　　　　　七月　福井県地方

「四国九州先住民遺跡」（『人類学雑誌』三五八　一九一七年二月）には、「私が四国を旅行したのは、去る明治三十四年の夏で」とあって、一九〇一年（明治三四）夏に、四国を訪れているかのように記録されている。ただ、記事の内容は、一九〇五年（明治三八）の四国探訪と重複し、なによりも、この年の七月から八月は青森県地方を探訪していることが確かであるから、大野の記憶違いと判断して採択しなかった。また、「北陸地方の古物遺跡に就て」（『東京人類学会雑誌』三〇七　一九一一年七月）に、「幸に本年は十年目で同地方へ赴くべき許可を得て」とあり、一九〇一年前後にも、北陸への旅行を試みているように読み取れる。が、その事実を他の記録では確認出来なかったので、これも採択していない。あるいは、一九〇三年（明治三六）の探訪を指すのかとも思うが判然としない。

斎藤忠先生『書翰等からみた史学・考古学の先覚』に、大野の柴田常恵宛ハガキが収載されている。鳥居とともに四国・徳島を探査した折りのものということで、国府址出土の古瓦の図も画き添えられ、「内容も多彩なもので、当時の調査のたくましさも知られる」とコメントされた資料である。このハガキには年次が記載されず、消印も明確でないことから、斎藤先生は「明治三〇年（一八九七）ころのものとみなされる」と推定している。が、記録で確かめられる限りでは、大野の四国への調査行は一九〇五年（明治三八）七月から八月にかけてのことばかりである。ただ、その時の四国行の記録（「四国旅行通信」『東京人類学会雑誌』二三三　一九〇五年八月）では、ハガキの日付である七月二六日前後には、寺石正路と高知県下を巡遊していたように伝えているから、差出し地の「とくしま于て」とあるのと齟齬するようである。また、一八九七年七月では、大野は岐阜県から福井県に出張・帰省していたことが確かであって、日程が重複してしまう可能性もある。さらに、翌年の一八九八年（明治三一）としても、その時期には、鳥取や島根、広島地方を巡歴していたことが知られているのである。なによりも、この時点では、柴田は人類学教室とは関係がなかったはずで、推定された年次には疑問がある。斎藤先生「柴田常恵―略年表」(『日本考古学選集 一二 柴田常恵』一九七一年)によれば、柴田が大学の「雇」になったのは一九〇二年(明治三五)で、助手に任命されたのは一九〇六年(明治三九)とある。

さらに、「かきそへ」に「鳥居君が苗族の調査報告を徳島へ五冊と北京へ十冊丈、御送附方願ひたしと、伝言いたします」とあることに留意すると、鳥居の苗族調査の報告書の刊行後でなければならないことになる。鳥居の苗族調査は一九〇二年(明治三五)七月から翌年三月にかけて実践されたのであった。『東京人類学会雑誌』(一九七 一九〇二年八月)に、「鳥居氏の苗族調査」という記事があり、「人類学上取調べの為清国へ出張を命ぜられたる鳥居龍蔵氏は七月末日東京を出立されしが、……旅行の目的は苗族調査に在る趣なり」とあって確認される。また、『東京人類学会雑誌』に掲載された苗族関係の論考は、「苗族の筌」(二二四・二二五 一九〇四年一・二月)を嚆矢とするから、その刊行以後でなければ苗族関係の文献送附を依頼することは有り得ないはずである。『苗族調査報告』の刊行ともなれば、一九〇七年(明治四〇)となってしまう。従って、記録から判断する限り、ハガキにある日付の「七月二六日」は一九〇五年のこととするほかはないようである。ただ、鳥居の「著述総目録・年譜」(『鳥居龍蔵全集 別巻』一九七七年)には、一八九七年の夏、鳥居は「徳島県木頭の土俗調査」のため徳島に滞在していたと記録されているから、大野が訪問すれば、二人が徳島で会える可能性はある。

一八九五年(明治二八)七月には、若林は帝室博物館技手に任ぜられ、人類学教室を去り、八月、後任として地質学の佐藤伝蔵が助手職を引き継いでいる。大野の調査旅行は、その若林の転出後に、若林を引き継ぐようにして始まったことが確かである。一月を超えるほどの長期の出張は稀であったが、それでも、かなりの頻度で調査行を繰り返したことは間違いない。一八九八年(明治三一)五月までは、佐藤が助手であって、佐藤も青森県の亀ヶ岡遺跡や八重菊遺跡での発掘調査を試みているから(「考古学への寄り道―地質学者佐藤伝蔵の青年期―」)、この間は、大野と佐藤が入れ替わり立ち替わりの調査行であっただろう。

若林から佐藤、大野が調査旅行を繰り返していた頃の人類学教室の台所事情を、後年になって、八木奘三郎が鳥居や中沢澄男、下村三四吉などとの対談のなかで語っている。

人類学教室の経費といふものが七・八百円ではなかつたかと思ふ。其頃は物価が安い頃で、若林君の旅費が先づ一人ですら八百円位ありました中の半分位ば旅費でしたらう。

……

それから二十五年（一八九二年……引用者註）に今度はどうしても教室の費用を増して貰はなければならぬといふことで、坪井さんと御話をして出したのが一千何百円でしたか。其中に段々経費が増して来て私が教室を去る時分には千七八百円になつたのではないかと思ひます。さうして全体の旅費といふものが其の千七八百円の中五百五十円かそこらでした。ところが我々がチョクチョク出る旅費が減額旅費でした。

とある。「減額旅費」の具体的内容を知らないが、坪井正五郎の旅費は高く計算されるので、坪井は他出を「成べく遠慮」していたという。「五百五十円」といった旅費を現在の貨幣価値に換算してみなくても、八木の「旅費の少かつたことは実に其頃酷かつたものですナ」との述懐で、充分、その窮乏振りは推察されるだろうと思う。

一例を挙げれば、一八九三年（明治二六）四月に、八木と下村は茨城県稲敷郡（報告書には、河内郡とあるが誤り）の椎塚貝塚を発掘調査しているが、一週間の調査費・滞在費など一切合切を含めて一五円ほどで、「迚（とて）も足りつこない」額であったという。結果は、他所から借りて始末したらしい。もっとも、この場合、下村は教室員ではなかったから、正規の旅費の計算に加えられていなかったという事情があったのかも知れない。が、その下村にしても、坪井の「依頼ヲ受ケ」、参加したものであった（「日本人類学界創期の回想」『ドルメン』四―九　一九三八年一一月）。この調査報告が「常陸国椎塚介墟発掘（ママ）報告」（『東京人類学会雑誌』八七　一八九三年六月）である。とにかく、「情けないものです」の一言に尽きるほどの額であったらしい。

清野謙次『日本貝塚の研究』（一九六九年）に、霞ヶ浦沿岸を調査旅行した折りの八木の日記が引用され、そこにも旅費のことが細かく記録されている。一八九三年（明治二六）、坪井に伴って椎塚や福田貝塚を巡回した遺跡探訪であったが、この時には二〇円を托され、八木が会計処理に当たっている。三月二九日に東京を出発して、四月五日に帰京したということであるから、七泊八日の日程であった。二人合わせて、一日二円五〇銭充ての旅費であったことが分かる。八木は詳細に出費を計上しており、四月四日までの支出で五円六五銭の残金があったから、二人は成田山に参詣して帰ったという。この場合は、八木が歎くように酷かったとは思えない。それは坪井の旅費計算が高かったためであろうか。教室員の場合は、このようにはいかなかったのであろう。日記には、前記した椎塚調査の際の苦心の様子も記録されている。

興味ある場所なれども費用の僅少なるため、採掘は明一日限りと定めたり、（四月二三日）
今朝坪井氏に金円の補助を仰ぎたるによりて尚両三日逗留の事とせり、（四月二四日）
坪井氏より為替来り居れるも未だ不足なるを以て、明日土浦に赴く事として寝に就けり、（四月二六日）
土浦に赴き伯母の家に至りて……、此の日四円を借用して各所を見物せり、（四月二七日）

などと記録している。伯母に借金をして調査を遂行したらしい。

清野は、一九〇〇年（明治三三）頃で、田舎の宿賃が四〇銭くらい、発掘人夫賃が二、三〇銭ほどであったと伝えている（「僕の考古学史」『ドルメン』九―四　一九三五年六月）。比較的恵まれていたと思われる人類学教室の室員でさえ、多くは経済的に困窮するなかでの遺跡探査を繰り返していたわけである。

五　調査旅行の報告

大野延太郎の旅行記や報告・論考などから、私は三九回ほどの調査旅行を確認し、一覧にして提示した。大野は丹念に調査行の度に日記風の記録を作り、実見・採集した資料はこまめに報告を作成していたから、調査行とその成果は、かなり詳細に跡付けることが可能であった。従って、調査行別にその成果を整理し始めたところ、これも非常に煩雑となり、結果としては、大層な紙数を必要とすることになってしまった。そこで、小稿では、調査旅行を始めた一八九五年（明治二八）からの四年間に限って、それを紹介してみたいと思う。それだけでも、大野が調査旅行によって多くの成果を得て、それを丹念に報告していたことは充分に理解されるだろうと思う。

一八九五年（明治二八）四月の秩父地方への旅行は、鳥居龍蔵と阿部正功の二人と、理科大学の学生も伴っていた。公務出張ではなく、三人の個人的関心から実践された旅行であったらしい。途中、遺物散布地や古墳を確認し、時に小発掘も試み、また、秩父・浦山では詳細な民俗学的調査も行っている。「秩父地方に於ける人類学的旅行」（『東京人類学会雑誌』一一〇　一八九五年五月）が踏査記録である。五月五日開催の東京人類学会第一〇六例会では、阿部が「武蔵国秩父地方人類学的探験ノ大畧」を、鳥居が「全秩父郡浦山ノ土俗ニ就テ」を談話している（「学会記事」『東京人類学会雑誌』一一〇）。大野の談話はなかった。が、その『東京人類学会雑誌』の記事は文責が明確ではないとしても、「土中の日本」（『中央史壇』）にほぼそのまま全体が転載されているから、大野の記述と判断してよいと思う。考古学的資料も、石棒のほかに、磨製石斧や打製石斧、石皿・石錘・石鏃・土器を実見し、図採りもしたが、それらに関する大野の個別な報告・論考は作成されなかった。

また、多分夏季休暇中であろうが、福井県に帰省した際に、坂井郡内の遺跡を探査し、坪江村（現あわら市）に於いて小規模な発掘を試み、縄文時代の遺物を多少採集することに成功している。「越前坂井郡ニ於ケル石器時代遺跡」（『東京人類学会雑誌』一一五　一八九五年一〇月）が報告であるが、同月六日開催の東京人類学会第一〇九例会で、「越前国坂井郡坪江村ノ遺跡」を談話している（同前）。

一八九六年（明治二九）には、日次を明確にしないが（談話の時期から四月上旬以前と推察される）、茨城県の霞ヶ浦地方を探訪している。この旅行あたりから公務出張であると思う。「常陸国霞ヵ浦沿岸旅行談」（『東京人類学会雑誌』一二一・一二三　一八九六年四・六月）が踏査記で、そこには、著名な陸平貝塚などとともに、新治郡安飾村（現かすみがうら市）で確認した装飾古墳も紹介され、その着色図版（奥壁と左右側壁）が掲示された。

　奥壁ハ全面朱塗リニシテ　左右両側壁ニハ朱ノ丸数十個画キアルヲ認メタリ。……而シテ朱ノ丸散在ノ状　彼ノ日ノ岡ノ紋様散在ノ状ト相似タリ。

と報告にある。四月一二日開催の第一一五例会では、「常陸国霞ヵ浦沿岸旅行談」を談話している（『東京人類学会雑誌』一二二）。『人種紋様』（上代日本の部）収載の第九図版に、「常陸国新治郡安飾村大字安食古墳内石槨紋様　奥壁ニ向ヒテ左側」とある図がその一面である。この大野がいう安食古墳は、近年では大師の唐櫃（かろうど）古墳と呼ばれている。旧は前方後円墳であったといわれるが、現状では、すでに墳丘の大半が削平され、痕跡的に遺っているだけである。半地下式の横穴式石室の奥壁と両側壁に装飾が施され、ことに奥壁に向って左側の壁に顕著であったらしい。が、それもほとんど消滅してしまったという（斎藤忠『日本装飾古墳の研究』一九七三年）。

　実は、この古墳の装飾を発見したのは小室竜之助であった（「常陸国霞ヶ浦沿岸附近ニ於ケル古跡」『東京人類学会雑誌』一〇六　一八九五年一月）。ただ、小室は「奥部ノ側壁ニハ朱ノ如キ着色アリ」と指摘するに止まったのに、大野がその詳細を観察し、着色図版まで添えて学界に紹介したわけである。はやく、『増訂　日本考古学』（一九〇二年）で、八木奘三郎も左側壁の図を含む「古墳紋様ノ図」を紹介しているが、その原図は大野が画いたものであった。失われた資料を伝えたことでも、大野の仕事のもつ意味は大きい。

　一八九七年（明治三〇）七月には、夏季休暇中に、岐阜県可児郡羽崎村（現可児市）などの横穴墓群を探訪し、ついで福井県坂井郡鳴鹿村（現坂井市）に於いて石鋒や石鏃を実見して、一部を人類学教室に「献納」することを勧めたりしている。この調査行に関しては、九月一二日開催の第一二八例会で、「美濃及越前ノ遺跡遺物」の演題で談話し（『東京人類学会雑誌』一三八　一八九七年九月）、九月二六日の集古会（第一一回）に、「美濃越前出石鏃数品」を出展している（『東京人類学会雑誌』一三九　一八九七年一〇月）。『集古会誌』（一八九八年四月）の「第一一回記事」には、

石鏃　美濃越前各地出　数個　大野延太郎

とある。「大ナル石鏃ト精巧ナル石鏃」（『東京人類学会雑誌』一四〇　一八九七年一一月）と、「美濃国可児郡羽崎村横穴ニ就テ」（『東京人類学会雑誌』一四八　一八九八年七月）の二篇が関連する論述である。

年末の一二月には、栃木県のほか二県への調査旅行を行っている。が、実際には、秋田県北秋田郡七座村（現北秋田市）の麻生上ノ山遺跡の探訪を主目的としていたらしく、「私は此の遺跡地を調査の為に、大学より同地に出張を命ぜられ」ともいっている（「土版岩版の形式分類」『人性』一四―九　一九一八年八月　但し、小稿では、「土中の日本」（『中央史壇』）による）。この調査行は、奥羽人類学会々員宮沢運治からの連絡によって実現したものであったというが（「大野氏の帰京」『東京人類学会雑誌』一四一　一八九七年一二月）、一二月一五日付で、秋田県庁より詳細な照会文書が大学宛てに送られている（「秋田県庁より東京帝国大学へ照会」『東京人類学会雑誌』一四三　一八九八年二月）。

大野が訪れた当時、麻生上ノ山遺跡では大量の遺物が出土し、附近の農民たちが、「皆雨雪を厭はず盛に発掘に従事し、発掘品の売買亦た甚た盛ん」であったらしい。「土器一つ全きものは一円より二円位の値に有之候。又曲玉類は二円。小玉類は五十銭以上にても中々売り申さず」などとある。大野の探訪が、高価買入れの風聞を引き起した気配があるともいう（「羽後来信」『東京人類学会雑誌』一四一）。その頃、同じような状況は、青森県中津軽郡裾野村（現弘前市）の十腰内遺跡でも見られたようで、「農夫は幾十名となく、晴雨に拘はらず来りて発掘をつゞけ、さすがに大なる遺跡も、今日では殆ど掘り尽された」と伝えている。農民たちは石器には関心を寄せることが少なかったらしく、「細な石鏃、石匙、石錘、及石斧の類は至る処に掘り出されてゐる」といった状態であったらしい（「陸奥地方旅行」『東京人類学会雑誌』一八七　一九〇一年一〇月）。

大野は、一八九八年（明治三一）一月九日開催の第一三二例会で、「羽後麻生村ノ遺跡」を談話し（『東京人類学会雑誌』一四二　一八九八年一月）、翌月、「羽後国北秋田郡七座村大字麻生上ノ山遺跡取調報告」（『東京人類学会雑誌』一四三　一八九八年二月）を発表している。そこには、

同年（一八九七年……引用者註）七八月頃より発掘し始め、現今に至るまで、絶へず日に数人の発掘者がある。

私が出張中、一二ヶ所発掘を試みたれども、只多くは破片のみであった。帰京後も来信によれば、降雪にも拘はらず、盛に発掘をつゝけおると云ふ、……当分無尽の宝庫であらう。

とある。未だ大野にも、遺物を伴う遺構への意識は芽生えていなかったようである。

大野の試掘では、目立った成果はなかったが、実見した「遺物は実に数多にして、……只学術上有益にして、極めて珍奇なるものと信ずる」というほどのものであった。前掲照会文書には、

本日（三十年十二月一日現在）迄テ発見セル石器ハ凡ソ五六百アリ 其中最モ多キハ石鏃、石匙、ニシテ 曲玉ハ最モ少ク精粗合セテ十個許リ出テタリ 土器ハ凡三四百個ニシテ其中最モ多キハ急須形ナリ、土偶及香炉形ハ最モ少シ 蓋シ石鏃ノ類ニシテ釣針形及縦横ニ枝梢ノアルモノ 又沈刻鉢巻石土器中台ノ如キモノ 人面形等ハ他ニ多ク見サルモノナリ

と、膨大な土器・石器と珍奇な遺物の出土が記録されている。なかには、「急須ノ口ノ損所ヲ漆様ノモノヲ以テ塞キ壺又ハ鉢ニ代用シタルヤノモノ」なども出土したようである。県庁で把握した出土品でこれだけの数量であるから、実際、どれだけのものが出土したかちょっと想像も出来ない。

それはともかく、大野は巻末図版に同遺跡出土の岩盤六点を図示している（同前）。また、関連する報告としては、「岩版モ土偶ニ関係アリ」（『東京人類学会雑誌』一四四 一八九八年三月）や

大野の発掘風景（『東京人類学会雑誌』挿図）

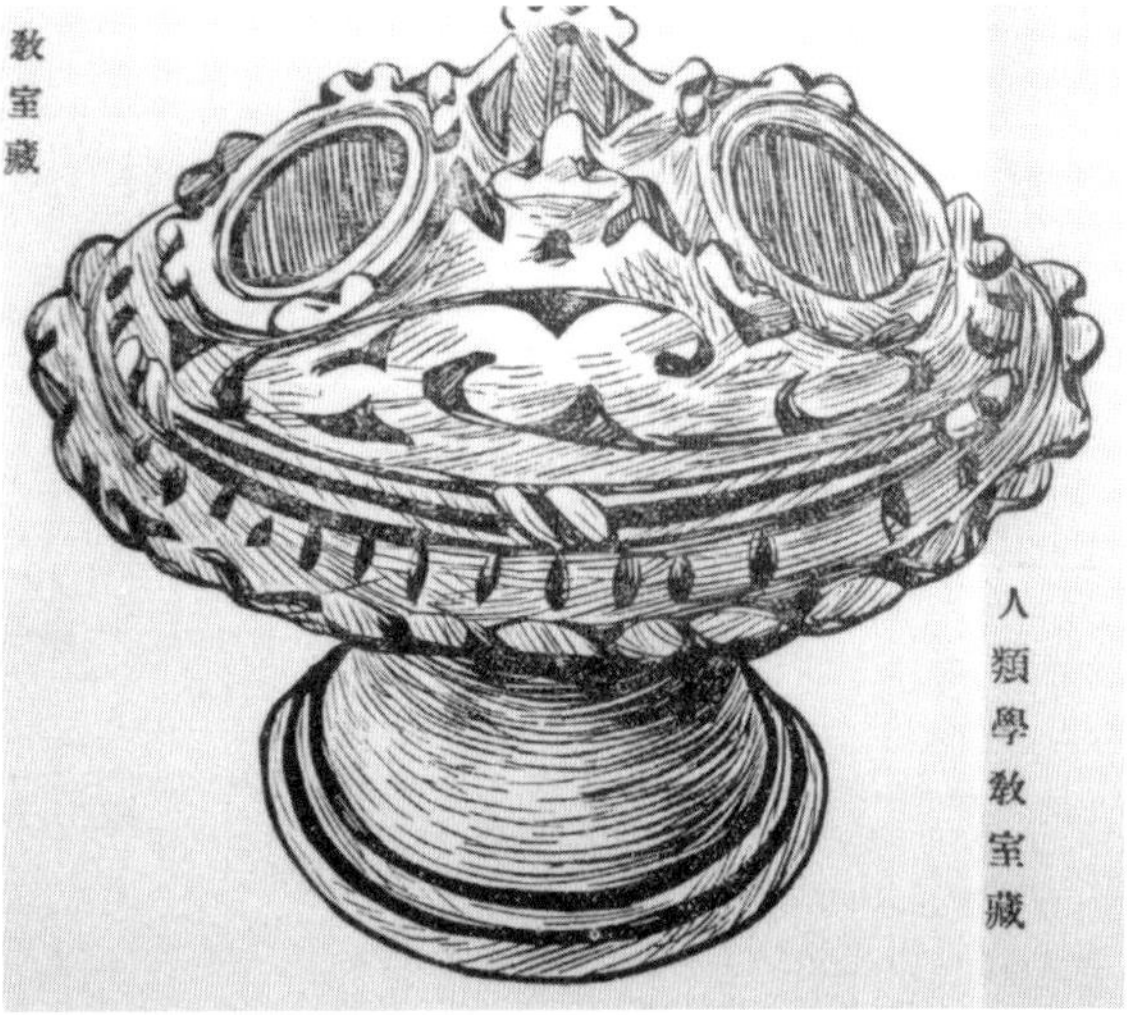

香炉型土器図（『東京人類学会雑誌』より）

「羽後麻生発見ノ玉類」（『東京人類学会雑誌』一四七　一八九八年六月）、「羽後麻生村の石器時代土偶」（『東京人類学会雑誌』一六八・一八五　一九〇〇年三月・一九〇一年八月）などがある（但し、同誌一八五では、「本誌第百六十八号雑報のつゞき」と註記しながら、「羽後国麻生発見の土偶」と標題が変化している）。

また、前掲「羽後来信」のなかに、

尚小笠原氏よりは幾分か献納致させ可申、殊に香炉形土器は教室には無之候間強て同氏の割愛を乞ひ申候間同品到着の上は何卒可然御取計被下度候。

とある「香炉形土器」は、「香炉形土器ニ就テ」（『東京人類学会雑誌』一五二　一八九八年一一月）に伴う巻末図版（八）や『先史考古図譜』の第九図版（二）に掲載されている土器である。「香炉形土器」の名称は、学界では、大野が提唱したものであるらしい（同前）。

透し彫りにて左右に二個の孔が通ぢてある。形状といひ、技術上大に進歩したものと見られる、美術上から見ても秀逸の貴重品であらうと思はれる。

と評された逸品である。さらに、『先史考古図譜』第七図版（一）に画かれている「土製仮面」も、麻生上ノ山遺跡の出土品で、「実に珍品に被考候」と評され、「二三の人も望みたれど何れも高直にて中止の由」ということであった。大野の努力があって、人類学教室に買い上げられたものである（『考古学大観』）。『東京人類学会雑誌』（一七七　一九〇〇年一二月）の巻末図版（「石器時代土製仮面」）と、『先史考古図譜』（第七版　一）に、亀ヶ岡遺跡出土の資料とともに、この土製仮面の画図も掲載されている。

「無名子戯稿 採集かばん」（『東京人類学会雑誌』一五四 一八九九年一月）に、遺跡からの帰路、雪道で急停止した馬橇に、大野は後生大事に携えていた香炉形土器を破損してしまい、失意のなか、その夜の宿舎で、薄暮より夜半に至るまで、補修に余念がなかったという話が伝えられている。

一八九八年（明治三一）七月から八月にかけては、山陰・中国地方、鳥取・島根・広島三県への出張を命じられて、三〇日に及ぶ長期の踏査を試みている。鳥取県岩美郡浜坂村（現鳥取市）では砂丘遺跡を発見し、同県西伯郡法勝寺村（現南部町）や島根県簸川郡塩冶村（現出雲市）では古墳出土遺物を実見し、隠岐にも渡って、島前で横穴墓の存在を確認した。神戸市では、新道開設によって発見された古墳の石槨を見学する機会もあった。途中、姫路の和田千吉を訪ね、兵庫県揖保郡龍野町（現龍野市）近傍に石器時代の遺跡や古墳を探索し、揖保郡中垣内村（現龍野市）から搬出され、同郡佐江村（現龍野市）照円寺に保管されていた石棺の蓋裏に、朱紋様の施されたのを発見したりもしている（和田「播磨に於ける石棺蓋裏紋様の新発見」『東京人類学会雑誌』一五〇 一八九八年九月）。和田の論考の朱紋様の挿図も、大野の画いたものである。斎藤先生「装飾古墳・横穴地名表」（『日本装飾古墳の研究』）に、「№六一 中垣内古墳」と登載されているものである。九月一一日開催の第一三八例会で、「隠岐国に於ける人類学上の調査」を談話し（『東京人類学会雑誌』一五〇）、翌月、「旅中所見」（『東京人類学会雑誌』一五一 一八九八年一〇月）を発表している。

一九〇七年（明治四〇）四月になって、大野は、浜坂砂丘遺跡で採集した石鏃群のなかに銅鏃が混在することを指摘したが（「銅鏃に就て」『東京人類学会雑誌』二五三）、この大野の発見が契機となって、浜坂の砂丘遺跡は梅原末治や後藤守一の研究対象となり、さらに直良信夫先生の仕事へと継続したのであった。直良先生の砂丘遺跡への関心は、大野等によって紹介された遺跡を現地に臨んで再検討することと、さらに、石鏃や銅鏃などの採集も期待してのことであった（「砂丘遺跡の研究」『直良信夫と考古学研究』）。

一一月から一二月頃には、茨城県辺りを踏査していたようである。一二月三〇日に、稲敷郡江戸崎町（現稲敷市）の吹上貝塚で発掘を実施しているが（「常陸吹上貝塚調査報告」『東京人類学会雑誌』一五六 一八九九年三月）、一一月のうちには、数日間、同郡福田村（現稲敷市）の福田貝塚も調査したことが確かである（「常陸福田貝塚ニ於ケル土器石器ノ包含」『東京人類学会雑誌』一五四 一八九九年一月、「石器時代土瓶」『東京人類学会雑誌』一五六）。この間の経緯は不明であるが、一八九九年（明治三二）一月八日開催の第一四二例会では、「常総野旅行談」と題して談話しているから（『東京人類学会雑誌』一五四）、茨城県ばかりでなく、千葉・栃木地方へも足を伸していた可能性がある。

一八九八年一二月四日開催の第一四一例会では、「常陸国福田貝塚ノ調査」を談話しているし（『東京人類学会雑誌』一五三 一八九八年一二月）、「常陸福田貝塚ニ於ケル土器石器ノ包含」及び巻末図版「常陸国稲敷郡福田貝塚発掘ノ実景」（『東京人類学会雑誌』一五四）は、この調査行の成果である。「故男爵神田孝平氏紀念図版」に載せる福田貝塚出土の注口土器も、大野が一一月の発掘で掘り出したもので、「余が発掘品中第一に措くべき優等品」と誇っている（「石器時代土瓶」『東京人類学会雑誌』一五五 一八九九年二月）。『先史考古図譜』（第九版 七）にも掲載されている。

大野は、茨城県へはなんども探訪を繰り返していたから、その痕跡は各地に遺されていたようで、後々、宿帳にも大野の名を見出すことが出来たらしい。一九二〇年（大正九）四月に、稲敷郡阿波村（現稲敷市）の貝塚を調査した清野謙次は、宿泊した宿屋「かめや」で、江見水蔭などが活躍した昔を懐かしみながら、「宿帳を繰りひろげて見ると、水蔭氏や大野雲外氏の名前等は、容易く見付かつたものだ」などと書き伝えている（『日本原人の研究』一九二五年）。

六　放置された駒岡横穴墓群の調査

大野延太郎は、調査旅行のなかで、貝塚や包蔵地の発掘を試みることもあった。発掘調査でいえば、羽後国北秋田郡七座村の麻生上ノ山遺跡ではたいした成果もなかったが、注口土器を採集した常陸国稲敷郡福田貝塚のほかにも、

下総国海上郡海上村（千葉県銚子市）余山貝塚のように、

貝殻に孔があるもの或は石器、或は貝輪の未製品、或は貝の材料など沢山えた。

と、満足する結果を得たこともあった（「余山貝塚発見の遺物に就いて」『民族と歴史』四―五　一九二〇年一一月）。余山貝塚を「貝輪を製作した本場」と想定したり、「貝輪製作の順序」図を提示したりもしている（「貝輪に就いて」『東京人類学会雑誌』二四九　一九〇六年一二月）。

とにかく、大野は調査活動の成果は直ちに整理して、東京人類学会の例会で談話し、『東京人類学会雑誌』などに発表するのが恒例であった。が、数日に及ぶ発掘によって、「横穴研究の調査としては充分のことが出来たのである」と、貴重な成果を得たと自認していたにもかかわらず（「武蔵野の古物遺跡研究史」『武蔵野』三―三　一九二〇年一二月）、どうしたわけか、武蔵国橘樹郡旭村（現横浜市）に所在した駒岡横穴墓群の調査では、そうした大野らしい手続きが採られなかったのである。発掘調査は、一九〇八年（明治四一）九月、坪井正五郎の指導のもとで、人類学教室の助手であった大野が担当し、野中完一と帝室博物館の高橋健自や和田千吉なども参加して実施されたのであった。二基の未開口横穴墓を発掘する機会に恵まれ、横穴墓の形態的特徴ばかりか、豊富な遺物＝副葬品を原位置に検出し、腐朽していたとしても埋葬された人骨も確認出来たわけで、葬法なども理解される貴重な事例であった。が、永い間、大野は口を噤んだままであったし、『東京人類学会雑誌』には関連する記事をまったく見出すことが出来ないのである。

大野がこの調査に言及したのは、実に、一七年も経過した一九二五年（大正一四）九月になってからのことであった。『古代日本　遺物遺跡の研究』を刊行した際に、その最後に、

この遺跡に関する事柄は、大分前のことなれども、明治四十一年夏頃より秋にかゝりて調査したのである。……けれども未だ学界に報告したことがないから、爰に其遺物を紹介したいと思ふのである。

と註記して、「武蔵駒岡の横穴に就て」の一項を加えている。起稿は前年（一九二四年）の一〇月という。その後、表

現を多少変えて、「武蔵国駒岡の横穴に就て」が『武蔵野』（八―一　一九二六年六月）にも掲載されているが、それも「調査の事を思ひ出して、忘れざる中に」と書き残したものであった。

しかも、大野が報告した内容は、「其遺物を紹介したい」といっているように、未開口横穴墓二基からの出土品を、横穴墓別に列記しただけのものであった。確かに、「殊に玉類の調査に至りては一々篩を掛けて調べた」というほどに、臼玉や小玉などの小形製品まで、遺漏なく採集・紹介しているように思われるが、横穴墓の形態や副葬品と遺体との関係など、まったく言及することはなかった。その「第二横穴」からの出土品の記述を転載すると、

直刀二個、小刀二個、鉄鏃は殆ど完全に近きもの数個あり、他は断片附着したもの、斎瓮としては完全の横瓶一個、高杯一個、壺一個、銀環二個、鉄環二個、轡一個、瑠璃玉二十四個、臼玉三個、小玉四十個、管玉一個、水晶切子玉五個等である。

と、品目・数量については詳細である。小玉など、粘土状の堆積土のなかから、四〇個も検出したわけで、大変な作業の結果であろうことは想像される。

この報告では、「図は省いた」とあるから、少なくとも遺物図は作成されていたはずである。が、それも埴輪頭部の図が『武蔵野』に掲載されただけで、他はまったく学会誌に提示されることはなかった。しかも、「横穴」の構造や葬法、さらには遺構の性格などについては、終生言及されなかった。

大野は、山崎直方が河内国安宿部郡玉手村（現柏原市）で調査した記録（「河内国ニ於テ発見セシ横穴ニ就テ」『東京人類学会雑誌』三四　一八八八年一二月）は、充分に承知していたであろう。なによりも、大野自身が手掛けた相模国足柄上郡中村（現足柄上郡中井町）の雑色横穴墓群の報告（「相模国足柄上郡中村字雑色横穴調査」『東京人類学会雑誌』一七二　一九〇〇年七月）では、現在の横穴墓の調査に於ける基本的作業に近い調査手順が採られているのである。即ち、横穴墓の横断面図こそ示されなかったが、縦断面図及び床平面図を作成し、その床平面図には、遺骸と副葬品の出土位置を逐一記録しているから、大野が横穴墓の構造や葬法などにも関心をもっていたことは間違いない。実際、この駒

岡横穴墓群の調査でも、遺骸の安置された位置や副葬品との位置関係などにも配慮し、関連する図面は作成されていたと思われる。江見水蔭が「大野氏が一々図を取る」と伝えていることで推察される（『探険実記　地中の秘密』一九〇九年五月）。が、それらの図面類は、二篇の報告では、まったく紹介されることがなかった。完全に出土遺物の種類・数量の説明に終始しただけであった。

それにしても、人類学教室が主宰したともいえる駒岡横穴墓群の調査報告が、『東京人類学会雑誌』に一言半句も掲載されなかったことは常識では考えられないのである。もし、調査を指導した坪井と大野との「横穴」の性格についての理解の相違が、大野による発表にブレーキをかける結果となったとすれば、学界にとって大きな不幸であったといわなければならない。大野の報告も、大野が人類学会と疎遠になっていたとしても、大野の著作や『武蔵野』であったことに、相変わらず、人類学教室或は人類学会内に、大野の墳墓址説を忌避する雰囲気が漂っていたのだろうかと余計な勘ぐりを生んでしまうのである。

調査に参加した高橋や和田が所属した考古学会では、その機関誌である『考古界』（七―八　一九〇八年一一月）に、調査終了の直後、「彙報　武蔵国駒岡新発見の横穴」を掲載している。が、

坪井理学博士は同村民の依頼に応じ、大野助手同伴、客月七日より同遺跡の調査に着手し本会よりも和田高橋の両幹事平子評議員等の参観せるあり、丘上の埴輪発見の場所を始め、既に一たび口の開かれたる横穴三ヶ所を発掘せしかどさして得るところなかりしに三日目の九日に至りて新に横穴を発見し、ついでまた一箇所を発見したり。一は団扇形の底面を有し、これより斎瓶、刀身、鉄鏃、轡残片玉類及人骨等の発見あり、他の一は構造も平凡にしてさしたる遺物の発見もなかりき。是等の遺跡遺物につきては、前回の分と共に遠からず和田氏の詳細なる報告あるべし。

と簡略である。考古学会は「参観」の立場であったから、詳報でないのは当然のこととして、「和田氏の詳細なる報告」というのも、

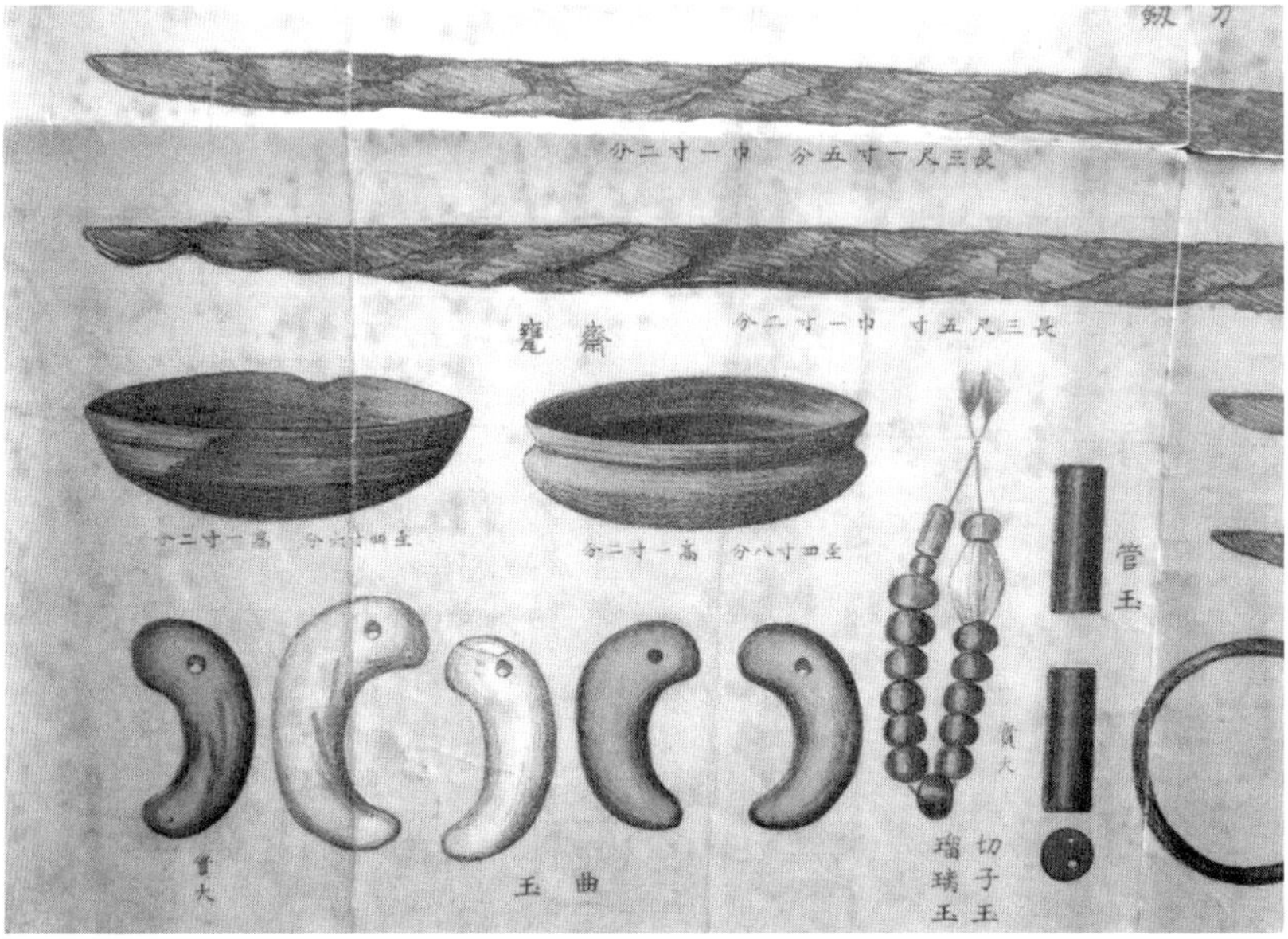

駒岡横穴墓出土の遺物（部分）

神奈川県橘樹郡旭村大字駒岡に於て山林の一部自然崩壊し一の岩窟を生じ其内部より平瓶一個、金環二個、碧玉岩一個及櫛形滑石製曲玉一個を発見し神奈川県庁より東京帝室博物館へ廻送したり、櫛形曲玉は従来確実のものとせられざりしも今回此発見によりて従来のもの、内にも古墳発見のものあるべきを信ずるに至れり。

とあるばかりで（「彙報 武蔵国駒岡の古墳発掘」『考古界』八―六 一九〇九年九月）、いっこうに「詳細なる報告」というわけにはいかなかった。

大野は「発見した遺物図版をも印刷して、発売することの運びにも至らずして、其儘になりしも又惜む可きことである」と歎いているが（『古代日本 遺物遺跡の研究』）、実は、大野の画筆になるかと思われる画図が、瓢箪山遺跡保存会によって刊行されている。「神奈川県武蔵国橘樹郡旭村大字駒岡小字瓢箪山第一横穴発見遺物」と「第二横穴発見遺物」と題した二枚一組で、彩色を施された綺麗な石版画図である。一九〇八年（明治四一）一一月、定価一五銭で販売された。「第一横穴発見遺物図」では、直刀二振り・小刀二本。釧二点・馬具（轡）四点・鉄鏃三本・土師器二点・玉類（管玉・切小玉・丸玉・曲玉）などの出土遺物を画き、「丘上ノ古墳」に伴ったと思われる人物埴輪の頭部図も描き添えている。どこにも大野の名はないが、その埴輪図を見ると、描写法は『武蔵野』掲載の画図にまったく一致し、容易に大野の画いたものと推察されるのである。斎藤忠先生も、『日本考古学史資料集成 三』にこの画図を収録しているが、「その筆法等からみて、大野雲外の画いたものらしい」と解説している。駒岡横穴墓群の調査に関わったメンバーから見ても、大野の筆になることはまず間違いないと思われる。大野が不満げなのは、人類学教室あるいは東京人類学会によって、学界向けに発表されなかったという意味でのことであろう。

とにかく、駒岡横穴墓群の調査は、結果的には、報告書も刊行されないなど、大野には不満の遺る仕事であった。が、学界の微妙な雰囲気とは別の処に居た江見ばかりは、「お穴様の探険」（『探険実記 地中の秘密』一九〇九年）で、かなり自由に発掘時の状況を伝えている。学術的報告ではなく、小説的手法の勝った文体であるから、その点に留意して読まなければならないが、それでも横穴墓の構造や遺体・副葬品の埋置状態などはおぼろげながら推察出来るように思う。例えば、『考古界』（七―八）の記事に、「団扇形の底面を有し」とある一基（第一号横穴）について、

> 地中に犬小屋式の横穴が穿つてあつて、其犬小屋の如き岩窟の入口までは、一丈三尺余の小隧道を通るのだ。扨て、犬小屋の如き横穴の入口は、幅三尺六寸、高さが三尺八寸ある。だから犬が犬小屋に入る時に腹這ふと同じく、人が横穴に入る時も、余程窮屈だ。
>
> 其所で、入口を入ると、其所の横幅が九尺四寸ある。それから突当りの奥壁まで一丈四尺の長さがある。奥壁の処の横幅は、入口より少しく延びて一丈一尺五寸ある。下には小石が一面に敷詰めてある。天井の高さは中央部は五尺四寸あるが。（読点の誤植？）蒲鉾式に円く張つて居るので、四隅はそれよりも自然に低い。扨て其他には、彼の第一の穴にもある如く、周囲と中央とに、幅四五寸の溝が穿つてあるが、彼の如く床壇は設けて無い。其代りに奥壁から一尺二寸隔て、一列に石が並べてあり、それから三尺を隔て、又第二列の石が並べてある。其

間に、人骨の腐蝕したのが二三體泥の如くなつて横はつて居る。鉄鏃がある。直刀が二本交叉してゐる。鉄環。轡。槍先。祝部、土器等が、其所此所に置かれてある。

と書き伝えている。ずいぶんと長い引用になってしまったが、口絵なども参照しながら、この横穴墓の構造を復原してみると、まず、「一丈三尺の小隧道」とあるのは、法面を掘り込んで、横穴墓の閉塞施設を検出した発掘坑のことであるらしい。「幅三尺六寸、高さが三尺八寸」とあるのが羨門あるいは羨道部で、その閉塞は丸石（河原石であろう）を積み重ねていたらしい。口絵の横穴墓が、この「第一横穴」であったとすると。短い羨道と、前壁を造って区別された玄室は、ドーム形天井を呈するように観察される。江見の報告に、「天井の高さは中央部は五尺四寸あるが、蒲鉾式に円く張つて居るので、四隅はそれより自然に低い」とあるのと符合する。天井中央部の高さは「五尺四寸」、つまり一・六三mほどである。奥壁に向って幅を広める構造で、前壁部での幅は約二・八四m、奥壁部では約三・四九mを計り、奥行きは約四・二一mである。床面は礫が敷詰められた礫床で、中央と壁に沿って幅一二cmから一五cmほどの溝（排水溝）が掘り込まれている。棺座は施設されていないが、奥壁から三六cmほど離れて、奥壁に並行し、幅九〇cmの間隔で併行に配置された石列が検出され、その範囲に腐朽した複数の遺体が確認されている。頭部の辺りに直刀が交叉した状態で検出されたという。大野の報告を補うに充分な内容である。

少しばかり余談になるが、その頃には、こうした横穴墓が俗信仰の対象となり、たくさんの参詣人で賑わうことがあったらしい。例えば、神奈川県足柄上郡曾我村（現小田原市）の字鎌倉平で開口した横穴墓は、人骨や副葬品を出土したことで、入定窟か武人の墳墓と誤解されて、

此事を聞きたる近村の老人等は香華を携へて参詣に来るもの日々に其数を増し、今日にては何百人の数に上り夜に入れば灯明を供へて、十一時頃までも念仏の声を絶たず、小田原辺よりも態々足を運ぶものあるに至れりと云ふ。

と、その盛況振りが伝えられている（「神奈川県曾我村発見の古墳」『考古界』二―一　一九〇二年六月）。

この駒岡横穴墓群も、「お穴さま」とか「岩窟神社」と唱えて、奉納の旗幟が立ち並び、参詣人が跡を絶たず、茶店なども軒を連ねる有様であったという。大野の報告にも、

一時は大に繁盛を極め、道の遠近にも拘はらず、参詣人昼夜共に続々絶へず、従つて売店も利益あり、殆ど横穴の前には線香積みて山の如し、線香の煙は天を蔽ふて、夜中遠く望めば、火事場の如き感じがした様でありし、

などとある。「新に寺か堂宇でも建立するやうな計画」まで立てられる騒ぎであったという。江見の「お穴様の探険」ともなると、

参詣人引きも切らず、日に何千人、時としては何万人と数へられ、お賽銭だけでも日に何百円といふ揚り高で、それに連れて今まで寂しかつた田舎道に、軒を並べる茶店やら売店やら、これも新築三百余軒に達したとは、実に驚くべき迷信の魔力！

と、大袈裟といいたいほどの風景である。

七　大野の研究　器物の形式分類ほか

大野延太郎の報告・論考の数は多い。それらの仕事は、大野の、椎塚貝塚から出土した鯛の顱頂骨に折れ刺さった骨器を発見したような緻密な観察（「鯛の顱頂骨に骨器の刺さりたるもの発見」『東京人類学会雑誌』一四〇　一八九七年一一月）と、原形が何物とも想像出来ない破片から、家形埴輪を復原したような執拗な探求心（「参宮の記」『東京人類学会雑誌』二八三）に裏付けされたものであった。「鹿角の剣頭に就て」（『東京人類学会雑誌』二三六　一九〇五年一一月）など、梅原末治によって、

これが一種の剣頭であるだらうと論断せられたのであった。洵に卓説として傾聴に値したと高く評価された論考であった（文献名失念）。が、ここでは、器物の形式分類と紋様及び横穴墓の研究に限定し、紹介してみたいと思う。

大野は、元来が画筆を以て人類学教室に奉職したことからも想像されるように、当然、対象物を鋭く見詰め、その特徴を把握する眼は余人に増して備えていたであろうと思う。従って、遺物を形式的に分類するという研究に顕著な一面があったと考えられるし、紋様研究にも他に優れた視点があったと思うのである。横穴墓の研究は、教室を主宰する坪井正五郎に疎まれても、自説に固執した学問的良心に敬意を表してのことである。

器物の形式分類

いま、論考のなかで、「形式」あるいは「形式分類」と標題にあるものを、便宜、『土中の文化』の目次から摘出してみると、「石斧の形式に就て」以下一二篇を数えることが出来る。ただ、「骨器の形式分類」は、一九一八年（大正七）一月の例会（三二九回）での談話（「骨器の分類」）を基にしているかと思うが、その談話を紹介した記事に、「従来地方の貝塚より発掘せる角骨器に関し、実物及図を以て、其の種類並に之が用途などを詳しく述べられたり」とあるように（「東京人類学会記事」『人類学雑誌』三七〇　一九一八年二月）、多様な骨角器の種類を提示した論考である。つまり、各種骨角製品（肉刺しあるいは簪、銛、骨針、骨鏃、釣針など）を集成し、その種類と用法を解説した内容である。谷川（大場）磐雄も「骨器の種類は実に多種多様である（詳しくは大野雲外氏の形式分類……）」と紹介している（「日本石器時代民衆の生活状態」『原始時代之研究』一九二九年）。さらに、「土器の形式分類」も、「土器の形式を分類すれば、大別して十二種類に区別せり」と、壺・椀・皿・吸須・高坏など器形の別を記述しているわけで、「石斧の形式に就て」などの論考とは、「形式」という用語の意味が異なって使用されていることは明白である。

即ち、「石斧の形式に就て」では、

本州諸地方の遺跡から発見する、磨製石斧の形式を大凡七種類に分類して見るときは其形状が地方によりて多少異なつてある、石質の上に於ても亦相違してある。

と起稿しているが、ここでは、石器のなかの磨製石斧という特定の器物を対象とし、その形態的特徴によって、それを七種類＝七形式に分類しているのである。また、「打製石斧に就て」は、標題には「形式」の文字はないが、初出誌である『東京人類学会雑誌』に収載された論考では「打製石斧の形式に就て」とあり、内容的にも、

打製石斧の形式を分類して、左に大凡三種類に区分をした。今其の形式によつて、名称を附すれば、法馬形、撥形、短冊形、等の三種である。

と記述している。いま、私たちが「形式分類」という場合には、こうした理解を意味している。とすれば、「飛騨国発見の石器に就て」（原題「飛騨発見石器に就て」）も、当時としては、飛騨地方に特徴的な石器である石冠を対象とし、「其形状を区別して見るときは四種の形状に分つことが出来る」とし、その四種について説明しているのだから、これも形式分類を試みた考察と理解してよいだろう。

こうした点に考慮し、論考を取捨選択して記載すると、「形式分類」を論じた仕事は、以下の一二篇を指摘することが出来るかと思う。初出誌を併記し、発表年代順に列記する。

①	飛騨発見石器に就て	『東京人類学会雑誌』二二〇	一九〇四年	七月
②	石斧の形式に就て	『東京人類学会雑誌』二四〇	一九〇六年	三月
③	打製石斧に就て	『東京人類学会雑誌』二五〇	一九〇七年	一月
④	石剣の形式に就て	『東京人類学会雑誌』二六三	一九〇八年	二月
⑤	独鈷石の形式に就て	『東京人類学会雑誌』二七六	一九〇九年	三月
⑥	土偶の形式分類に就て	『東京人類学会雑誌』二九六	一九一〇年	一一月
⑦	石鏃の形式分類に就て	『飛騨史壇』一―二	一九一五年	一一月
⑧	石皿の形式分類	『人類学雑誌』三一―八	一九一六年	八月
⑨	土版岩版の形式分類	『人性』一四―九	〃	八月
⑩	石錐の形式分類に就て	『飛騨史壇』六―六	一九二一年	六月

⑪　石槍の形式分類に就て　『飛騨史壇』六―八　一九二一年　八月
⑫　石匙の形式分類に就て　『考古学研究資料　土中の文化』（初出誌未確認）　一九三一年　八月

多くの同種器物の形態を比較検討して、その異同を確認し、形式分類するという研究法は、神田孝平「古銅剣の記」（『人類学会報告』三　一八八六年四月）や若林勝邦（「貝塚土偶ニ就テ」『東京人類学会雑誌』六一　一八九一年四月）に先緒があったとしても、大野の仕事は充分に先駆的であり、この分野での研究は、当時、大野の独壇場の感があったといっても、決して過言ではないと思うのである。その多くの論考が、後々の形式分類の研究に大きな影響を与えたことはいうまでもない。いま、それらの研究のなかから、石鏃と石斧、土偶の形式分類について紹介することにしたい。

A　石鏃の形式分類

石鏃は、雨後など、黒曜石片に混じって表面採集される機会も多かったから、ごく小形の石器ではあっても、早くから注目された遺物である。一九〇九年（明治四二）秋、伊良湖半島に採集旅行を試みた清野謙次は、保美貝塚で、「実際の所、此遺跡地に散在した石鏃の数は夥だしいものであつて恐らく数千個を採集したと思ふ」と回顧している（「僕の考古史」『ドルメン』四―六）。「数千個」は「数十個」の誤植かと思うが、たくさんの石鏃を採集出来たことは確かなのであろう。浜田耕作も、折り折りに石鏃を拾った想い出を書き残している（「石鏃の思出話」『ドルメン』四―六）。

江戸後期の弄石家たちが、たくさんの石鏃を蒐集し、その集成図あるいは分類図のようなものを作っていたことは、中谷治宇二郎が『日本先史学序説』（一九三五年）に詳しく記述している。明治のはやい頃では、黒川真頼が『博物叢書　上代石器考』（一八七九年）に於いて、「皆大風雨ノ後、山野ニテ拾ヒ得、稀ニ朽笥ヲ存スルモノアリ」、「大雷雨ニテ其ノ地ニ埋モレタル石鏃ヲ、洗ヒ出スニゾアラン」といい、さらに、「其ノ形一ナラズ、或ハ円或ハ長、或ハ両岐」と三形態のあることを指摘している。また、神田孝平『日本石器時代図譜』（一八八四年）は、プレートIを石鏃で充填し、『日本太古石器考』（一八八六年）で、それらを「柳葉ニ似タル者」、「劔ニ似タル者」、「心臓ニ似タル者」などの別があり、これら三種が「邦内各州ニ多ク之レアリ」と指摘している。黒川や神田は、形態的に様々な差異のある石鏃も、主となるものは三種であると認識していたようである。

が、白井光太郎は、一八八六年（明治一九）に「石鏃考」（『人類学会報告』三 一八八六年四月）を著し、

今諸州出ス所ノ石鏃ヲ通覧スルニ……形ニ大小ノ差アリト雖モ 其形状ニヨリ之ヲ大別スレバ大概十二形ノ外ニ出ザルヲ見ル（神田孝平先生編 日本石器誌ヲ參看スベシ）

といって、基本形を一二形と指摘したのであった。さらに、多量の石鏃を蒐集し、積極的に形式分類を試みようとしたのは八木奘三郎であった。八木は、「本邦発見石鏃形状の分類」（『東京人類学会雑誌』九三・九四・九六 一八九三年一二月・一八九四年一・三月）を発表し、「石鏃形状分類図」を添えて、

予が今回調査せし石鏃は其数々百個にして 各々大小長短軽重の差はこれありしも 帰する処は以上三拾六種類に過ぎず 他は概ね此中の何れへか挿入し得るものなり

と主張した。最終的には、田中正太郎や佐藤伝蔵、羽柴雄輔の教示も得て、五六種類に増やしているが、「該図以外の石鏃は 其写若くば実物を寄贈せられ以て斯学発展の上に力を添られん事 是れ予の切に希望する処なり」といって、なお集成の意欲を披瀝していた。ただ、その五六図を掲示した「形状分類図」も、分類の基準が示されているわけではなく、中谷が紹介している『耽奇漫録』の画図（『日本先史学序史』挿図二四）と基本的には差異を認め難い印象を拭い得ないものであった。

この点に問題を感じた佐藤伝蔵は、二年ほど遅れて、「石鏃形態論」（『東京人類学会雑誌』一一七 一八九五年一二月）を発表し、

理学の本躰を備へしめんには、石器全体の形状及び其各部分に名称を附し、其名称を一定せしむるに如くは無し、

との立場から、石鏃各部の名称を鉄鏃のそれを参考に命名し、全体の形態については九類に整理・分類する説を提示したのであった。「徒に挿画而已を以て文字に易へ、一言の説明記述の之に及ぶ無きか如きは、決して理学的の事にあらざるなり」とある発言は、八木の分類を意識したものであることに間違いない。佐藤の指摘したところは、

石鏃全躰の形状は針紛錯雑得て端倪すべからざるも、普通一般のものは其形状大概一定し居るもの丶如し、故に今其重もなる形状に一定の名目を附するは必すしも無用のことにあらざると信ず、

といって、①三角形・②筍形・③菱形・④紡錘形・⑤鋤の身形・⑥水慈姑形・⑦柳葉形・⑧鳥の舌形・⑨将棋駒形の九種と考定したのであった。八木の分類に較べれば、はるかに整理されていたが、なお煩雑であってか、この分類法も普及するには至らなかった。

その後、しばらく年月を経過して、一九一三年（大正二）になると、高橋健自が『考古学』を著し、その石鏃の項で、「形状は第二図に示す如く色々あつて、篦代即ち込のあるものもあり、ないのもある。薄いのもあれば厚いのもある」といって、その第二図には、①鏃身が三角形状のもの、②鏃身が長い菱形を呈するもの、③長い鏃身に短い柄を付けたもの、④三角形状の鏃身に柄を付けたもの、⑤鏃身が長い返りをもつものの五種を図示したのであった。概説書での論及であるから細かい解説はないが、高橋が五種の形式を考えていたことは確かである。こうした研究の趨勢のなかで、大野の理解も提示されたわけである。その「石鏃の形式分類に就て」（原題は「本邦発見石鏃の形式分類に就て」）は、一九一五年（大正四）に発表された。初出誌を所持しないので、便宜、「土中の文化」所収の論考によると、大野は、

石鏃の形式を挙げて観れば、其形式には、種々の変化があれども、それは除きて、今茲に普通の形として見るべきもの、三種類に分類した。

といって、ごく単純化して、①三角形状の鏃身に柄をもつもの（甲）、②三角形状を呈する鏃身の底部が抉り込まれたもの（乙）、③三角形状の鏃身の底部が真っ直ぐなもの（丙）の三種の模式図を掲げ、これを基本形とした。大野

のいう（甲）は高橋の（四）に、（乙）は（五）に、（丙）は（一）に対応させることが出来るかと思う。（甲）は有柄で、（乙）と（丙）は無柄の鏃である。いま、この大野の分類に対する直接的な論評を私は知らないが、高橋や大野の研究が提示された後では、三ないしは四形式に分類する方法が定着したようである。柴田常恵『国史講習録　日本考古学』（一九二四年）を見ても、

形状には細長い棒状を呈せるもの、扁平にして三角形を為せるもの、雁股の形状を為せるもの、或は五角の剱菱形を為すものなどあり、且また之に箆代即ち柄の部分を有するものと然らざるものとがある。

と四形式に分類し、それに有柄・無柄の別があるとしている。

また、大野の研究に特徴的であったのは、その（甲）から（丙）の三形式は「地方に於て多少の区別がある様に思はれる」として、各形式の地方的分布の傾向を把握しようと努めたことであった。が、分析の対象となった資料も少なく、各石鏃の年代差も考慮されなかった時代での汎論であるから、いまの時点で論評することはあまり意味もないだろう。ただ、当時としては、興味ある視点であったらしく、形式とその地方的分布の探求は、赤堀英三に引き継がれている。

即ち、多様な形態を示す石鏃の「相互の関係」を探究した赤堀は、石鏃の基本形を有柄式（A型）と無柄式（B型）に大別し、身と柄の区別の明瞭でない式＝柳葉式（C型）の三形式を設定し、各形式の変化を四様式にまとめる斬新な理解を提起したのであった。大野の分類では、有柄式（甲）と無柄式（乙・丙）に区別はしたが、赤堀のC型に対応する形式の設定は欠けていた。が、それはともかくとして、大野が試みた形式の地域的分布の問題では、陸奥と信濃、肥後三ヶ国に於ける比較が実践されている（「石器研究の一方法―石鏃に関する二三の試み―」『人類学雑誌』四九七一九二九年三月）。ただ、その赤堀の研究の成果も、中谷治宇二郎は「この結果はあまり立派すぎて不確実さがある。何時、如何なる材料を用ひても、この三ヶ国でかうした傾向が現れるか否かは疑はしい」と懐疑的であった（『日本石器時代提要』一九二九年）。

一九三五年（昭和一〇）に、浜田耕作は学術的な論考ではなかったが、石鏃の形式分類を西欧のエヴァンスやデシュントの方法によるのが良いとし、「三角形と柳葉形が基本形で、それから雁股形や有柄状などのものが出て来るのであらう」と考え、その変化の過程を図示したことがあった（「石鏃の思出話」『ドルメン』四―六）。

この間、八幡一郎先生は、一九二八年（昭和三）に、「機能点を定め、機能を標準として分類を試みたり」といい、石鏃の場合には、「矢柄と鏃との附着法を考慮して、鏃基底部に機能点を置き」、「余は之を四大別せんと欲す」と結論した。つまり、

第一型は紡錘形或は柳葉形を呈するもの、第二型は三角形乃至之に近き形、第三型は三角形の底辺が内方へ屈曲せる形、第四型は基底部に、柄と呼ばれし突起部を生じたる形を夫れ夫れの標準とす。

と主張したのであった（『南佐久郡の考古学的調査』）。

大野を含む多くの先学の検討を経て、今では、無柄式（A）と有柄式（B）に二大別し、その有柄式の柄部の加工が少なく、菱形に近いものを柳葉式（C）と呼んで普通の有柄式から区別し、さらに、無柄式の三角形の底部が直および直に近いもの（A・一）と、中央にえぐりを作り、両端が逆刺になっているもの（A・二）とに分ける考え方法＝四形式の区分法が一般化しているようである。『日本考古学辞典』（一九六二年）で提示された理解である。

B　石斧の形式分類

はやく、黒川真頼『博物叢書　上代石器考』にも、

石斧ハ、……其ノ製作ニ精麁アリ、形状モ亦一ナラズ、……雨後山中崩土間ヨリ拾ヒ得、或ハ田野ニテモ得、凡石砮アル地ニコレアリ、奥州、羽州、能州、佐州、越後、濃州、備前ヨリ出ヅ云云ト見エタリ、

とある。「精麁」の別が磨製と打製の別を意味するのか、必ずしも明細でないが、「形状モ亦一ナラズ」とその形状に差異のあることが指摘されている。しかし、前後して刊行されたＨ・Ｖ・シーボルト『考古説畧』では、諸外国の

石斧の実測図が提示されても、とくに形式には言及することはなかった。また、神田孝平『日本石器時代図譜』にしても、石斧図を掲載して、磨製・「劈成」（打製）を区別するだけで、その形式分類は意識のなかにはなかったようである（『日本大古石器考』）。鳥居邦太郎『日本考古提要』（一八八九年）でも、打製から磨製に進化したとは記すが、その形式分類など意識されていない、むしろ、黒川やシーボルト、神田等にとっては、石斧の使用法に関心が強かったようである。黒川は、「柄ヲ着ケ……農具トセルナリ」といい、神田が分銅形石斧を「耕作ニ用ヒタルナラン」とした推定が注目されるのである。なお、大森貝塚では、石斧は分銅形石斧が二点出土したばかりであったから、分類もなにもなかったが、モースは、それを「木柄ヲ施シ」、「碓ニ用ヒシモノ」と考えたようである（『大森介墟古物編』一八七九年）。

こうしたなか、一八九三年（明治二六）になって、坪井正五郎は、磨製石斧を五つ、打製石斧を四つの「形状」に分類する理解を提示した。磨製石斧は、「長方形」・「笥形」・「爪形」・「足形」・「小判形」の五種であり、打製石斧は、「匙形」・「足形」・「分銅形」・「小判形」の四種である（「西ヶ原貝塚探求報告。其二」『東京人類学会雑誌』八五　一八九三年四月）。「分銅形」を除けば、現在ではまったく使われない名称であるが、各「形状」別の数量を数えたりもしているから、坪井のいう「形状」は、私たちの使用する「形式」と同意義に理解してよいであろう。とすれば、石斧の形式分類は坪井に始まるといえるかと思う。

が、積極的に石斧の形式を問題としたのは、やはり、大野を以て始まるといってよいであろうと思う。大野には②「石斧の形式に就て」と③「打製石斧に就て」（原題は「打製石斧の形式に就て」）の二篇の論考があり、②「石斧の形式に就て」は磨製石斧を検討し、③「打製石斧に就て」は打製石斧を問題としている。

その③「打製石斧に就て」では、打製石斧を①法馬形（ふんどがた）・②撥形・③短冊形と三種に分類し、③短冊形には「頭が出来てあるところが少々違ひの点あれども、格別名称を区別するまでに至らず」とした。高橋健自は「法馬形」を「分銅形」と改め、撥形はその分銅形の変形と考え（『考古学』一九一三年）、さらに、柴田常恵は短冊形・笏形・分銅形（島田形）と呼称に工夫を加えた（『国史講習録　日本考古学』）。大野による三形式に分類する方法は継承されて、一九三〇年代の中頃には、分銅形・撥形・短冊形という呼称に落ち着き（「日本石器時代の遺跡と遺物」『ドルメン』四―六）、基本的には、現在でも用いられている分類法である。『日本考古学辞典』でも、この三形式が名称ともに継承されている。さらに、大野は、三形式の打製石斧の分布状態にも関心を寄せているが、なにしろ大野が蒐集し得た事例は二五八点という数量であり、しかもその四分の三強の出土地が武蔵・下総・下野・信濃の四個国に集中していたわけで、石鏃と同様、いま、この問題は改めて論評するまでもないだろう。が、打製石斧は「粗雑な製作」であり、磨製石斧とは使用法も区別されるべきで、

刃先きは鈍くして格別鋭利のものが少ない、只物質を打ちたゝく位の用にあてしか、或は、土を掘り穴を穿つために用ひしや何れか不明なれども、近くは台湾生蕃などは現今の鍬鋤を用ひし如くに祖先が使用したものであると伝へておるようですから、或は本州の遺跡から発見するこれらのものも同様に使用したこと、推考される、

とあるのなどは充分に注目される。すでに、黒川や神田の推定、さらに、沼田頼輔による

近き頃まで台湾の土蕃は、打製の石斧を農具として使用せりと謂ふを聞けば、もし関東地方より多数に発見せらるゝ打製石斧にして、これとその用途を同うせるものとせば、耕作の道も、また行はれたるなるべし。

という発言があったとしても（『日本人種新論』一九〇三年）、貴重な指摘であったと思うのである。

打製石斧を「土掻き」具（耨）と積極的に主張したのは大山柏であったが（『神奈川県下新磯村字勝坂遺物包含地調査報告』一九二七年）、その大山は、大野の分類法について、

古く大野雲外氏により三種五様に試みられ……其後鳥居博士（八幡氏）は大正十五年、先史及原史時代の上伊那……に於て八型式に分類せられて居るが、共に実際分類である。

と評している。「実際分類」とは、「理論的な基礎分類に発したものでない」ということであるらしいが、勝坂遺跡採集の五三点の打製石斧を「平面型式分類表」で、尖頭形・短冊形・撥形・分銅形・特形を基本とし、それに各中間形

が認められると整理した結果、

各々其目的によつて器形が出来たものとは考へられない。如何となれば、各中間形が余りに多過ぎて、確固たる短、撥、分銅形等の分課が明瞭でない。

と、三形式分類法に批判的な理解を提示していた。

②「石斧の形式に就て」は、一九〇六年（明治三九）一月に開催された東京人類学会第二一三例会で、同題の談話をしており（「東京人類学会記事」『東京人類学会雑誌』二三八 一九〇六年一月）、その講演内容を雑誌に掲載したものと推察される。そこでは、

本州諸地方の遺跡から発見する、磨製石斧の形式を大凡七種類に分類して見るときは其形状が地方によりて多少異なつてある、石質の上に於ても亦相違してある、

といい、一号から七号までの七形式に分類している。ただ、その分類図と説明によれば、五号形式のように、「形状が方形にて、余程相違して鋭利なる片刃である。鉋の様である」とあって、弥生時代の扁平片刃石斧と推定される資料も含み、それが一形式として分類されているから、すべてを縄文時代の磨製石斧と一括することは出来ないようである。六号形式は「多く自然の肌」を遺す局部磨製の石斧で、頭部でやや細くなる扁平な片刃で、刃先は鋭利に作られているという。局部磨製ということで他と区別される。一号は「細長く円錐形にて全躰を研磨して拵へ」、横断面図が上下両面と横面で稜を作り、「刃は余り鋭くない」ものである。二号形式は「頭部が丸きこと」と横断面が楕円形状を呈することで一号形式との相違が認められる。一号形式と二号形式、さらに六号形式で（甲）・（乙）の別があるが、いずれも（乙）は（甲）の上半部を欠損しただけと判断され、強いて区別する必要はなかったかと考えられる。三号形式は一号形式と略同巧であるが、「頭部が少しく広くあることが異なつて」おり、比較して、四号形式は「三号と同形式であるが、形状が扁平にして、頭部が亦広く作られてある」ことを特徴としているという。七号形式は両面が擦り切って作られていることを特徴としているとある。

かなり煩雑な分類であるが、「四号は上の三号と同形式であるが」とか、「三号はこれも一号と同形式に見ゆ」などとあり、微細な相違点によって形式を立てていることが知られる。模式図を見るかぎり、一号と三・四号は別形式とする必要があるのか疑問にも思われる。大野は、この分類法によって、人類学教室収蔵の磨製石斧のうち、出所が明確で、整理を終了した資料六八二点について、形式別に、四七の国々（膽振・北見・日高・天塩・石狩・渡島・沖縄・十勝などを各一国とする）に於ける出土数を整理した一覧表を提示している。もちろん、大野が調査した時点では、人類学教室収蔵の資料に大きな地域的偏りがあったから、統計表で問題とするのは、「点数の多少によつて」（といっても、絶対数ではなく、各形式間の比率ということになるのかと思うが）、一号形式（甲）は陸中国、二号形式（甲・乙）は遠江国、三号形式は常陸国、四・五号形式は信濃国、六号形式（甲・乙）は後志国、七号形式は陸奥国に顕著であると結論したのであった。確かに、一覧表を見れば、遠江国に於ける二号形式の出土量は四二点（全収量四七点の八九％強を占める）で、武蔵国の二五点（三六・七％）、信濃国の一八点（二六・九％）を、絶対量ではるかに凌駕し、全体量に対する出土比率でも、非常に高い割合を示しているから、この国に出土例が顕著なのは間違いないだろう。また、六号形式は後志国で二五点と他に卓越していることが分かる。三号形式は常陸国に一八点と多く、武蔵国や下総国が続いている。ただ、一号形式（甲）は陸中国に多いというが、（甲）・（乙）併せると、下総国が三八点と圧倒的に多く、陸奥国・常陸国・武蔵国でも陸中国を上回っている。いまとなっては、この統計に重きを置く必要もないだろうが、研究史的に見ると、その二号形式の磨製石斧は「乳棒状石斧」とも呼称され、八幡一郎先生が、

大野氏らはかかる型の磨製石斧が、特に遠江から多量に発見されたところから、遠州式なる称呼を与へ、今でも之が行はれてゐる。

といっているように（「日本の乳棒状石斧」『人類学雑誌』六〇七　一九三八年五月『日本の石器』一九四八年に再録）、「遠州式石斧」とも呼び慣わされた根拠となる教示であった。

民族問題が念頭にあった大野は、上記の結論に対して、「只地方の区別位で、其製作に於ての差違があると云ふま

でに過ぎない」と控えめであるが、それでも、「自から地方の特徴が数の上に現はれてをる」と、磨製石斧製作に於ける地方別の差違を読み取ることが出来るだろうと主張したのであった。

この大野の形式分類法が、ある程度学界に承認されていたことは確かである。例えば、八幡先生の「北海道の磨石斧の一形式に就いて」（『人類学雑誌』四二六　一九二四年二月）には、「大野氏の分類表に於ては第六号に該当し」などと引用されているし、また、鳥居龍蔵も『諏訪史』（一九二四年）を執筆した段階で、
本邦全般の磨石斧の形式分類は大野雲外氏がかつて試みた事があつて、依拠すべき点もあるが訂正増補すべき箇所もある。

と記していることなどで明らかである。その鳥居は、「極く概略の形式分類を試みるならば三の群となる」として、長野県諏訪郡で確認された磨製石斧を三群（三形式）に分類している。

Ⅰ　長さは総じて細長い。形状は前後に於て、左右に於て夫々均整なるを原則とする。断面は頭部より中央部にかけて正円形を呈する。刃部は半円状に附けられてゐる。

Ⅱ　大さは略々長さ二に対する腹幅一の如き割合を常とする。形状は前後に於て、左右に於て夫々端然たる均整を保つ。断面は所謂三味線胴、即ち各辺が丸みを帯びた長方形を呈する。刃部は鋭利に所謂蛤刃となり、或ものは刃先がS字状に軽微な曲りをなしてゐる。

Ⅲ　長さは幅に対して著しく長くはない。形状は前後に於て、左右に於て各々略々均整であるがⅡの如く端然としたものではない。断面は楕円形を呈する。従つて厚さが厚い。刃部は一直線に近く、全体の形容が鈍重である。

この三形式を大野の分類と対比すれば、そのⅠ形式は二号形式（甲）、Ⅱ形式は四号形式、Ⅲ形式は一号形式もしくは二号形式に該当するといっている。この三形式分類法は、『先史及原史時代の上伊那』（一九二六年）でも踏襲されている。

『先史及原史時代の上伊那』の執筆には八幡先生も従事していたようであるが、その八幡先生は、『南佐久郡の考古

学的調査』（一九二八年）で、

> 磨石斧の分類は曾て鳥居博士と共に諏訪、上伊那両郡の調査に際して行へり。此分に一類を加ふれば其儘本郡に適用し得べし。

といって、四形式に分類することを主張している。が、その追加されたⅣ形式は、

> 長さは幅より幾分大、厚さ極めて薄し。扁平なる方形板状を呈し、片刃なり。全形恰も鉋の刃の如し。

とある説明や掲載図を見るかぎり、大野が五号形式と分類した弥生時代の扁平片刃石斧のように思われる。『南佐久郡の考古学的調査』は、「先史時代」ということで、縄文時代と弥生時代を一括して叙述しているから、弥生時代の遺物も含まれていると理解される。

一九三一年（昭和六）になって、磨製石斧の形態と石質の関係を論じた赤堀英三は、この八幡先生の分類法を用いているが（「磨製石斧の形態と石質との関係に就て」『人類学雑誌』五二一　一九三一年三月）、このことに関連して、八幡先生は、

> 形式別の標準として、私が一局地で採用したものに大体拠られた様で、些か面映ゆい感がある。あの三形式を直ちに全国に適用出来るか否かは、私自身としては疑惑をもつてゐる。それにもかゝはらず私の一時的提案が、赤堀氏の科学的操作を経た結果に近かつたといふ事は、よろこびとする所である。

と記したのであった。ただ、赤堀がB型とした一群については、「私の第Ⅲ型とは必ずしも合致して居らぬらしい」と疑問も呈している（「磨製石斧の石質に就いて」『人類学雑誌』五二三　一九三一年五月　『日本の石器』に再録）。

鳥居や八幡先生の提言は、長野県の伊那・佐久・諏訪郡という限定された地域をフィールドとしたものであったが、その三形式は大野の分類とも共通するところがあり、次第に、三形式に分類することが一般化していったようである。例えば、柴田常恵『国史講習録　日本考古学』を見ても、

> 全体の形式に就て云へば、頭部と刃部の巾が殆んど相等しくて長方形を為せるもの、頭部が刃部より巾狭く為

れるもの、頭部が円錐形に造られて尖れるものとの三様に大別することが出来る。

と、三形式に大別する理解が示されている。が、その各形式の規定は、研究者の間で微妙に相違している。柴田の場合は、

更に之れが細別を為せば全体が円みを帯ん（びの誤植）て、其横断面が円形または楕円形を呈するものと、然らずして角張りて両側面に稜角を造り、其横断面が長方形または扁平なる三味線胴形を呈するあり、頂上が尖れるもの、円みを帯べるもの及び方形に角張ばれるものと存し、刃部の縦断面が蛤貝のごとく為りて、両刃のものを蛤刃と云ひ、然らずして鑿の如く為りて、一面は平滑にして一面の傾斜せるを鑿刃と云ふなどの差異がある。

などと、横断面の差違を二次的な要件に位置付けているのである。

現在では、刃先が蛤刃をなし、大野のいう二号形石斧の類を乳棒状石斧、三号や四号形石斧のような断面が矩形に近い石斧を定角式石斧と呼称している。

C　土偶の形式分類

⑥「土偶の形式分類に就て」は、東京人類学会主催の「石器時代土偶研究展覧会」に出展された膨大な資料を観察しての研究であった。展覧会は、一九一〇年（明治四三）三月に、

近年に至り、熱心なる遺物蒐集家にて、土偶を所有せらる丶諸君も増加したれば、此等の諸君より借用して、之を一室に陳列し、互に比較などして研究したらんには、益する所大ならんとの議起りて、……

実現したものである。江見水蔭（一八八点）や鈴木審三（一〇七点）・高島多米治（八五点）。水谷乙次郎（六八点）・大野市平（三九点）等の協力を得て開催され、土版や土面、（顔面）把手などを含む九二一点を集めた展覧会であった。人類学教室は土偶二八〇点・土版一八点・土面二点など、すべてで三一五点を出展している。土偶の総数は七八二点を算えた（「石器時代土偶研究展覧会」『東京人類学会雑誌』二八八　一九一〇年三月）。一八九一年（明治二四）に、若林勝

邦が集成した段階では、わずかに三三点であったから（「貝塚土偶ニ就テ」『東京人類学会雑誌』六一　一八九一年四月）、一九年ほどの間に、ずいぶんと採集資料が増加したものである。

この膨大な土偶群を観察した大野は、「近来有益なる企」と喜び、一一月になると、第二五九例会で「土偶の形式分類及鯨面に就て」を談話し、さらに、「土偶の形式分類に就て」（『東京人類学会雑誌』二九六　一九一〇年一一月）を発表して、「其顔面或は體部によつて、略ぼ形式の異なるべきものを挙げて、其分類を試みたれば」、「一五種位に区別出来る」としたのであった。「土偶形式分類図」として、各形式を代表する土偶の顔面部中心の画図を提示し、その特徴を縷々説明している。例えば、その第一形式とした土偶は、「結髪の婦女子にて覆面したもの」であり、第二形式のそれは「何か三角様の被物をしておるように見へる、乳房の突起と口辺にボツボツの点があるのを以て婦女子なるように見へる」類であるといった具合である。分類の基準がかなり細かく、また煩雑であるので、ここに一五形式のすべてを説明することは困難なほどであるが、要するに、「頭から被り物をしておるか、或は結髪はどうしておるか、顔面はどうしておるか、覆面しておるか、素面であるか、……」といった具合に九項を列挙している。が、やはり、あまりにも煩雑に過ぎた分類であったためであろう、研究者の間には受け容れられ難かったようである。せっかくの「今後発見したるときはこの形式分類に符合せしめれば何れの地方から、類似のものが出でしことを知るに、多少の便宜あらん」という大野の期待も報われることはなかった。

ただ、この論考のなかで、（多分、遺存状態の良い）一八七点の土偶を精査した結果、

　男子と見るべきものが四十七点、女子と見るべきものが二百十三点、其中男女不明のものが二十七点、此の比較によつて見るときは、女子が多くして男子が少ないのが事実である。……其理由は何故なるやは疑問であるけれども……女神即妊婦の崇拝する安産の守神とでも云ふような訳であらうと推察が下される

と指摘していることは、土偶の性格を考える上で重要な考察であった。

この論考で、大野は土偶に男女の別を認め、展示された土偶群では圧倒的に女性像が多いと指摘したのだが、こ

の示唆は大野を以て嚆矢とするらしい。若林も、土偶の胸部と腹部に於ける膨らみに注意はしていたが、「単ニ装飾ニ止ルカ或ハ他ノ用ニ供セラレシカ疑ヲ存スベキナリ」と問題視したままで（前掲書）、それが女性を象徴したものとまでは考え及ばなかった。胸の膨らみを女性の乳房、腹部の膨張を妊娠の状態を示すものと判断したのは大野であった。『先史考古図譜』（一九〇四年）に収載されている茨城県稲敷郡大須賀村（現稲敷市）の阿波貝塚出土の土偶の解説に、

乳房の突起は大きく、腹の膨れたるところが欠損したれども、女子の妊身であるように思はれる。

とある。もっとも、その大野にしても、しばらく前までは、腹部の膨らみを臍（へそ）と理解していたのであった（「土版と土偶の関係」『東京人類学会雑誌』一三一　一八九七年二月）。その女性像が圧倒的に多いという指摘は、やがて、「土偶はすべて女性である」という江坂輝弥先生の理解に発展していったのである（『土偶』一九六〇年）。

土偶の形式分類は、大野の後、しばらくは進展しなかったようである。一九二九年（昭和四）になっても、中谷治宇二郎が、「未だ充分な全体的な形式分類を持たないでゐる事は遺憾である」と慨嘆している状況であった。わずかに、

高橋健自博士大正六年発行の「考古学」には、四つの形式別が挙げられ、稍妥当の見解に達したのである。

と、一九一七年（大正六）の高橋健自による四形式説（①尋常のもの、②山形のもの、③木菟に似たるもの、④眼鏡をかけたる如きもの）の提唱を以て、「稍妥当」な分類法に到達したと評論するほどであった（『日本石器時代提要』）。但し、「大正六年発行の『考古学』」は第二版で、初版は一九一三年（大正二）に出版され、すでに、この四形式は提唱されている。

一九三一年（昭和六）になって、八幡一郎先生は「先史考古学に於ける分類」（『人類学雑誌』四六―九　一九三一年九月）を発表して、

型式分類は中途から起つた。資料が増加し、一通りの種類別分類が遂げられたからである。同一種の遺物に形や装飾の変化がある。之を区分して見ようとする試みである。形だけの相異、紋様の精粗などに基いて極めて素

朴な分類が行はれた。資料の不充分さ或は偏り、そしてもつと重要な点は無目的であつたが為に多くの業績がそれだけで終つて了つた。

と記して、従前の形式分類に関する研究を反省している。確かに、大野の形式分類にしても、基礎となる資料の僅少性、地域的・時代的跛行性など問題は多い。が、大野の場合には、その研究が無目的のままに行われたという批判は当らないのではと思う。大野の研究の根底には、常に人種問題の解明という大きな課題があった。石斧や土偶に於ける形式別の地域的傾向を把握しようと努めたなどのことは、限界のある仕事ではあったが、その問題解明の一手段と考えていたはずである。単純・素朴ではあっても、考古学の揺籃期に、明確な問題意識をもった仕事の一環であったと私は評価しているのである。

大野の土偶についての形式分類は、学界の共通理解とはならなかったが、「石器時代土偶研究展覧会」も人類学教室の人びとが分担して開催したように、土偶は、人類学教室そして大野が強く関心を寄せた遺物であったことに間違いはない。大野が、石器時代遺物のなかでも、とりわけ土偶に深い興味をもっていたことは、前掲「土版と土偶の関係」以来、何篇もの土偶に関する論考・報告を発表し、また、

先住民の手に成りし遺品中に、土偶は其当時の風俗を示してあるから、深く調べて見るときは有力の好材料であることは今更云ふまでもなきことであるが、

と記していることからも充分に窺われるのである(「黥面土偶に就て」『東京人類学会雑誌』二二三 一九〇四年一〇月)。

土偶についての記述のなかでは、「土版ト土偶ノ関係」や「岩盤モ土偶ニ関係アリ」(『東京人類学会雑誌』一四四 一八九八年三月)、「石器時代土偶系統と紋様の変化に就て」(『東京人類学会雑誌』一八四 一九〇一年七月)、さらには、「黥面土偶に就て」などが論考として知られている。「土版ト土偶ノ関係」は、「偏平ニシテ板形ノ如キ」土偶と土版を比較して、「自ラ親密ノ関係アルコトヲ知ルベシ」といい、「土版ノ紋様ト土偶紋様トハ同形状ノモノアリテ 土版ハ或ハ土偶ノ変形ニハアラズヤ」と論じたものである。また、「岩盤モ土版ニ関係アリ」では、秋田県の麻生上ノ山

遺跡で検出した、岩版（当時は、岩盤・岩版の両様が用いられた）によって、「土偶ト関係アルコトヲ証明」出来たとした。大野は、文末で、「余ハ他日ヲ期シテ　此物ト土偶及び土版トヲ比較対照シ　相互ノ関係ヲ明カニセントス」と記したが、その論考が「石器時代土偶系統品と紋様の変化に就て」である。土偶一六点、板形土偶三点、土版・岩版一二点を配列した、「石器時代土偶土版岩盤系統ノ図」を掲げて、「土偶土版岩盤を系統的順序を追ふて比較を試み」、「土偶土版岩盤の系統連絡あることを示し……土版岩盤の模様が如何に其源を土偶に発して居るか」を論証しようとしたのであった。

なお、「黥面土偶に就て」は、確実な事例とする一二個について分析し、いずれも婦人像に属し、こうした黥面土偶の存在から、

先住民の婦女子に於ても、黥面した風習が行はれしこと、推知することが出来る、今や殆ど絶滅に近き北海道に住する、アイヌの風習と酷似した一証として見ることが出来き（やの誤植）うと思ふ、亦男子にも有髯土偶が近頃発見せられて見れば、研究の結果一層の注意を要すべきことであろう

と、石器時代女性の黥面の風習が、アイヌ民族のそれに酷似することを指摘したのであった。文中にある「有髯土偶」とは、髯を有する土偶ということで、一九〇四年（明治三七）から一九〇八年（明治四一）頃、石器時代の民族論と関連して、坪井正五郎・中村士徳・江見水蔭等に大野も加わって、その存否が活発に論議された土偶であった（「蛮勇採集隊の将―江見水蔭―」『魔道に魅入られた男たち』）。

八　紋様の研究　「先住民族」アイヌ説の提唱

大野延太郎が、原始・古代の紋様に強い関心を持っていたことは確かであるが、ここでは石器時代の紋様に限って研究史的に回顧してみたいと思う。

石器時代の紋様は、その民族論との関連で、比較的はやい時期から論議の対象となっていた。清野謙次による〈原

日本人説〉（『日本原人の研究』一九二五年）が提唱される以前にあっては、石器時代人＝アイヌ人説と非アイヌ人説の対立のなかで、石器時代の土器の紋様が、アイヌ紋様と類似するのか否かということが大きな問題とされていたのであった。一八八七年（明治二〇）に、坪井正五郎とM・S（神風山人＝白井光太郎）のコロボックルをめぐる論争の展開のなかで、はやくも話題となっているのである。つまり、神風山人が、「大森ノ貝塚ハアイノノ遺跡タル明瞭ナリ」といい、その証拠の一つとして、「土器上ニ彫刻セル鏤紋ノ能ク方今アイノ人ノ彫刻スル様ニ類似スルヲ見ル也」と指摘したのに（「コロボックル果シテ内地ニ住ミシヤ」『東京人類学会報告』一三 一八八七年三月）、坪井が、

扨土器の模様とアイノの彫刻と類似して居るとは 神風氏計りで無く他于も云ふ人が有りま寿が 図でも挙げて示されざる以上は如何であるか解りません

と応酬したのに始まるかと思う（「コロボックル内地に住みしなる可し」『東京人類学会報告』一四 一八八七年四月）。また、佐藤重記は、青森県上北郡洞内村（現三本木市）所在のアイノ沢遺跡の調査報告のなかで、アイノ沢遺跡出土の土器紋様とアイヌ紋様の間に類似するものがあることを指摘した（「陸奥上北郡アイノ沢遺跡探究記」『東京人類学会雑誌』四五・四六 一八八九年一一・一二月）。即ち、「X形の紋形」と呼ぶ紋様を巧みに表現した土器図を添え、赤色塗彩された土器の存在も紹介し、アイヌ彫刻との比較では、

アイノ沢土器の模様の一部分は今日のアイヌの彫刻に似たり 其証ハアイヌ所製の杓子に巴紋あり アイノ沢土器にも巴紋の紋様あれハなり 又前図の模様（六）号の浮紋とアイヌ所製杓子の彫刻と一致する所あれハなり

と記して、巴紋と（六）号浮紋で一致することを指摘したのであった。「（六）号浮紋」とは「X形の紋形」で浮紋を呈するものと思われる。

さらに、山中笑の「縄紋土器はアイヌの遺物ならん」（『東京人類学会雑誌』五〇 一八九〇年五月）は、この坪井の「図でも挙げて」という要望に応えるかたちで発表されたものであった。山中は、「土器の模様と木彫模様と似てをること」の一項を掲げ、佐藤のアイノ沢出土の土器に見られる紋様がアイヌ彫刻に類似するという指摘に加え、東京や

山梨県出土の土器の紋様も木彫模様に類似し、また、土偶とアイヌの木彫人形とも類似すると主張したのであった。

この山中の論考を読んだ坪井は、さっそく、「縄紋土器に関する山中笑氏の説を読む」（『東京人類学会雑誌』五四 一八九〇年九月）を寄稿し、山中に反論して、

山中氏は第二に土器の模様と木彫模様と似て居ると云はれました、……扠山中氏が類似して居るとて示された土器と木彫との模様を比較して見ますに或区画の中に並行線を画いたと云ふ事の他には類似の点が無い様でござります。……若し之丈の事ならば両者意匠の関係は是等を作つた者を同人種に引き付ける程に親密とは思はれません、

と一蹴した。比較研究には、より多くの事例と慎重な検討が必要であると主張し、佐藤や山中が類似例とした巴紋について、「アイヌ紋様と靹絵との関係」（『東京人類学会雑誌』一〇六 一八九五年一月）を作成して、より慎重な検討の必要性を具体的に提示した。つまり、坪井によると、アイヌが巴紋（坪井は靹絵と表記する）の有る器物を好むのは、巴紋が彼等の嗜好に合致するからであるが、その類似は「偶然の暗合」で、アイヌが好むのは、「曲玉形の部の存在ではなく爪形の部の存在に在る」と、彼我の関心の相違を主張したのであった。

その坪井は、一八九五年（明治二八）一一月三日開催の第一一〇例会に於いて、「北海道石器時代土器と本州石器時代土器との類似」と題した講演をすると、そのまま『東京人類学会雑誌』（一一六 一八九五年一一月）に発表した。この論考は、北海道と本州の石器時代の遺跡を遺したのは、同一民族か否かという疑問に答えたものである。「土器形状の意匠や土器紋様の意匠の比較は、人をして関係の有無を強く感ぜしむるもの」との立場から、それらの土器の器形と紋様を比較し、両者が「甚しく類似し、又は全く一致して居る」ことを示唆した論考である。即ち、

土器の形状土器の紋様が北海道と本州とに於て好く似て居ると云ふ事実は時を隔てた人民の故意の模擬にもせよ、同時代に於ける当然の類似にもせよ、何れにしても同一種類の人民の仕業と為るに非ざれば、他に適当な解釈は無いと信じます。

と、同一種族の手になるものであることを主張したのであった。論考中、とくにコロボックルという語が出て来るわけではないが、坪井が北海道の石器時代土器も、本州の石器時代土器も、ともにコロボックルという「同一種族」の手になったと考えていたことは確かである。やや年代が下る刊行物であるが、『人類学叢話』(一九〇七年)の一節でも、石器時代人とアイヌ人とを比較して、

不一致の点は幾らもありますが、一致の点は一向見付かりません、私は非アイヌ説を立んがために斯る材料を集めるのでは有りませんが、集め得た材料は常に非アイヌ説に力を添へる様に成るのであります。私は内地の石器時代遺物と北海道本島の石器時代遺物とは同種族の作つた物と思ふ。私は北海道本島の石器土器はアイヌに先だつて彼の地に棲息した別種族(仮称コロボックル)の遺したもので有るとの口碑は事実を伝へたものと思ふ。従つて日本の主要なる石器時代人民はアイヌの所謂コロボックルで有ると思ふ。

と強調しているのである。

坪井は、石器時代人とアイヌ人との相違点の一つに、「器物装飾模様の意匠が一様でない」と、一八九四年(明治二七)に、大野や鳥居が提示したところを承けて自説の証左にしているのである。即ち、大野と鳥居は、ともに、一八九二年(明治二五)以来、人類学教室に出入りし、坪井の指導を受けていたから、後には、石器時代人=アイヌ人説を唱える彼等も、一八九四年時点では、坪井のコロボックル説を祖述して、石器時代人=非アイヌ人説を声高に唱えていたのであった。つまり、連名で『国民新聞』に連載した「土中の日本」のなかでは、「アイヌは木器使用人民なり」とか、「アイヌは土器を製造使用せず」など、いくつかの理由を挙げて、「本邦石器時代の人民はアイヌに非ず」と主張していた。その理由の一つに、「石器時代人民の作れる紋様とアイヌの作る紋様と異なれり」といい、両者の紋様を比較して、

アイヌの紋様は彼等の衣服其他の器物に彫刻する如く則ち均斉躰にして左右各々相対峙せり。然るに石器時代遺物たる土器に附せる紋様を見るに唯僅かに土版を除くの外他は不均斉躰にしてアイヌの紋様と全然相違せり、

と主張していたのである（「（資料）土中の日本」『魔道に魅入られた男たち』）。もっとも、大野が担当したのは挿図であって、文責は鳥居にあったが、こうした仕事を通して、大野にも考古学的に紋様を比較研究するということに、少なからぬ関心が惹起されたであろうことは推察に難くないのである。

さらに、翌一八九六年（明治二九）になると、坪井は、「アイヌ模様と貝塚模様との比較研究」（『東京人類学会雑誌』一一九・一二〇　一八九六年二・三月）を発表して、

アイヌ模様と貝塚模様とは更に関係の無いもので、決して同一人民の手に成つたと認むべきものでは無い

と論証しようとした。坪井は、大野に委託して、人類学教室所蔵の資料群のなかからアイヌ模様の図版五十枚、貝塚模様の図版一二五枚を作製し、それらの「総括と比較とを試み」たのであった。その研究の方法は、イギリス人類学会出版の『人類学的事物調査案内』（一八九二年）にいう区別（①短線及び幾何学的紋様②渦巻き及び唐草③動植物形状の応用）を、

> 模様を形成する分子の類別であって、模様の類別ではございません。……人種問題考定の一助として研究するに於ては、分子に付いての穿鑿よりは、夫等の配置に付いての穿鑿の方が遙に肝要でございます。

と排除し、「配置法の如何に由つて」、①散布模様、②並列模様、③連続模様と三様に類別し、木具と土器に限って比較検討したのであった。結果は、

> アイヌ模様の中にて最も多いのは並列模様で、……貝塚模様の中にて最も多いのは連続模様で、……次に多いのは、アイヌ模様に於ても、貝塚模様に於ても散布模様でござりますが、……是に由つて見ると、アイヌ模様の特性は並列模様の勝つて居る事、貝塚模様の特性は連続模様の勝つて居る事と云つて宜しい。特に注意すべきはアイヌ模様に於ては連続模様が極めて僅少、貝塚模様に於ては並列模様が極めて僅少との事でござります。尚ほ多い少いに搆はず、アイヌ模様中の連続模様中のものに比べ、貝塚模様中の並列模様をアイヌ模様中のものに比べて見ましても、相通じて同様と云ふ様な形は見当りません。

と整理したのである。巻末に、多分、大野の筆になるであろう、〈アイヌと貝塚模様の例〉を掲示している。紋様の比較研究でいえば、紋様を構成する分子の種類と紋様構成とに分け、その紋様構成には、①散布紋様、②並列紋様、③連続紋様の三類別があるとしたのは、従前の考察に較べて、まったくの新機軸であった。

大野の石器時代土器紋様とアイヌ紋様の比較に対する発言は、一九〇四年（明治三七）の『先史考古図譜』（総説）に見られる。そこでは、石器時代の人種論に関連して、その比較には、材料の詳細な検討が必要であるとしている。即ち、

其他土俗上よりして、直に今のアイヌと比較して、類似不類似を争ふことは少しく穏当でないかと思ふ第一に其固有の風俗が如何程の年代まで変化なく保存せらる丶者かこれらも疑問である、最も紋様の如きは人種の特徴を顕す有力の材料であれば、遺物に於ける土器の紋様と、今のアイヌの所製品との比較は最も重要の事であれど、之とても土俗に於ける如く、一方は変化されつ丶あつて活動するものと、一は固定して其後の変動なき遺物に依ることとなれば、これらの比較も大に注意すべきことが肝要と思はれる。それ故にアイヌの製作品中、最も変化を受けぬ固有と見留むる材料は多少にか丶わらず撰み出して之を以て遺物の意匠或は紋様との比較が至当のことであろうと思ふ、

と注意しているのは、留意されるべき指摘であった。そして、秋田県麻生上ノ山遺跡出土の岩版や、あるいは土器に見られる紋様を、「樺太アイヌ」男子墓標に彫刻された紋様と比較してみると、

並列と連続の紋様にて石器時代紋様とアイヌ紋様とに共通したるものにて渦紋、互い違ひ紋様の類はシベリヤ地方、北千島アイヌ、樺太アイヌなどに見るもので、か丶る類似点は人種的関係あるものとして研究する価値あること丶考へらる、この紋様で見るときは全く類似のものもありて区別がたてられぬと云ふてもよろしく、数を以て云へば小数であれども寧ろ類似すべきものが尠ないのは変化を受けたものであれば当然と思はれる、

と指摘したのであった。

「先住民製作の土器紋様の分子に就て」（『人類学雑誌』三〇九　一九一一年一二月）では、「土器」に施された紋様が、「其人種性即ち民俗心理上の研究材料として観察し得べき主要のもの」との観点に立ち、「紋様の分子を区別して、如何なる種類によつて形成されるか」を分析した結果、「土器」の紋様に見る限り、沖縄からサファリン（旧樺太）まで、「一種の民族が居住した」と考えざるを得ないことを指摘した論考である。標題には「土器紋様」とあるが、資料として提示されている「紋様の種類別」には、土版や岩版、さらに「石剣頭」までも含まれているから、検討材料は、土器・土製品の範囲に限られるものでもないようである。そこに施された紋様の分子は、直線・斜線・水平線・縦線・平行線・三角・方形・円・同心円など「幾何学的紋様」と、曲線・渦線・波線・唐草・紋形・点線・蓆紋などの「自在画的紋様」の分子とに分類されて、それらが、前者では並列紋様と散布紋様に配置され、後者では連続紋様が加わって配置されるのを原則とし、なかには混交中間的紋様も存在したとしている。そして、沖縄からサファリンまでの間に出土する「土器」の紋様に、幾何学的紋様と自在画的紋様が「並用」されていることを事実として認め、

今この紋様の分子を比較して、其区別が出来ざる程の類似を見出したれば、自説の為に不利益なる材料なれども、事実上のまゝをこゝに記載

するとして、全国的に、「一種の民族の居住」を結論としたのであった。

大野が「自説の為に不利益なる」というのは、『先史考古図譜』（総説）に、

粗雑な厚手の内耳ある千島風の土器とは、内地の遺跡から発見する土器と意匠の上に於て比較上異るように思ふ、殊に千島の土器は不細工で無紋であつて、たとい同遺跡から発見するとも疑問の土器である。これを同種族の手に成りしものと云ふことは、余程有力なる証明を得ざるまでは、出来ぬ事かと思はれ、先つ二種類に区別して置くも不当ではなかろうと思ふ、

と記している、「先住民」を「一種族ではなく、二種族位に区別することが出来る」と考えていたことを指すのであろう。論考発表の一月前、一一月に開催された第二六九例会で同題の談話を行っている。

「紋様の比較研究」（『人類学雑誌』三三〇　一九一四年一一月）は、土器紋様をアイヌ・ギリアーク・オロチヨンの紋様と比較して、「何づれが尤も似てるかを、公平に証明」することを目的とした論考である。大野は、前稿にいう並列紋様や連続紋様、散布紋様、新たに加えた均整紋様にしても、各民族に共通し、その分子も同様のものがあるが、それは各民族が直接・間接に交通した結果であり、その共通するものを抜き去った時に、残るものが「相互の特性を示すもの」であるという。そして、渦形紋様と貫紋様を採り上げ、石器時代の紋様とアイヌ・ギリアーク・オロチヨンのそれと比較した場合、最も近き類似のものとしては、やはりアイヌの紋様であると結論したものである。

この石器時代人の紋様とアイヌの紋様が「酷似」しているという指摘は、さらに、翌一九一五年（大正四）一二月に発表された「先住民とアイヌの紋様に同一性質を現したる例」（『人類学雑誌』三四四　一九一五年一二月）によって、「同性質を有した同一のもの」があるという指摘に発展している。先ず、大野は、紋様の比較研究のなかでは、「類似と同一」という用語の概念を明確にすることが肝要だとして、「類似」とは「似寄りておる」という意義で、「少し間があること」をいい、「同一」とは「区別が出来ぬ程の同じきものにて、同性質の意義である」と規定している。そのなかで、「一番正しきものは即ち同性質を有した同一のものである」とし、その事例が、岐阜県発見の石冠に彫刻された紋様とアイヌのマキリにある彫刻紋様の間にあるというのである。そして、言葉を続けて、

故坪井先生は、紋様のことにつき、先住民とアイヌの紋様を比較して、絶対に似ておらぬと云はれたれども、余の見るところには、類似しておると云ふよりも、今日にては同性質と見るべき例証が発見された

と断言したのであった。

九　「横穴」の研究　墳墓址説の提唱

横穴墓は、現在では、古墳時代の墳墓の一形式と理解され、名称も「横穴墓」で安定したが、黎明期の考古学界では、単に「横穴」と呼び、穴居址か墳墓址かということで、多くの研究者を捲き込み、論議が繰り返された遺構

であった。とくに、坪井正五郎と神風山人（白井光太郎）の応酬は激しかった。同時代の研究者である八木奘三郎は、その著書『増訂 日本考古学』（一九〇二年）のなかで、

横穴なるものは、古書に所謂穴居人民の迹なりや、将た最初よりして葬坑の目的を以て造れるや否やは実に斯学上の一大疑問なり、

といい、「純然たる葬穴」とするのは、白井光太郎や山崎直方、三宅米吉、若林勝邦等であり、「穴居の迹にして後葬穴にも利用」されたと理解したのが、黒川真頼と坪井正五郎であると整理している。

この研究史的に「横穴」と呼ばれた遺構については、近世の地誌類にも記載があって、私の住む近くでも、大磯丘陵に位置する事例が、『新編相模国風土記稿』に記載されている。従って、比較的はやくから関心を寄せられていた遺構であった。一八七九年（明治一二）には、黒川真頼が「穴居考」（『博物叢書』）を著わし、その冒頭に、

上古ノ人ノ穴居ハ 山ノ腹ヲ穿チテ窟（ムロ）ト為シテコレニ住セシナリ 窟ハ能ク寒暑ヲ避クルガ故ニ 以テ臥処ト為スナリ

と穴居址説を唱え、さらに、

其ノ人ノ死シタルトキハ 棺ヲ造リテ其ノ内ニ尸（シカバネ）ヲ伏サシメテ 多年臥処トセシ窟ノ内ニ収メ

と、住人の死後に於ける墓所への転用説を主張していた。が、黒川の場合は、古典による解釈に終始し、考古学的な知見はまったく考慮の外であった。

遺跡の踏査・発掘調査による考古学的な研究が行われるようになったのは、一八八七年（明治二〇）に、坪井が実施した埼玉県比企郡吉見町所在の「吉見百穴」の調査からであった。坪井は、その九月（「埼玉県横見郡黒岩村及び北吉見村横穴探究記 上篇」『東京人類学会雑誌』一九）と一二月（「同 下篇」『東京人類学会雑誌』二二）に研究結果を発表して、

凡そ横穴を穿つ目的に三種が有ります、第一は住居、第二は墳墓、第三は倉庫、

入り口の狭いのは内外の区域を明にし小さき戸を以て室を閉づるの便を謀つたものですから三種に通じて入用

な事ですが水掃けに深く意を用ゐて有るのと棚の穿て有るのとは住居と倉庫にのみ入用で墳墓には不用です、又夥多の横穴の構造が大同小異で相隔る遠からざる時に作たと見ゆる如きは墳墓で有ると云ふよりも住居か倉庫で有ると云ふ方が考へ易うござります、室内に床の有るのは住居ならば寝床墳墓ならば死躰を置く所と思はれますが倉庫と見る時は解釈が付け難うござります、此五つの性質が残らず合格するのは住居ばかりで倉庫は四つ墳墓は二つしか合格しません、固より倉庫には床有る可きものに非ず墳墓には水掃け棚有る可きものに非ずと申す訳はござりませんが他の方に有るべき傾が多いと云ふのです、

と指摘し、「横穴は住居の為に作たもの」と結論したのであった。が、内部から、人骨が検出され、勾玉や管玉などの玉類、直刀や小刀・鉄鏃、金環や銀環・鉄環、須恵器や土師器などが出土し、それらが古墳の副葬品と共通することから、「曲玉時代に葬穴に用ひられたものも有る」ともいって、墳墓としての再利用を肯定したのであった。九月には、別に、「本邦諸地方于在る横穴ハ穴居の跡にして又人を葬る尓用ゐし事も有る説」（『東京地学協会報告』九―五）を作成して、住居から葬穴への転用説を繰り返しているのである。

それぞれ東京人類学会と東京地学協会の例会での談話を転載したものであるが、これらの論考が発表されると、直ちに神風山人による穴居址説への駁論「北吉見村横穴ヲ以テ穴居遺跡ト為スノ説ニ敵ス」（『東京人類学会雑誌』二五一八八八年三月）が提出された。その結論は、

北吉見村及黒岩村ノ横穴ハ　純然タル古墳ニシテ穴居遺跡ニアラザルナリ　古墳ノ証ハ多ク存スレドモ穴居ノ証ハ一モ之ナシ　論者ノ以テ穴居ヲ証スルニ足ルト為ス所ノ事項ノ如キハ　一モ之ヲ証スル価値ナキナリ

という厳しいものであった。要するに、我国の古典や民間に行われた「穴居」は、決して「横穴ニアラズシテ縦穴ナルコト」が明白で、坪井が住居・倉庫・墳墓の判断の材料とした「水掃ケニ意ヲ用ユル」という点も、墳墓に於いても当然の配慮であり、「夥多の横穴が大同小異で相距る遠からざる時に造りたると見ゆるが如きは墳墓であると云ふより住居か倉庫で有ると云ふ方が考へ易ふござります」と主張するのにも、「墳墓ノ一処ニ集在スルハ是普通ノ事ニ

シテ」、「此一項モ亦穴ノ穴居ナルヲ証スルニ足ラザルナリ」と逐条的に反駁したのであった。

この神風山人の反論を読んだ坪井は、すかさず、東京人類学会の第四一例会で、「神風山人君ノ説ヲ読ミ再ビ北吉見黒岩両村ノ横穴ハ穴居ノ為ニ作リシ者ナラントノ考ヲ述ブ」を談話し（『東京人類学会雑誌』二七　一八八八年五月）、片仮名書きを平仮名書きに改め、『東京人類学会雑誌』（同前）に発表したのであった。坪井の論法は、神風山人の「古墳ノ証ハ多ク存スレドモ」とある言葉尻を捉えて、

横穴を墳墓として用ゐたと云ふ証は実に沢山ござります、……併乍ら横穴は墳墓の為に作たもので有るとの証は未だ見聞致しません、

といい、「水掃け」の問題に関しては、

私は人を葬るに湿気を防ぐと云ふ事は無いと申すのではござりません　北吉見村の横穴に設けて有る様な水掃けは墳墓には不用で有ると申すのです、

といった案配であった。

坪井と神風山人の論争に絡んだのが、「坪井氏ノ穴居説ヲ駁シ併セテ横穴ハ最初ヨリ墓穴ナルコトヲ述ブ」（『東京人類学会雑誌』三三　一八八八年一〇月）を発表した秋乃舎色穂であった。秋乃舎は、

横穴ノ構造ハ塚穴ト同ジテ　決シテ墓穴ニ不合格ナ構造デハゴザリマセン　若シ横穴ノ構造カ墳墓ニハ不合格ナラバ　塚穴ノ構造モ墳墓ニハ不合格デアリマスカラ　ヤハリ居住セシ石室トデモ申サナケレバナリマセンカ

と、「横穴」と「塚穴」（開口した古墳の横穴式石室）は同じ性質のものであると指摘している。「水掃け」は石棺の孔と同様の目的をもち、「棚」は「人ヲ葬ル際ニ副葬品ヲ置ク」ための施設と理解し、さらに、横穴が近接して掘り込まれている状態を、坪井は賑やかなことを好んだからというが、内部の「寐床」には一人くらいしか寝られないのは矛盾しているのではないかなどともいっている。

秋乃舎も本名とは思えない。が、誰の筆名であるのか判然としない。神風山人が友人の白井光太郎であることを

知った坪井は、「真面目の論説には姓名を明記されん事を願ひます」と注文を付け、秋乃舎へも「本名は何の誰と立派に名乗つて出て下さい」と不満をぶつけている。が、それはともかくとして、秋乃舎が「最初ヨリ横穴ニ作リタルコトヲ証シマシヤウ」というのも、その証拠となるものは判然とせず、「どうも神風山人の論じ方と格別な違ひは無い様です」と断じているのである。例えば、「人ノ住ミタル痕モナキ」とする指摘も、具体的にどのような事実を指すのか不明であり、また、古くより閉塞されていた横穴では、人の生活が行われた痕跡が認められないというのも、その例証が明示されていないのでは納得の仕様がないと反論しているのである。

一八八九年（明治二二）九月になると、白井は「日本上古風俗図考　第二」（『東京人類学会雑誌』四二）を発表して、『古事記』や『日本書紀』、『風土記』などの古典に見える穴居民を例証とし、

土蜘、国栖、佐伯蝦夷ノ種族ハ概皆穴居野処ノ民ニシテ　就中土蜘国栖ノ両族ノ如キハ已に其名称ヲ穴居ノ習俗ニ得タルモノナリ……上古我内地ニ住セル土人ハ　概子皆穴居ノ民タリシヤ已ニ明ナリ　然レドも其穴居ノ模様ニ至リテハ　未ダ確証ヲ挙テ之ヲ論述セル者アルヲ聞カズ……

といい、さらに、

然レドモ之ヲ遺跡及遺風ニ求メ　之ヲ古書ノ記載スル所ニ考フレバ　豈其横穴縦穴ノ区別ヲ発見スルコト能ハザルノ理アランヤ　余ノ探求スル所ニヨレバ　遺跡遺風、古書記載共ニ其竪穴ナリシヲ証明シ　其横穴ナリシノ証拠ハ殆ンド之ヲ得ルコト能ハザルナリ

と主張して、古代人の穴居は竪穴であると結論したのであった。

その白井の羽柴雄輔に宛てた書簡（一八八九年一〇月二七日付　羽柴『かりのおとづれ』所収）には、

横穴にも種々有之べく　然ども東京近傍及熊谷近傍の吉見村横穴之如キハ純然タル古墳にして　日本人祖先之所造ニ成りしものと愚考断定セリ　……此等ノ横穴を穴居ナリト看認スノ説ハ　只想像のみにして証拠のなき忘言（妄言の誤記？）ニ御座候　水はけニ注意せりとか棚があるとか云ふのみニて　別ニ確としたる証拠なし　小生者七八

年前モールス。サトー抔云フ毛唐人が 日本之古代之事ニ付キ取調べをなし説をなすを心悪く思ひ 古墳之事貝塚之事等に関してハ 随分本職之学課を打捨て取調べニ従事せる事ニて 浅草文庫。東京大学。上野国館等之蔵書に就キ 塚穴の構造等を取調べ 之ヲ横穴ノ構造ニ比較セルニ全ク符合致居候 少シク本邦古代之陵墓。古墳等ノ制ヲ取調べたる人ハ 坪井氏ノ所謂横穴ハ古墳ナルコトハ已ニ承知之事ニ御座候 坪井氏ハ古墳の事ニ就キテハ熱心ニ古書を取調べたる事ナキ故 想像説ヲナスニ至るなり 坪井氏も先達テ九州ノ横穴を取調べに行き 其非を悟りし様子ナレドモ 正誤を出サズシテ出立せり 余ハ友人之説にても学問上之事ハ遠慮なくドシドシ駁撃スル主義ナリ

余ハ是迄見聞セル横穴ハ 其制作年代古代ノ塚穴。陵墓ニ符合シ 且其中ヨリ葬具人首等を出スヨリ葬穴ナリト断言スルモノナリ 別ニ新説ヲ唱フルニ非ズ 横穴ニテ人骨葬具等ナキハ後世盗ミ去リシカ 又ハ未ダ葬穴ニ用ヰザルモノナリ 横穴ト雖ドモ雷斧。縄文土器等を出スモノアラバ其レコソ穴居ノ跡とも云フベシ

国誌。地理誌。風土記。陵墓ニ関スル古書等ヲ熟読セラルレバ 横穴の性質ハ明瞭に理解セラルベシ 想像のみにてハ誤謬を招きや寿し

とある。ずいぶんと長い引用になってしまったが、ここには白井の姿勢・理解が如実に伝えられていると思う。坪井と神風山人（白井光太郎）、秋乃舎色穂の間に始まった住居址か墳墓址かとする論争は、石器時代人をめぐる人種問題（アイヌ説とコロボックル説の対立）などと並ぶ、黎明期の日本考古学界に於ける顕著な論争であった。が、この問題に大野延太郎が加わったのは、しばらく経ってからのことであった。大野による横穴墓の調査記録は、ずっと後になって発表された駒岡横穴墓群の報告を除けば、

① 美濃国可児郡羽崎村横穴に就て	東京人類学会雑誌	一四八	一八九八年	七月
② 上総国横穴の調査	〃	一六五	一八九九年	一二月
③ 相模国足柄上郡中村字雑色横穴調査	〃	一七二	一九〇〇年	七月
④ 下総国滑河町横穴発見の遺物	〃	一七七	〃	一二月

⑤　伊豆国横穴を観る　〃　二〇〇　一九〇二年一一月

の五篇が挙げられるかと思う。

最初の論考発表が一八九八年（明治三一）であるから、坪井や白井の論争からは一〇年ほどが経過していたことになる。この間、調査例は増加したとはいえ、未だ穴居址説が払底されたわけではなく、なお混沌とした状態であった。斎藤忠先生から頂戴した『書簡等からみた史学・考古学の先覚』に、一八九六年（明治二九）一〇月二日執筆の吉見「百穴」の解説書が収載されているが、そこには、

此等横穴の本来の用に付きては観る人種々の説を作せど余は住居の為に穿ちて後に葬穴に利用せしものと考ふるなり。

とあって、なお、坪井が穴居址の葬穴への転用説を保有していたことは明らかである。従って、一八九七年（明治三〇）に「本邦横穴考（一名穴居新論）」（『考古学会雑誌』五　一八九七年四月）を発表した八木奘三郎も、その冒頭を、

本邦考古学上古代の研究者に取里て最も重なる材料ハ横穴古墳の類なる可し、就中横穴は穴居若くは葬坑の問題に対し今に其帰着する処を知ら寿、人によりて各々其意見を異にせり、

と、書き出さなければならなかったのである。考察の結果も、

要するに予が意見は凡へて事柄を古書と対照し得可きは之を併せ考へ、其孰れか異る場合は重きを事実に置くことを主眼とせり、去れば横穴の住居なる将た葬坑なりやとの議論に就ては事実上より死者埋葬の迹あることを説き、猶古書に穴居の記事あり、又他国に是等の実例乏しからざれは参考として知り置くを要すとの説に留め置んと欲す、

といわざるを得ないほどに、容易には終結しない論議であった。

こうした学界の趨勢のなかで、大野は踏査・発掘の所見に基づいて、積極的に墳墓址説を展開したのであった。①「美濃国可児郡羽崎村横穴に就て」では、羽崎村で確認した地山の砂岩を掘り遺して造られた棺は、「全ク石棺ノ構造

ト異ナルコトナシ」と観察し、「若シコレガ石ヲ以テ畳ミ築カレ有ラバ一見シテ古墳ノ口ノ開カレタル塚穴ト云フナルベシ」といっている。遺物（副葬品）がまったく出土しないのは、開口して久しいからであって、このような石棺が造り付けられている事実は、「墳墓論者ノ最モ好材料ナラン」と指摘している。大野による積極的な墳墓址説の提唱であった。

②「上総国横穴の調査」では、長生郡豊栄村（現長南町）関向と山武郡鬼ヶ嶸の「横穴」を調査した結果、

従来穴居説と葬穴との両説ありしが、未だ確定せず、されども私が右二ヶ所の構造により比較して見ると、自から最初より葬穴の目的を以て、造られたものであることは疑ひない、……横穴の主眼とするものは葬穴にして、即ち石棺代用と見做さる丶、其棚に於ける、段における、柱に於けるも、家屋室内等に模せしものであらうと考へられる、そして復装品（副葬品の誤植）としては常に使用したもので、斎瓮、刀剣、甲冑などを埋蔵するに、多少一定の配置などもあるけれどもこれは第二の附属品であらうと思ふ、

と墳墓址説を重ねて主張したのであった。やはり、造り付け石棺の施設されていることが、キーポイントとなっていることは確かである。そして、側壁に沿って二つの棺が施設されるまでの経緯を考察して、「か丶る横穴の構造は、古墳石槨中に石棺を配置したものと同様の趣きにて」、「横穴の目的は葬穴として作られたもので」、「古墳築造の時期と同様にして、……古墳の省略せられしものならん」と結論したのであった。さらに、穴居址説の旗頭である坪井に対しても、

曩きに坪井博士は、諸地方に於ける多くの横穴に就て、調査せられたる材料を蒐集せられ、尚これらと比較対照して見れば疑問を氷解せらる丶ならん……。

と再考を促しているのである。

もっとも、内部に「石棺」が施設されているということで、それを墳墓址と認定したのは大野が最初ではなかった。八木が名前を挙げている山崎直方は、はやく、「河内国ニ発見セシ横穴ニ就テ」（『東京人類学会雑誌』三四　一八八八年

一二月）のなかで、河内国安宿郡玉手村（現柏原市）で発見した八基のなかの一基（第四横穴）の奥壁前面に、

尋常ノ横穴ヲ造リシ後 更ニ漆喰様ノ白土ヲ錬成セルモノ …… 而シテ今其形状ヨリ之ヲ考フルニ 其大ニ石棺ニ類肖セル処アルヲ見ルナリ

という施設を見出し、

此土棺ハ 実ニ人ヲ葬リシモノニシテ 即此横穴モ亦 曾テ墳墓トシテ使用サレシモノト云フベキナリ

と指摘していたのであった。さらに、一八九二年（明治二五）一一月ともなれば、

正面奥壁に沿ひ 漆喰製の石棺様のものがあります 横穴葬穴論者には屈竟の武器であります

と強調してもいるのである（「京摂地方古跡指名図ニ就テ」『東京人類学会雑誌』八〇）。が、この「石棺ニ類肖セル」遺構については、その後、しばらくの間は注目されることもなく、わずかに、八木が「内に石棺を置けるもの一個存しぬ」と石棺と認めたことがあったばかりである（「模様彫刻の石棺」『東京人類学会雑誌』一五一 一八九八年一〇月）。墳墓址説の決定打とならなかったのは、その報告のなかに、「尋常ノ横穴ヲ造リシ後 更ニ漆喰様ノ白土ヲ錬成セルモノ」で石棺を造営したとあることが、転用説も可能にするからであり、造り付け石棺ほどの説得力を持ち得なかったためであろう。

また、関向の「横穴」で、

入口（羨道……引用者註）ノ左右ニアル凹ミタル切目ナリ 全ク堺ヲ立テ、口ヲ推ヒタルモノナラン

と、羨道に閉塞施設の存在を示唆していることも貴重な指摘であった。天井中央から左右の側壁にかけての蛇腹状削平痕も確認している。

③「相模国足柄上郡中村字雑色横穴調査」以降の論考では、とくに墳墓址説を主張しているわけではない。が、雑色に於ける発掘調査では、「横穴」内部の縦断面図のほかに、床平面図には遺体や副葬品の出土位置を記入し、事実として墳墓址であることを明示するとともに、その葬法を理解することが出来るよう配慮するところがあった。開口

部から奥壁までの長さ、奥壁ないし玄室の幅、天井の高さ、開口部の幅の計測値が示されていることはいうまでもない。

石器時代人種論ばかりでなく、この「横穴」をめぐる問題でも、大野は人類学教室の主任教授である坪井と意見を異にしてしまったわけで、教室内さらには東京人類学会のなかでの立場は、そうとうに微妙なものになっていたのではないかと私は推測している。

一〇　人類学教室で孤立化

鳥居龍蔵の『ある考古学徒の手記─考古学とともに六十年─』（一九五三年）に、一八九五年（明治二八）頃の人類学教室の構成を伝えて、

明治二十八年一月の頃の同教室（人類学教室……引用者註）の状態はどんなであったかというに、その主任はやはり坪井先生で、その下に助手の若林勝邦氏があり、また越前国大野の人で大野延太郎氏（三十五歳位）がいた。大野氏は画工として教授用の図画や人類学雑誌の画図を描いていた。なお、八木奘三郎氏（二十六歳位）があり、氏は若林氏の紹介で小使の名義で入室されたばかりのひとであった。


とある。坪井正五郎（教授）と若林勝邦（助手）の下で、大野延太郎も教室の一員として、専ら画図の作成や『東京人類学会雑誌』の挿図を画く仕事に従事していたという。八木奘三郎は名義ばかりの小使であったから、小使の仕事をする必要はなかったのだが、実際には、最も年若いため教室内の清掃や冬のストーブ焚きなどを分担していたらしい。

もう少し詳しく説明すると、大野が人類学教室の「画工」として雇用されたのは、その一八九五年四月であるから、一月の時点では、一八九二年（明治二五）一〇月以来の「属託」という立場で出入りしていたものであろう（斎藤忠先生「大野延太郎─略年譜」『日本考古学選集』）。その頃の『東京人類学会雑誌』の巻末図版などに、「大の雲外」

や「大の雲外写」と署名したものを見ることが出来る。なお、大野を「越前国大野の人」とするのは、鳥居の記憶違いで、正しくは坂井郡丸岡町の出身であるらしい（斎藤「学史上に於ける大野延太郎の業績」）。

この鳥居の回顧から一一年ほどを経過した、一九〇六年（明治三九）頃の撮影とされる人類学教室員の集合写真が遺っている。東京・板橋区立郷土資料館編『特別展 石田収蔵 謎の人類学者の生涯と板橋』（二〇〇〇年）に掲載された。坪井や大野のほかに、鳥居・柴田常恵・野中完一・木川半之丞などが、人類学教室の前に整列した写真である。当時の記録で確認される人類学教室の構成は、坪井が教授であることは変わりなく、鳥居が講師（一九〇五年就任）、助手が大野と柴田（一九〇六年就任）の二人であった。野中と木川は雇員であったかも知れない。もう、若林は博物館に去り、八木も退室してしまったから、柴田・野中・木川と新しい人びとが半数を占めるように様変わりしていた。

大野は、けっこうはやい時期から、人類学教室の一員であった。その大野が逝去したのは一九三八年（昭和一三）三月で、享年七五であった。だから、未だ晩年というにはずいぶんと間があったが、一九一一年（明治四四）一二月発行の『人類学雑誌』（三〇九）に、大野を評して、

> 大野氏は斯界の元老でありますから、その観るところも他と異り、研究方法の如きも他の模倣し能はざるものであります。

とある。人類学会の幹事石田収蔵が、「最近一年間事業報告」のなかで、大野の仕事、「黥面土偶に就て」と「土偶の形式分類に就て」、「有髯土偶に就て」などの論考を紹介しての評言である。

鳥居も『遺跡遺物より観たる日本先住民の研究』に寄せた「序言」のなかで、大野の研究法にふれて、

> 氏は自から画をよくせられ、而かもその研究法の如き各地民族・土俗等と比較参考せられて居らるゝのは、最も注目すべき所である。

と記し、大野の研究法に独自のものがあるとしている。が、鳥居の場合はともかく、この石田の紹介となると、私は、素直に、大野への讃辞とばかりはいえないものを感じてしまうのである。つまり、「元老」という言葉のなかに

は、やや時代遅れという気分が含まれてはいまいかと、つい勘繰ってしまうのである。台湾や北千島、中国西南部の調査と、民族学の分野で著しい成果をあげている鳥居と比較して、大野の研究は旧弊なものとしか、石田の眼には写っていなかったのではと憶測してしまうのである。実際、「鯨面土偶」や「有髯土偶」は、一昔前にさまざまに話題となった遺物であった。私の僻目でなければ好いのであるが、長い間の人類学教室や人類学会での大野の処遇を考えると、どうも、「元老」を額面通りには受け取れなくなってしまうのである。

大野が人類学会に入会した（入会し得た）のは一九一四年（大正三）一月で、坪井の逝去後半年ほどを経過してのことであった。『人類学雑誌』（三二―一　一九一四年一月）に、

小石川区原町一〇六　　大野延太郎君
　右紹介者　鳥居龍蔵君
　　　　　　石田収蔵君

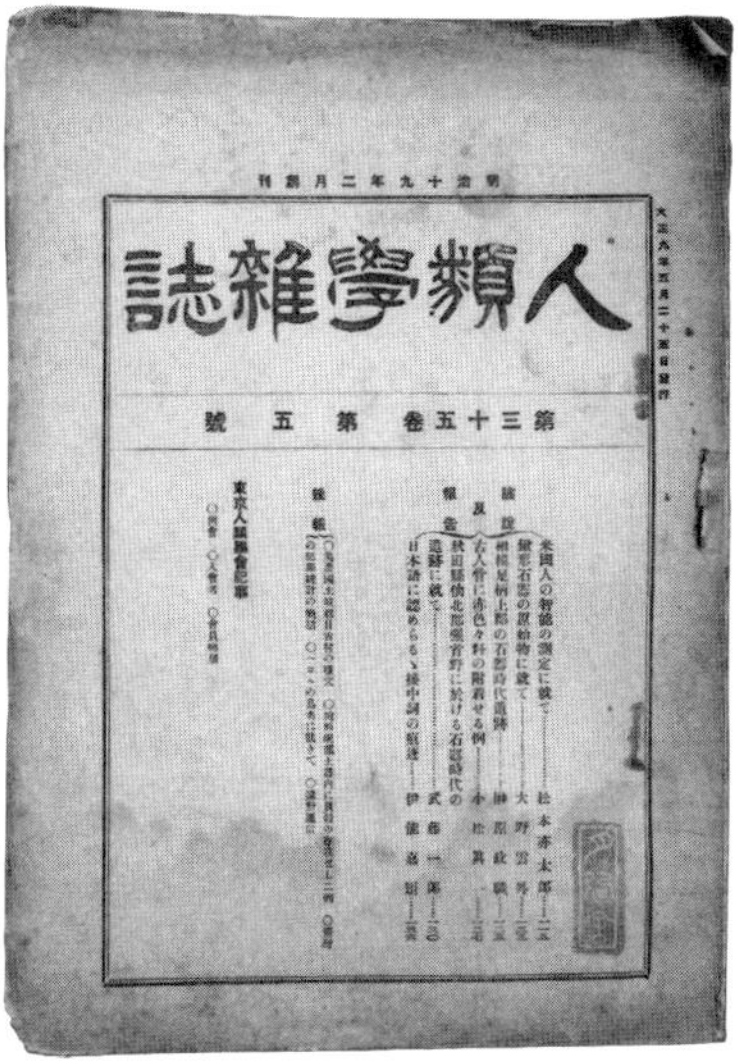

大野論考の掲載誌『人類学雑誌』

とある。鳥居は、一九〇五年（明治三八）に理学部講師に就任していたが、坪井の長逝後になって、誰に気兼ねすることなく、「年来の友人」である大野を推し得たのかと私は考えてしまうのである。坪井が人類学教室の教授であり、人類学会を牽引していた状況下では、坪井への忖度が働いて、誰も大野の入会のことを口に出すことが出来なかったのかと思案するのである。

斎藤先生は、人類学会に於ける大野の立場を、

　この頃、（一九二三年頃……引用者註）、同僚であった鳥居龍蔵、柴田常恵、石田収蔵諸氏は人類学会の評議員で

あったが、彼はその地位もあたえられなかった。画工として教室につとめたことが影響したのであったろうか。と記したことがある（「学史上における大野延太郎の業績」）。その斎藤先生の推測を否定し得ない資料が存在する。山内清男先生は、坪井のE・S・モースに対する特別な感情もあったのであろうが、「モースは専門の教育を受けた人ではない。本来画工だ」と学生に紹介したと証言している。坪井には、誰でも教室に迎え入れた反面、正規の教育を受けていない研究者を軽視する傾きのあったことを伝えている（「鳥居博士と明治考古学秘史」『鳥居龍蔵博士の思い出』一九七〇年）。

さらに、縄文時代の人種論や「横穴」の問題で、坪井とは異なる所見を積極的に公表していたこともあって、「一時は先生から余り能く思はれなかつた」と感じることもあった大野に（「先住民族論」『土中の日本』）、教室内或いは人類学会内に微妙な雰囲気が醸成されていて、それが大野を忌避し、その入会も阻むことになったのではないかと考えてしまうのである。邪推であればよいのだが、強ち根拠のない推察でもないように思うわけである。実際、大野は終生人類学会の評議員に選任されることはなかったし、坪井の長逝の際にも、その「記念資金募集」の発起人には名を列ねたが、同僚・後輩の鳥居龍蔵・石田収蔵・松村瞭・柴田常恵等が実行委員に就任しているのに、大野は選ばれることがなかったのである（『人類学雑誌』三二―四　一九一四年四月）。退職後の大野が、人類学教室や人類学会との関係を絶ってしまったことも、故のないことではなかったと私には思えるのである。

大野も、「感情を害せしことありしならん」と歎息しているわけで（『遺跡遺物より観たる日本先住民の研究』）、坪井の気持ちを忖度する周囲の人びとの間に、大野を疎んじる気持ちが芽生えていただろうことは否定出来ないと思うのである。例えば、「元老」というのも、喜田貞吉が大野を「考古学界の元老」と評したことはある（「竪穴住居の址」『中央史壇』九―四　一九二四年一〇月）。が、この場合にはとくに違和感はない。喜田が「元老」と呼んだ時点では、大野もすでに還暦を迎えていたから、ごく自然に受け容れられるのである。が、石田の発言はちょっと違うのである。大野は未だ四八歳であった。確かに、人類学教室のメンバーのなかでは、坪井（四八歳）と並ぶ高齢者であったし、数え年の四二歳を「初老記念」あるいは「厄年」（本厄）とする風習もあった時代であるから、もう「老」と呼ばれてもやむを得ない年齢であるのかも知れない。それでも、大野は資料探訪の旅を続けて東奔西走している最中であり、けっして老け込んではいなかったはずである。石田は三二歳で、大野との間には一六歳もの差があった。鳥居は四一歳、柴田常恵は三四歳であった。とにかく、人類学教室では、石田が最も若い新進気鋭の研究者であったわけで、「元老」に軽い皮肉のような気分も込められていたのではないかと私は勘繰ってしまうのである。ただ、私は石田の性格を知らないから、あるいは石田に対して失礼なことになってしまったかも知れない。石田個人ではなくとも、人類学教室や人類学会に、大野を疎んじる雰囲気が漂っていたのではと思っているのである。

一九二三年（大正一二）三月、大野は人類学教室を退職するが、その五月の「顔面把手に就て」（四三三）と六月の「覆面土偶」（四三四）を最後に、『人類学雑誌』への寄稿は見られなくなり、人類学会とも疎遠になってしまったようである。二篇の扱いは、「論説及報告」や「雑報」欄ではなく、「雑録」欄であった。ずいぶんと軽い扱いである。一九二〇年（大正九）には、柴田も内務省に転出し、一九二四年（大正一三）になれば鳥居も人類学教室を去ってしまう。旧い知己が居なくなるという事情もあるのだろうが、若い世代との間には、すっかり距離が出来ていたのではないかと思われる。というよりは、退職と同時に、若い人びとの意識からは、もう大野は消えてしまったのかも知れない。

小松真一は、武蔵野会で一緒であったからか、一九二〇年には、「此たび氏多年の研究を綜合せられた『古物遺跡の研究』と題する大冊を近々御出版になる由です」と、大野の著作出版を予告しているが（『武蔵野』三―一　一九二〇年五月）、その広告も『人類学雑誌』ではなく、『武蔵野』に掲載されたのであった。しかも、関東大震災の被災状況を伝えた「昨年の震災と人類学会」（『人類学雑誌』四三五　一九二四年一月）の記事では、もう、大野はすっかり忘れられてしまったみたいである。罹災者として、柴田・岸上鎌吉・木川・平沼大三郎・榊原幸雄とともに、小松も神田の家を焼かれたと伝えているが、大野にはまったく言及していない。大野も被災していたはずである。斎藤先生「大野

大野延太郎と研究の同志たち　鈴木審三の陳列室・二樹庵にて
前列左から小金井良精、野中完一、大野延太郎、坪井正五郎、鳥居龍蔵、
後列左から高島多米治、和田千吉、山崎直方、柴田常恵、江見水蔭、石田収蔵、
松村瞭、鈴木審三（明治42年6月12日撮影・板橋区立郷土資料館所蔵）

延太郎―略年表」（『日本考古学選集』）にも、「九月、関東大震災のため、家屋、蔵書焼失した」とある。小松が予告した著作の原稿も、印刷なかばで焼失してしまったのである。人類学教室を退職してわずか五箇月、そうしたニュースも伝わらないほどに疎遠になってしまっていたのだろう。

一九三〇年（昭和五）、『考古学大観』に「序」を寄せた鳥居は、

　氏は教室を辞せられ、専ら家に閑居せられ世間の（やの誤植）学界と恰も絶縁せらる丶やうである。

と書き伝えている。人類学教室や人類学会の人びとなど、考古学界での交流は完全に途絶えてしまったようである。大野逝去の際、『人類学雑誌』には弔辞は勿論のこと、訃報さえも掲載されなかったのである。

　もっとも、大野が逝去した頃、人類学教室を主宰していた長谷部言人には他意はなかったようで、鳥居の

もう一つ願ひたいのは会員の消息ですが、是はどうも同じグループばかりで私なども端書を出すけれども、載せて下されば吾々にどう云ふ動静があるかと云ふ事が分かります（「が」字脱？）一向書て下さらない。との苦言に対して、

それは申訳ない事です。例へば大野雲外氏が歿くなつたことも四月になつてから伺つたので、段々雑誌には書き後れて出しませんでした。大野さんのやうな方が歿くなられたなど、云ふ事はあの雑誌としてどうしても書かなければならないと思ふ。……大野さんの事などは甚だ不調法でした。

と弁解している。とはいっても、人類学会の若い人びとと、鳥居など年齢の高い人との間が疎遠になっていたことは事実のようで、鳥居の善処を望む発言はさらに繰り返されている（「日本人類学界創期の回想　二」『ドルメン』四―一　一九三八年一二月）。

大野がたくさんの報告や論考を発表し、編著書を刊行して、黎明期の考古学界の発展に寄与したこと、地方人士の所蔵する貴重な遺物群を「献納」によって人類学教室に蒐集し、教室の充実に貢献したことは間違いのない事実である。が、教室を主宰した坪井とは、学問上の理解にやや距たるところがあって、人類学教室や人類学会内では微妙な立場に陥っていたように思われる。喜田も指摘しているが、人類学教室やその周辺では、坪井の気持ちを忖度して、誰も坪井に反対する説を唱えるものがいなかったなかでのことであったから、坪井や教室員たちとの間で、大野と感情的に多少の隙間が生じてしまったのも致し方のない仕儀であったかも知れない。退職後は、人類学教室との交流もまったく絶たれてしまい、その意味では寂しい晩年であったと思われる。八木や和田千吉と三人で一冊の扱いではあったが、その業績の一部が『日本考古学選集』に収録され、斎藤先生の懇切な註解が加えられたことは、大野にとって幸せなことであったと思う。

第三篇　博士の如き瓦屋さん　～三輪善之助小伝～

一　三輪と古瓦

三輪善之助には、『庚申待と庚申塔』（一九三五年）と『子安観音と鬼子母神』（一九三五年）といった好著がある。その『庚申待と庚申塔』について、鳥居龍蔵は、

三輪善之助
（別所光一氏撮影『武蔵野』より）

本は小型で、紙数は七十六頁からなり、表紙・体裁最もよろしく、中にコロタイプ・カットが多く這入つて居り。（読点の誤植？）非常に気のきいた美本であつて、手にとつて読むと頗るよい気持のする著述である。

と紹介している（「三輪氏著『庚申待と庚申塔』を読む」『武蔵野』二二―三　一九三五年三月）。瀟洒な造りの著作であり、私も、興味深く両書ともに購

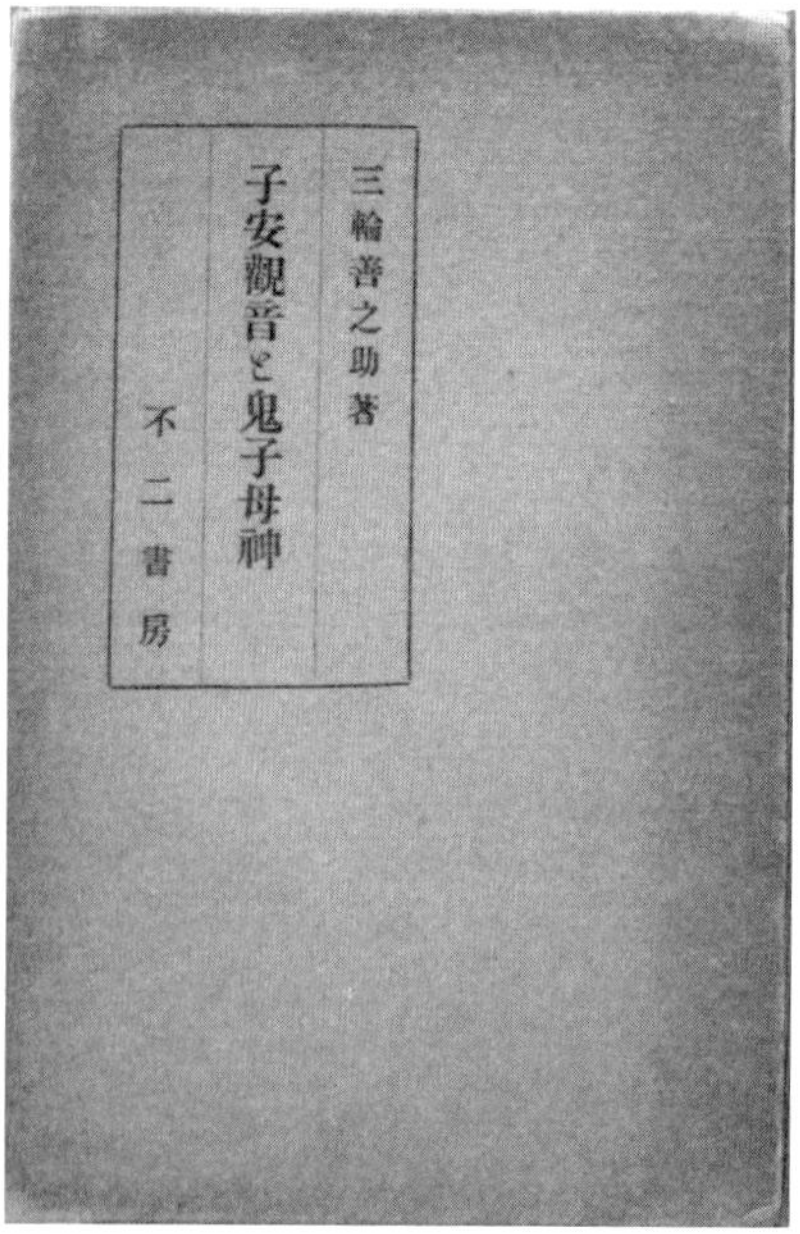

『子安観音と鬼子母神』

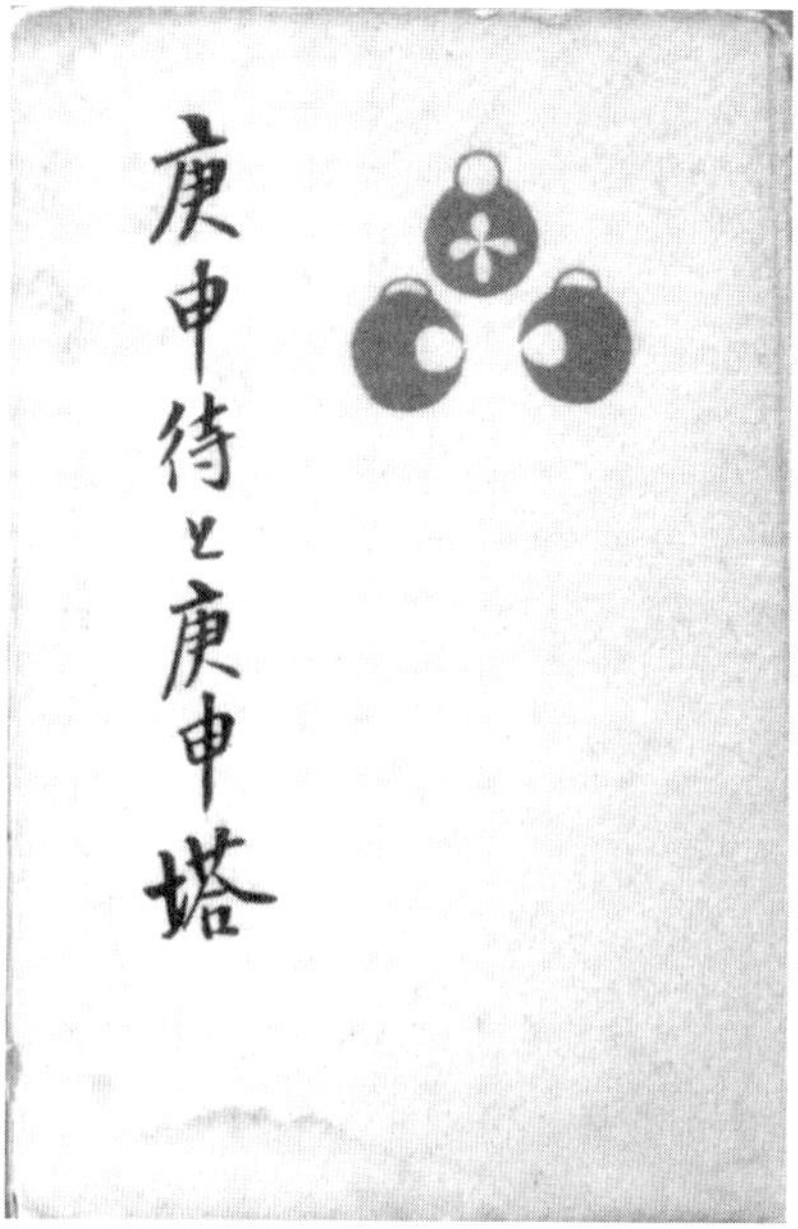

『庚申待と庚申塔』

読したことであった。この『庚申待と庚申塔』は、考古学界にも好意をもって迎えられ、大場（磐雄?）も、

内容に就いて今更贅言を加ふる必要はないが、特に庚申塔の各型式を年代を追うて記述されて居る点は、考古学上からも充分好資料として価値を有するのみならず、巻頭を飾る七枚のコロタイプ図版も亦これに資する所大なるものがあらうと思ふ。第二篇以下の続出を待望する次第である。

と賞賛している（「庚申待と庚申塔」『考古学雑誌』二五―三　一九三五年三月）。

また、服部清五郎は『板碑概説』（一九三三年）の「跋」で、

私の九年間を通じて終始指導の親切を寄せられたのは実に三輪氏一人であつた。

といい、「板碑に関する論文綜覧」に二七篇に及ぶ三輪論考を収載して、三輪の学恩に応えている。私は、『武蔵野』や『考古学雑誌』、『考古学研究』（四海書房版）などのバックナンバーによって、三輪に

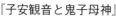

板碑に関する数多くの著述があることを知っていたし、『板碑概説』の「序」（鳥居）に、

> 服部氏の板碑研究は、もと三輪善之助氏から暗示を与へられたもので、三輪氏の板碑研究家としての地位は最も高い。

とあることにもよっても、三輪＝板碑の研究という印象を強く持っていた。稲村担元が『日本考古図録大成 一三』（一九三一年）で、図録名を「青石塔婆（板碑）」としたのには、三輪の指摘も影響していたらしい（「青石塔婆概説」）。ほかの著述からも、三輪といえば板碑研究、民間信仰の研究者と私は単純に考えていた。

その三輪の庚申塔や板碑など民間信仰的研究は、山中笑（共古）の仕事に触発されたものという指摘があるものの（鳥居 同前、前島康彦「三輪小陽先生を悼む」『武蔵野』五八―二 一九八〇年五月）、とにかく、この分野に於ける三輪の評価は高い。三輪は、「共古先生の遺弟」と自認していたが（広瀬千香宛て書簡『山中共古ノート 二』一九七三年）、その三輪が山中に宛てた書簡一通を広瀬千香が紹介している。一九二五年（大正一四）一一月一五日付のもので、「昨夜は失礼仕候、久々にて御高説拝聴致し御蔭を以て甚愉快なる一夜を過し候、其節御教示の荻窪、観泉寺に参り候。……」などとある（広瀬『山中共古ノート 三』一九七五年）。いずれ、武蔵野会かなにかの談話会で、山中の講話を聞き、観泉寺に今川氏真の墓を探訪した結果を伝えたのであるが、三輪が山中の許に親しく出入りし、多くのことを学び取っていたことが窺われる。山中愛蔵の伊勢出土の経瓦一片を贈られるなどのこともあった（別所光一「追慕三輪善之助先生」『武蔵野』五八―二）。

その三輪は、一九二五年（大正一四）三月二一・二二日に開催された、考古学会主催の埼玉県児玉郡児玉町（現本庄市）への研究旅行の折りの「記事」に、

> いつもにこにこしてゐられる三輪善之助 博士の如き瓦屋さん

と評されているように（『考古学雑誌』一五―四 一九二五年四月）、当時は、古瓦とその出土地、瓦窯や寺院址の研究でも広く知られた存在であったようである。考古学会へは、一九二一年（大正一〇）三月に入会したらしく、「会員動

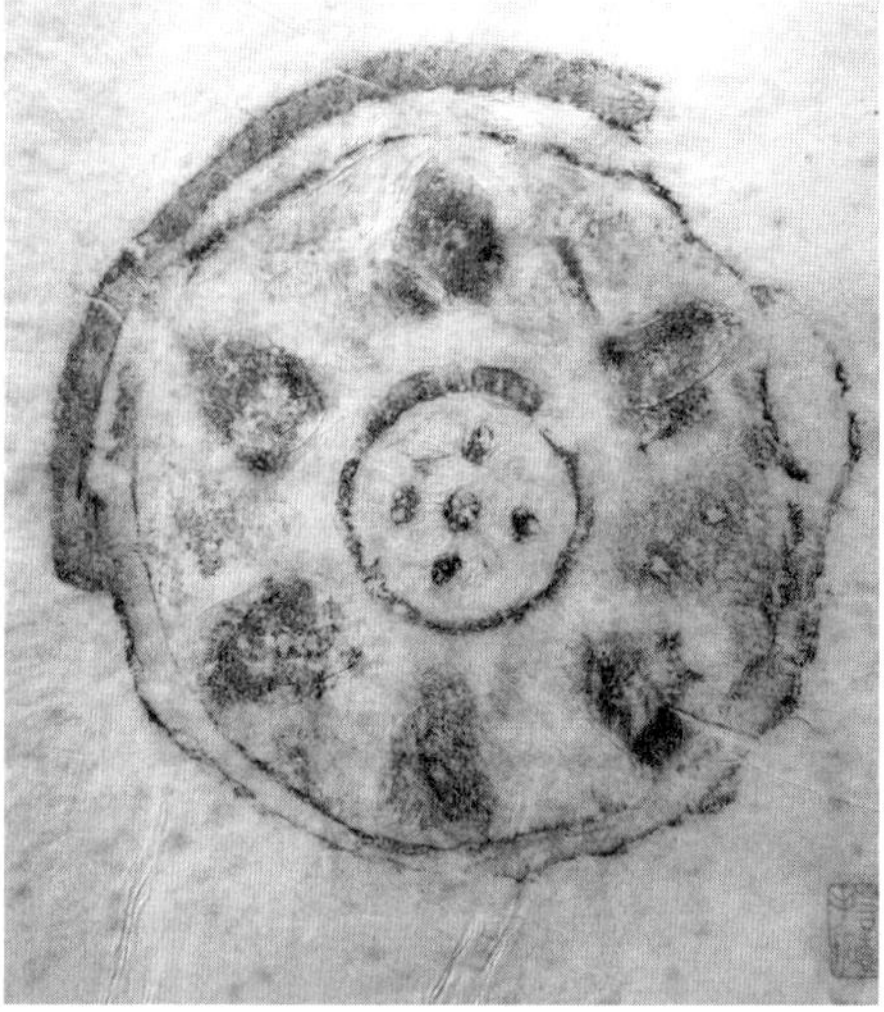

武蔵国分寺瓦拓本

林若樹『国分寺瓦図譜』

静報告」欄に、

入会　小石川区小日向台町二ノ一四　　三輪善之助（直接）

とある（『考古学雑誌』一一―七　一九二一年三月）。

そうした知識をもって、大正後半から昭和初期にかけての雑誌類を繙いてみると、そこには、たくさんの古瓦や瓦窯址、寺院址に関する三輪の論考を見出すことが出来たのである。別所光一も、三輪の長逝後に、

三輪先生は古瓦の研究についても鋭い観察眼を持たれ、当時、古瓦研究家として知られた足利市の油商丸山瓦全氏とはまた違った科学的な見地からこれらを広く比較研究されていた。

と追想している（前掲追慕記）。また、武蔵野会の女性会員であった川島つゆも、

三輪善之助さんは、入会のはじめから因縁深い人であった。古代瓦の研究に志していられたが、非常に博識で根気のいい方であったので、このごろこそごぶさたしているが、何かにつけて常に教えを乞うていたのであった。

と、思い出を語っている。三輪は拓本の妙手でもあったという（「武蔵野会あれこれ」『鳥居龍蔵博士の思い出』一九七〇年）。三輪の古瓦への入れ込みようは大変なものであったらしく、坂戸市

所在の「勝呂廃寺址から、リヤカー一杯の古瓦を運んだ」という噂を生んだほどであった（織戸市郎「三輪先生のはがき」『武蔵野』五八―二）。

もうずいぶんと以前のことになるが、東京・神田の古書肆で、「武蔵古瓦行脚雑記帳」と「下総国分寺踏査記」と題した二冊の小冊子を入手した。それらは三輪の研究上の備忘録であった。標題のように、武蔵国内の古瓦出土地と下総国分寺の探訪記録である。なかには、三輪が多賀城址や中尊寺、毛越寺、塩竈神社など、東北旅行をした際のスナップ写真、上野国や下野国の国分寺址で撮影した写真、「武蔵国分寺瓦」と註記のある拓本なども挿み込まれていた。直筆の備忘録を手にし、また、写真によって三輪の飾り気のない風貌にも接したことから、私はこの先達の仕事に興味を覚え、手元にある雑誌のバックナンバーのなかに、その報告や論考を探索し、改めて目を通してみたのであった。が、三輪が大きな業績を残した板碑研究など、民間信仰に関する学問領域は、まったく私の疎い部分であって、ただ、その研究意欲の旺盛さに感嘆するばかりで、正直なところ、理解の範囲外といわざるを得なかった。そこで、此処では、二冊の備忘録を紹介しながら、それと関連した古瓦とその出土地（瓦窯・寺院址）についての研究ばかりに限定して、三輪の仕事を回顧・紹介してみたいと思う。

ただ、この三輪の備忘録や写真、さらには稲村担元の記録、既に紹介した「土中之日本」の書写本（『魔道に魅入らせた男たち』一九九九年　雄山閣出版）など、一括袋詰めにしたままどこかに混入してしまった。これは大切だからと特別視したのが、かえって裏目に出てしまったわけである。いっこうに見付からない。野面積みにした書籍や雑誌のなかに紛れ込んでしまったらしい。本稿の発表は、それらを捜し出してからと思っていたが、それでは発表の機会を失うことになってしまうかとも危惧され、敢て小誌に収録することにした。肝心な資料の写真版を提示出来ないことは心残りである。が、三輪の仕事の一端でも再認識して頂けたら幸いである。

二　二冊の備忘録

「武蔵野古瓦行脚雑記帳」は、表記も何もない粗末な和装仕立てで、縦二四・八cm、横一六・八cmを計り、袋綴じ二四丁の小冊子である。それに「武蔵国古瓦発見地畧図」など、各種図面を添付し、古瓦拓本図だけでも一四葉が折り込まれている。最初の一丁は内表紙として白紙で、左下隅に「三輪」の六角印が押捺されているのみである。最後の一丁も裏内表紙の意味か白紙である。そして、二丁目には、

武蔵古瓦行脚雑記帳

本稿は春永政氏と共に大正十二年二月より仝年六月迄の間に武蔵国中の古瓦散布地を遠足したる備忘録であつて古瓦と同時に見聞した事項はなる可く採録した次第であります

大正十二年六月　　　　三輪善之助

と六行書きし、一九二三年（大正一二）二月から同年六月の間に、春永政を伴って、武蔵国の古瓦出土地を探訪した際の記録であることを伝えている。

三輪善之助が、武蔵国内の古瓦出土地の探査を目論んだのは、武蔵国分寺に使用された瓦の製造地を確認したいということからであった。⑫「武蔵野の古瓦」の冒頭に、

武蔵国分寺瓦が何処にて造られたか、私は其製造地を探究すべく数年前に畏友春永政氏と共に武蔵各郡を踏査して、国分寺以外に幾多の未知の布目瓦発見地のあることを知り、奈良朝から足利時代頃までの遺跡のあるを確め得た。

とあって明らかである。「数年前の踏査」が、備忘録に記録された一九二三年の探査を指すことは贅言を必要としな

いであろう。

三丁目からが備忘録であって、まず、「武蔵古瓦発見地名表」、つまり、三輪が武蔵国内で確認した古瓦出土地一四箇所の地名を列記し、各出土地の古瓦の種類（布目・巴・唐草・文字瓦などの別）、推定年代（奈良朝・足利・徳川期の別）、遺跡の種別（寺址・窯址・邸宅址の別）を記載したものである。四丁目以降が個別の古瓦出土地に関する所見であるが、その三丁目と四丁目の間に、「武蔵国古瓦発見地畧図」が折り込まれている。江戸川・中川・荒川・多摩川の諸河川を水色の絵の具で書き込み、鉄道路線と最寄りの駅を加え、古瓦出土地を赤ドットで標示（麹町区丸の内分は未記載）し、地名を略記したものである。その「武蔵古瓦発見地名表」を転載すると、

	地名	種類	推定年代	遺蹟ノ種類
①	北多摩郡国分寺村字国分 国分寺旧址	布目、巴、唐草 文字瓦	奈良朝	寺址
②	北多摩郡国分寺村恋ヶ窪羽根沢 仮楽園	布目、唐草 文字瓦	奈良朝	寺址、
③	北多摩郡国分寺村字金仏堂	布目、巴、唐草 文字瓦	奈良朝	寺址
④	北多摩郡府中町字京所薬師堂	布目、巴、唐草 文字瓦	奈良朝	寺址
⑤	橘樹郡宮前村影向寺	布目、巴、文字瓦 唐草瓦	奈良朝	寺址
⑥	比企郡亀井村大字泉井字新沼谷 及ビ字金澤	布目、巴、唐草、文字瓦	奈良朝	窯址 （国分寺瓦）

⑦　南多摩郡稲城郡（村の誤記）大字大丸字城山及ビ瓦ガイト　布目瓦　奈良朝　窯址
⑧　大里郡寄居町大字末野　布目、文字瓦　奈良朝　窯址
（国分寺瓦）
⑨　北埼玉郡埼玉村大字埼玉字下埼盛徳寺内　布目、唐草瓦　奈良朝　寺址
⑩　入間郡東金子村字小谷田及字新久　布目、巴、文字瓦　奈良朝　窯址
⑪　入間郡勝呂村大字石井字下石井勝呂小学校内　布目、巴瓦　奈良朝　寺址
⑫　入間郡毛呂村毛呂本郷臥竜山出雲伊波比神社内　布目、巴瓦　足利期　寺址
⑬　荏原郡大井町字滝王寺　布目　寺址
⑭　東京市麹町区丸の内　巴瓦　徳川時代　邸宅

といった記載内容である。

⑫入間郡毛呂村（現毛呂山町）毛呂本郷や⑭「東京市麹町区丸の内（現千代田区）など、室町期あるいは江戸期の古瓦出土地も含み、また、⑥比企郡亀井村（現鳩山町）大字泉井例のように、二つの異なる字に所在するものを一括した場合もある。が、原表のままに整理すると、室町期と江戸期が各一箇所で、一二箇所が奈良朝期の古瓦出土地ということになる。その一二箇所の遺跡の種類別内訳は、八箇所が寺院址で、窯址が四箇所である。また、それら一二箇所の所在地を旧郡別に見ると、北多摩郡＝四箇所（国分寺村・府中町）、南多摩郡＝一箇所（稲城村）、橘樹郡＝一箇所

（宮前村）、比企郡＝一箇所（亀井村）、大里郡＝一箇所（寄居町）、北埼玉郡＝一箇所（埼玉村）、入間郡＝二箇所（東金子村・勝呂村）、荏原郡＝一箇所（大井町）となる。北多摩郡に四箇所と多いが、国分寺村（現国分寺市）三箇所のうちに旧武蔵国分寺址が含まれ、府中町（現府中市）の一箇所＝京所では、旧武蔵国分尼寺址としての可能性を認めていたようである。

四丁目からは、前記したように、一四箇所の各古瓦出土地ごとに、三輪の見聞きした事項などを記録している。その四丁目は、北多摩郡国分寺村（現国分寺市）の旧武蔵国分寺址であるが、『江戸名所図会』のほか、『考古学雑誌』や『武蔵野』掲載の関係論考を挙げ、「専門家の研究が充分に発表せられて居る故 今更蛇足の必要がありません」と、三輪の記述は簡略である。三輪の踏査の目的は、その国分寺に使用された瓦の焼成地を探索することであったから、国分寺址には多くの筆を費やす必要がなかったのかも知れない。次に、六丁目の③北多摩郡国分寺村字金仏堂の部分を転載すると、

稲村坦元氏が礎石と共に正中三年と応安七年の板碑を発見せられた地点で現国分寺の西方五町余鉄路を越へた丘の上であります。私共は秩父、高麗、玉（多摩）及横見の文字瓦と巴瓦、唐草瓦を採集しました。そして此横見の刻印は比企郡亀井村で発見した瓦の印影と全然同一であります。同時に礎石の近傍から石斧を得ました。

人類学雑誌三十八の四（大正十二年四月号）武蔵野会の談話会を参照

とあり、「国分寺村金仏堂発見瓦」と朱書きした「高」、「父」、「玉」、「横見」などの文字瓦と唐草文瓦（？）の拓本が添付されている。「人類学雑誌三十八の四……」とあるのは、同誌・「雑報」欄に掲載された、「武蔵野会の談話会」を参照せよということである。記事によると、一九二三年（大正一二）四月二一日に開催された武蔵野会に於ける稲村坦元の「武蔵国分寺の実査談」で、

カネツキドウ、カナブツドウなる二地字あり、周囲には土壁の阯残れり。蓋しこゝに仏堂あり、周には土壁をめぐらしたるものなる事を認むべく、瓦は国分寺のものと同一なり。

などとある内容の談話であった。

各古瓦出土地の記述には精粗差違があるが、⑥「比企郡亀井村大字泉井字金沢及字新沼谷」や、⑧「大里郡寄居町大字末野」の項などは詳細で、古瓦の拓本やその復原図、写真、さらに、附近図や遺構の測図などが添えられている。添附図面の「大里郡寄居町末野窯址」分布図や「武蔵寄居町末野金場、芝崎浜次郎邸内窯址」測図は比較的詳細である。この末野金場窯址の測図（平面・縦断・横断面）は、⑨「武蔵野の古陶窯」に掲載され、その形態と計測値も、「船の如き形」で、「長十尺、巾三尺、深三尺」と記録されている。古瓦拓本は、丁寧に裏打ちされ、一四葉が折り込まれ、別に、「武蔵国分寺瓦」と朱書きし、三輪の六角印を押したものなど二枚が、四つ折りにされて挟み込まれていた。

この備忘録は、一般に墨書きされているが、最後に綴じ込まれた、板碑に関する四枚の東京三越製の用箋部分は、カーボンによる複写が行われている。また数ヶ所に、「村人は此石を菅笠石と称へます」というような頭註が施されるほか、前記した④府中町字京所の項では、「此地武蔵国国分尼寺として最信するに足れり」と大きく朱註されていたりもする。

もう一方の「下総国分寺踏査記」は、縦二〇・八cm、横五三・三cmの用紙二枚を二つ折りにし、中央で紐綴じした薄い冊子で、それに、二葉の拓本が添附されたものである。その宝筐印塔（三輪の朱書きでは、宝筐院塔とある）や出土古瓦の拓本には、やはり、「三輪」の六角印が押捺されている。すでに、インクの色も薄れているが、「下総国分寺踏査記」の標題の右横に、「大正十一年三月廿一日」という記載が読み取れるから、一九二二年三月二一日の踏査記録であることが分かる。現状では、さらに二つ折りにされて、横一三・七cmほどに仕立てられているが、その拓本の折り込み具合や添付されている写真の配置からみて、三輪が作成した段階から、このような体裁に設えたものであったと判断される。

内容は、一頁目に「下総国分寺附近略図」と「下総国分寺現在平面図」を載せ、二頁目に「下総国分寺踏査記」、三頁目に寺伝の鐘銘を収載している。その鐘銘は、本堂に於いて、同寺所蔵の古文書を閲覧した際に、一二五六年（建長八）鋳造という鐘銘の筆写本を見出し、住職の「未ダ学界ノ人ニ見セタルコト無シ」との言によって、写し採ったものと伝えている。四・五頁目には、下総国分寺（薬師堂・鐘楼・礎石・記念碑・明徳四年銘石塔・古文書）や真間山弘法寺（板碑）の写真など九葉を貼附している。踏査記には、とくに問題となる記述もないが、短文であるから、転載すると次の通りである。

大正十一年三月二十一日
所在地、千葉県東葛飾郡国分村大字国分
現在状態、真言宗国分寺ト称ス
　薬師堂、不動堂　鐘楼　庫裏及門等アリ　皆近世ノ再建ナリ
創建当時ノ規模　不明ナリ
古礎石　今薬師堂及鐘楼ノ礎、不動堂ノ階段、記念碑ノ台石等ニ応用セラル
古瓦　布目瓦ノ破片少々境内に散布セリ
　本坊ニ完全ノ瓦当一枚ヲ蔵ス　忍冬模様ナリ
往古遺物　宝篋院塔ノ台石アリ　左ノ紀年ヲ刻ス
　明徳二二（四）年癸酉十二月廿（?）六日
　本坊ニ於テ古文書ヲ披見シ　建長八年鋳造ノ鐘銘写本一通ヲ発見ス（拓本ニ非ズ筆写ナリ）勿論鐘ハ亡失シテ無シ住職ハ宝篋院塔銘及此鐘銘ヲ未ダ学界ノ人ニ見セタルコト無シト云フ

記事は簡略である。四頁目の最後に、「春永様　　三輪善之助」とあり、また、古瓦拓本の右上に「春永様」と鉛筆書きされていることを勘案すると、春永に献呈したものか、その予定のものであったと推察される。が、いまはどちらとも確定し難い。

三　備忘録と武蔵の古窯址

三輪善之助は、著書こそ前記した二冊に過ぎないが、雑誌などに発表した報告・論考は、内容的には多岐に亘り、また、その数も多く、掲載誌も、中央誌から地方誌まで、そうとうに広汎なものがあるから、いま、その全容を把握することは容易ではない。なかでも、板碑に関する論述の数は多い。そして、此処で扱おうとする古瓦の出土地（寺院址・窯址）や紋様についての論考も決して少なくはない。多少の脱漏がありはしないかとも危惧するが、私の確認し得た範囲で、二四篇を数えることが出来た（「論考一覧」参照）。

それらのなかで、⑫「武蔵野の古瓦」が備忘録「武蔵古瓦行脚雑記帳」に基づいて作成されたことは、前に引用した論考冒頭の一節から確かである。また、⑤「武蔵寄居町の窯址」、⑨「武蔵野の古陶窯」、⑲「秩父の古代製陶地」の三篇も、備忘録「武蔵古瓦行脚雑記帳」によることが指摘出来ると思う。②「影向寺寺域発見瓦」と③「影向寺の古瓦」の二篇は、武蔵国橘樹郡宮前村（現川崎市）所在の影向寺と出土瓦に関する論考であり、その影向寺も備忘録に記録されているが、これらは備忘録とは関係しない。つまり、備忘録作成に関わる踏査以前の発表であるから、備忘録に基づくものではないことは改めていうまでもない。影向寺の踏査も、春永と同行したことは、③「影向寺の瓦」の冒頭に

春永政氏より多摩川西岸の古刹を探るから一緒にと誘引を受け初夏の風爽かに新緑相映ずる多摩川二子の清流を渡つた。

とあることで明らかである。この頃、三輪は、春永とともに、各地の古瓦出土地を熱心に探訪していたことが窺われる。春永について私は知らないが、その仕事に「上総国分寺の文字瓦」一篇があることだけは指摘することが出来る（後述）。

ところで、⑫「武蔵野の古瓦」には、すべてで一八箇所の古瓦出土地が掲載されている。備忘録「武蔵古瓦行脚雑

記帳」に記載されている古瓦出土地は、麹町区丸の内の徳川期の古瓦出土地を含めても一四箇所であるから、単純にいえば四箇所が増加していることになる。しかし、⑫「武蔵野の古瓦」では、その麹町区丸の内の出土地が省かれているから、正確には、五箇処が新たに増補されているわけである。その五箇処は、児玉郡青柳村（現神川町）寄島・南多摩郡堺村（現町田市）相原・入間郡山口村（現所沢市）勝楽寺・西多摩郡三田村（現青梅市）御嶽神社・南多摩郡元八王子村（現八王子市）梶原八幡神社である。南多摩郡堺村相原は瓦窯址と考えられ、小学校に保管されている出土瓦から、「国分寺程度の大伽藍の使用品と見て差支はあるまい」との理解を提示している。

記述内容を読み較べてみると、備忘録にある（麹町区丸の内を除いた）一三箇所の古瓦出土地の記載と⑫「武蔵野の古瓦」の当該記事との間に顕著な相違はなく、備忘録によって同論考の大半が構成されていることは確かである。やや煩雑になるが、「比企郡亀井村大字泉并金澤及び新沼谷」の項を、「武蔵古瓦行脚雑記帳」から転載してみると、

東上線坂戸駅から玉川町行の馬車に乗つて途中入間郡苦林で小型の瓢墳円墳数十基を見かけました。墳上には皆葺石があつて石槨の露出したのも見えます。其傍の善能寺には建武三年外沢山の板碑がありました。亀井村から徒歩で泉井に入ると右手に見える金澤寺の南側桑畑には布目瓦と土器片が沢山散乱してゐます。此寺には嘉慶二年と康安二年の板碑がありました。猶進んで新沼谷の丘の裾に窯址があつて布目瓦、磚並に祝部土器の様な鼠色の破片が焼土に交つて無数に出ます。村人の話では嘗て此丘に男一人立ち得る程の穴があつた由それは瓦窯でありませう。

此窯址から発見した巴瓦唐草瓦并に播羅、入間、秩父等の文字瓦は国分寺旧地から発見さるゝものと同じであつて考古学雑誌六の四に対照すればよく判明します。

又豊由島と篦書した瓦が出ました。之れは豊島の古い書き方でありませう。

横見の刻印ある瓦は私共が国分寺村で拾つたのと全然符合します。

以上の証拠で此地は国分寺瓦の製造地なりと断言することが出来ます。

此村でも稀に石器が発見せらるゝそうでした。

とある。引用が長くなってしまったが、このメモが⑫「武蔵野の古瓦」になると、

東上鉄道の坂戸駅から玉川町行の馬車に乗つて、入間郡苦林の古墳群を横切り、亀井村泉井で下車すると字金澤に金澤寺がある。其表門の左側の桑畑は窯址であつて、祝部土器と布目瓦の破片が沢山散乱してゐる。此所から尚奥へ進むと新沼谷の岸に布目瓦、磚、祝部土器が埋まつてゐる。そして武蔵国分寺址から発見する瓦と同一の模様ある巴瓦、唐草瓦等が発見される。又文字瓦に於ても父（秩父）、播（播羅）、入（入間）、横見、豊由島等の郡名があつて、是等も又武蔵国分寺址から発掘さるゝのと同種であるから、此地を以て国分寺瓦の窯址と認定し得るのである。

となる。古瓦と関係のない板碑などの記述が省略され、文章も整理・推敲の行われていることが分る。備忘録のメモを整頓して、⑫「武蔵野の古瓦」の個々の古瓦出土地の記述が行われたことは疑う余地がない。

備忘録に不記載の五箇処については、その後の調査による成果を付け加えたものであろう。例えば、西多摩郡三田村御嶽神社例は、一九二四年（大正一三）八月一六日・一七日に挙行された、武蔵野会による御獄神社の見学旅行に参加し、そこで「巴瓦と剣先花瓦等皆鎌倉時代」の古瓦を実見したことに基づく追補である⑧「御獄山上の遺物」）。南多摩郡堺村相原ほかについては、その確認の時期など詳細を把握し得ない。が、境村相原は⑨「武蔵野の古陶窯」にも記載があり、一九二六年（大正一五）九月以前に踏査したものであることが知られる。

結局、三輪は、この⑫「武蔵野の古瓦」では、自身で踏査・確認した一八箇処の武蔵国内の古瓦出土地を、瓦窯址と寺院址の二種に大別し、比企郡亀井村・南多摩郡稲城村（現稲城市）・大里郡寄居町（現寄居町）・入間郡東金子村（現入間市）・南多摩郡堺村の五箇処を瓦窯址、国分寺瓦の製造地と「仮定」し得たと指摘したのであった。さらに、瓦製造窯址の大部分から、布目瓦に混じって、多量の「祝部土器」（須恵器）が出土する事実にも注目して、

以上の瓦窯址は仏教渡来以前からの祝部土器製造地であつたものが、奈良朝以後瓦窯に代用され、国分寺建設

当時に於ては此鼠色の堅緻なる祝部土器が民衆の日用品に属してゐたと思ひたい。日本の祝部土器と同種の陶器が朝鮮に於て発見さる、と共に上古に於て多数の朝鮮人を武蔵へ移住せしめた事実が国史上に多く見受らる、故に武蔵に於ては祝部土器の製造と寺院の瓦を造る技術は朝鮮人に負ふ所多かりしこと、考へられる。

といっている。須恵器窯の瓦窯への応用と、それらの製造には、半島からの渡来人（百済人）の技術に負うところが多かったと推定したのである。そして、「大体の観察から云へば武蔵の古瓦は朝鮮百済風の感化を多く示すものと云ひ得る」と結論した。ただ、そのなかで、青柳村寄島出土の複弁式蓮華紋巴瓦ばかりは、「天平頃の唐式の作品を学びたる」、「武蔵としては類品少き標本」であると注視している。

なお、三輪は、一九二四年（大正一三）三月二一日に開催された、武蔵野会の「大正十三年度総会」後の晩餐会で、「埼玉県下に於ける布目瓦の焼き跡」について談話し（『武蔵野』七―二　一九二四年八月）、一九三一年（昭和六）六月一四日の見学旅行で南多摩郡稲城村の瓦ヶ谷戸の瓦窯を訪れ、同地の大丸小学校で「国分寺瓦について」講演したこともあった（「南多摩地方見学及び講演会記事」『武蔵野』一七―二　一九三一年一一月）。

⑤「武蔵寄居町の窯址」は、大里郡寄居町（現寄居町）大字末野の窯址の調査記である。この末野窯址は、⑨「武蔵野の古陶窯」でも言及されているし、⑫「武蔵野の古瓦」にも関連した記事がある。さらに、⑲「秩父の古代製陶地」は、「末野の窯址に就ての見聞を、少々述べて見る」と起稿しているように、末野窯址についての論述である。

その末野窯址についての「武蔵古瓦行脚雑記帳」の記述は、

秩父線波久礼駅から近い山麓に窯址四ヶ所を見ました。窯址の一は丘陵の斜面を船形に掘り凹めたもので長十尺巾三尺深三尺であります。之れに似た遺跡は上野国分寺瓦窯なるもの径四尺八寸深五尺にして崖に在つて形状は稍湾形を為したものが上野国新田郡笠懸村鹿田山麓に発見されし旨上毛及上毛人六十四号に載せられてゐます。又河内国山田村中山窯址考古学雑誌六の三所載のものが形状から見て好く似てゐます。末野では布目瓦よりも祝部土器の方が沢山造られたと思しく破片が夥しく散布してゐます。此所から発見した文字瓦の中は考古学雑誌五の十二高橋健自氏論文三十一頁の武蔵国分寺発見文字瓦中と全々同一であるに拠て此所も疑なく国分寺瓦製造地の一であります。猶此附近でアイヌ派縄紋土器と石器が発見されます。

とある。「中」字については、

中は那珂郡の意なりと、末野窯址の発見瓦中に中もありしと云ふ

との朱註を施し、文字瓦の拓本一葉や末野窯址群の分布略図、窯址の写真と測図、須恵器片拓本などを添附している。⑤「武蔵寄居町の窯址」の記事は、

武蔵大里郡寄居町大字末野の渓谷傾斜地数町の間に窯址と認むべき地点四ヶ所散在す其土中焼土に混じて祝部土器の破片夥しく発掘せられ其内に往々布目瓦を交へ瓦面に型押せる「中」の文字を有するものあり、此刻印と同一の瓦武蔵国分寺址よりも発見せらるゝを以て奈良朝頃陶窯にて瓦を作りしものなるなるべきか吾人は同一の例を武蔵比企郡亀井村に於ても実見し得たり、前記四箇所の内大字末野字金場柴崎浜次郎氏邸後斜面に在るもの窯形稍完全に遺存せられたり、即ち巾三尺深三尺長十尺船形に掘り凹めたるものにして附近の土中に多量の祝部土器片を交へたり此柴崎邸の窯形と類似の平面形を有する窯址は河内山田村（考古学雑誌六の三）に在りて坪井良平氏の発見にかゝれり。大字末野は陶野即ち製陶地の意なりとも称せらる、末野はアイヌ派土器と石器を出すこと既に知らるゝ所なり。

というものである。全文を転載してしまったが、内容的にも、備忘録の記載を出るものではない。ただ、他の三篇と較べれば、窯址の写真二葉と測図（平面形・縦及び横の断面図）を併載していることで、窯址の説明としては、考古学的にやや詳細ということ出来るかと思う。

⑫「秩父の古代製陶地」では、「窯業と外国文化」・「武蔵国分寺用の瓦」・「祝部土器の分布」・「祝部の名称」・「末野は即ち陶野」の五項目を立て、各項ごとに詳述している。が、この論考では、「元来窯業地であつたことが、地名の『スエ』で証されてゐる」として、末野窯址を国分寺瓦の製造地としてよりも、「寧ろ祝部窯址として世に紹介し

たい」と強調しているのが注目される。

四　古窯址研究への先学の反応

一九三八年（昭和一三）、武蔵国分寺に関する文字瓦を総括的に検討した宮崎糺は、何故か三輪の仕事にまったく言及しなかったし（「武蔵国分寺」『国分寺の研究』一九三八年）、一九四四年（昭和一九）に、南多摩郡稲城町所在の大丸窯址の出土瓦について報告した原田良雄も、三輪の報告にはまったくふれることがなかった（「東京南多摩郡稲城大丸窯址」『考古学雑誌』三四―六　一九四四年六月）。さらに、一九五三年（昭和二八）の宇野信四郎「武蔵国分寺創建時に於ける瓦について」（『西郊文化』四　一九五三年八月）や、一九五八年（昭和三三）の大川清『武蔵国分寺古瓦塼文字考』でも言及されることはなかった。

どのような理由で三輪の仕事が無視され続けたのか私は知らないが、ようやく、一九六〇年（昭和三五）になって、武蔵国分寺瓦の研究に専心していた石村喜英が、⑫「武蔵野の古瓦」に注目し、

三年一月三輪善之助氏が『武蔵野』に『武蔵野の古瓦』と題して発表されたものは、文字通り文様瓦、文字瓦併せて二十六点を図版とし、『和名抄』所載の郡名二十一郡の大部分の郡名瓦が既に発見されていることに触れて、これ等の古瓦製作地としては、比企郡亀井村、南多摩郡稲城村、大里郡寄居町、入間郡東金子村、南多摩郡堺村等五箇所を仮定し、更にこれ等の古瓦製作技術がその類似文様の存在から、帰化百済人の感化影響或はそれに負うところが大であつたという、注目される見解を述べられたものであつた。殊に三輪氏がこの論文で、従来知られなかつた瓦窯址を紹介され、また帰化百済人との関係をも述べられた点は、それがよしんば新知見ではないとしても、充分推賞に価いするものであつたといえよう。

と記して、初めて三輪の仕事を正当に評価したのであった（『武蔵国分寺の研究』一九六〇年）。

石村が「新知見ではないとしても」ということの意味は、私には明細でない。崇峻天皇紀に、「是の歳、百済国

……瓦博士奈麻文奴……を献る」とある記事以来の理解を指すのだろうか。あるいは、「武蔵国分寺の調査」（『東京府史蹟勝地調査報告書 第一冊』一九二三年）に、「手法ノ朝鮮等ノモノニ類似セルヲ見ル時、本武蔵国内ニ多クノ高麗人ノ移住セル事実ノ連想セラル、モノアリ」という記事を意識しているのかとも思うが、いま判然としない。が、国分寺瓦の窯址も、一九二三年（大正一二）の段階では、南多摩郡稲城村と同郡堺村の二箇所しか確認されていなかったようであるから（前掲報告書）、三輪の論考は学術的に貴重な報告であったはずである。

東金子窯址群の発掘調査を実施した坂詰秀一氏に至って、

東金子窯跡群について触れている早い文献としては、一九一二〈大正元〉年に刊行された安部五郎の『入間郡史』であろう。……まだ、この段階においては武蔵・国分寺の瓦窯跡との指摘は見られなかった。武蔵・国分寺と関係が公けにされたのは、一九二八〈昭和三〉年のことで、それは、三輪善之助の「武蔵野の古瓦」と題する論文においてであった。この三輪の指摘は、一九三一〈昭和六〉年に出版された『埼玉県史』第二巻において、さらに、具体的に示されるところとなった。

と述べ、東金子村所在の古窯址が、武蔵国分寺の瓦を焼成した瓦窯とした三輪の指摘を、武蔵国分寺とその使用瓦の焼成地（瓦窯址）という問題に先鞭をつけた仕事と高く評価したのであった（「埼玉県八坂前瓦窯跡の調査」『武蔵野』四八―一 一九六九年四月）。さらに、坂詰氏は、東金子窯址群に属する新久窯址の調査報告書のなかでも、

この小谷田を中心として散布する布目瓦を窯跡との観点にたって把握され、その性格に関する意見を公けにされたのは三輪善之助氏である。三輪氏は、一九二八年（昭和三）一月発行の『武蔵野』第一一巻第一号に「武蔵野の古瓦」と題する論文を発表され、武蔵国内古瓦発見地として寺院跡及び瓦窯跡一八か所を挙げられたが、その中で、

入間郡東金子村、字新久及び小谷田　武蔵野鉄道の仏子駅に下車、南方の丘陵を越えたところが東金子村である。村内の字新久と小谷田の両地に亘って布目瓦が撒布し、手法幼稚な単弁蓮華紋の巴瓦と共に布目瓦に高

（高麗）、前玉（埼玉）の郡名の文字がある。前玉は『万葉集』や『延喜式』に見ゆる埼玉の古字で、此瓦が奈良朝から平安朝に亘る時代のものと考へられる。今も此辺に瓦を焼く工場がある故に、仮に此地を窯址の部に入れて置く。

と論じられた。ここにおいて東金子村に存在する布目瓦出土地は、武蔵国分寺の造瓦窯跡であろうとの知見が学界に提供されたのである。

と、三輪の⑫「武蔵野の古瓦」を引用して、その仕事を顕彰したのであった（『武蔵新久窯跡』一九七一年）。さらに、坂詰氏は、「武蔵国分寺瓦窯の性格」（『考古学ノート』一 一九七一年一一月）でも、武蔵国の瓦窯の「調査と研究を多角的に展開せられた先学」の一人として、三輪の名を冒頭に掲げているのである。学史を尊重する坂詰氏らしい周到さであったが、武蔵国分寺の研究が進展するなかで、漸次、三輪の努力が認められ、正当に評価されるようになったのは、三輪にとって喜ばしいことであった。

坂詰氏の論考にある『埼玉県史 第二巻』（一九三一年）では、「県内に於ける窯阯」の一節を設け、末野窯址や小谷田・新久窯址などを含み、その記述は克明で。三輪の踏査より一段と精度を高めていることが確認された。三輪が報告し得た窯址は三箇所であったが、『埼玉県史』では、本文の記載で、都合一三箇所の窯址の存在を確認・報告することに成功している。例えば、三輪が⑥「比企郡亀井村大字泉井字新沼谷及ビ字金沢」とした窯址の周辺では、泉井のほかに、須江、奥田、大橋の大字に亘って、数多くの窯址の分布することを確認し、なかでも、「須江は其の名に負へる程、窯業の中心を為したもの」といい、赤貫や升井戸などいくつかの小字の窯址群を一括して須江窯址と呼称している。この須江窯址では、三基の発掘調査も実施したらしい。三輪のいう新沼谷及び金沢の窯址は、別に泉井窯址と呼んでいる。とにかく、三輪の踏査よりは、格段に分布確認の調査が進展していることは間違いない。

個々の窯址に関する記述も、須江窯址・泉井窯址・末野窯址など詳細であるが、その冒頭に、埼玉県内に分布する窯址を概観して、県内にて発見せられた須恵及び瓦の窯阯は入間郡に三箇所、比企郡に四箇所、大里郡に三箇所、児玉郡に一箇所で総計十一箇所の多きに及んで居る。之も集団的に存在する遺蹟は、纏めて一箇所として数へてのことであるから、若も少しく距離の存するものを区別するならば、数十箇所と云ひ得られる。此の内にて比企、大里の両郡に在る窯阯の内には尚ほ旧態を止めて遺構の見るべきものあれども、其の他は或は破壊せられて湮滅に帰し、或は所在尚ほ明かならずして現はれざるもある。

と総括している。私が、「本文の記載で」とわざわざ註記したのは、挿入されている「奈良時代瓦窯所在地図」では、小谷田窯址と新久窯址を区別して、一一箇所が記載されているが、本文中には、地図に記載のない大橋窯址（亀井村字大橋）・赤沼窯址（今宿村字赤沼）・大友出口窯址（寄居町字大友出口）の三箇所が記録されているからである。

なお、⑱「国分寺雑考」は、北多摩郡東村山（現東村山市）の徳蔵寺に所蔵される武蔵国分寺の鬼瓦断片を紹介し、上総国分寺出土瓦についても報告したものであるが、これについても、石村が、

三輪善之助氏は……同じ『武蔵野』誌上に『国分寺雑考』なる小論を寄せて、現に東村山徳蔵寺所蔵の同寺出土の鬼瓦片についても、その復原的考察を行われている。

と記していることも附記しておきたい。

五　備忘録と下総国分寺

次ぎに、備忘録「下総国分寺踏査記」によって執筆されたと思われるのが、①「下総国分寺と鐘銘」と⑥「江戸川越へて」、⑰「下総の国分寺」の三篇である。また、㉓「房総の奈良時代遺物」は、下総国分寺を含む房総三箇国（上総・下総・安房）の国分寺址と下総龍角寺についての論述であるから、当然、下総国分寺に関しては備忘録も参照されたであろうが、三篇と較べれば、もう備忘録の影は薄い感じがする。

①「下総国分寺と鐘銘」などの三篇は、下総国分寺の現状を略記し、出土の古瓦に触れ、一二五六年（建長八）の

鋳造という鐘銘の筆写本と、境内にある「明徳四年癸酉十二月廿六日」の紀年銘をもつ宝篋印塔を紹介したものである。鐘銘筆写本と宝篋印塔は、三輪善之助が強く関心を寄せた遺物であり、とくに、鐘銘筆写本の校訂は三輪の執拗な探求心を物語る仕事であるが、直接、古瓦や寺院址とも関係しないから、ここでは省略する。備忘録には、その宝篋印塔銘文と寺所蔵の軒丸瓦の拓本も添附されて、宝篋印塔銘文の拓本には、「下総国分寺宝篋院塔　大正十一年三月廿一日拓」と朱書きされ、三輪の六角印が押捺されている。軒丸瓦の拓本も同様に六角印の押捺がある。ただ、宝篋印塔の銘文は磨滅が著しく、その多くが判読不可能であったから、活字化されることはなかった。その宝篋印塔は「立派なもの」という評である（⑥「江戸川越えて」）。

三篇とも、鐘銘の紹介・校訂に多くの部分が費やされており、寺址や出土瓦についての言及は少ない。寺域については、備忘録にも「創建当時ノ規模不明ナリ」と書き残しているだけであるから、現地での観察が充分に出来なかったのであろう。従って、①「下総国分寺と鐘銘」では、「布目瓦の散布せる地は古の境域ならん」と推定し、

いま真言宗国分寺と称し、……近世の建築物を残存す。而して是等の小建築に不相応の巨大なる礎石を用ひたるは、往昔の残礎を応用せられたるものなること一見明瞭なるべし。

と、現国分寺の建築物に、旧国分寺の礎石が利用されていることを指摘するだけであった。また、⑥「江戸川越えて」でも、「私は布目瓦の散布で其境域なることを知つた　然し最早奈良朝の規模を見る由もない」と、その変移を慨嘆するばかりで、とくに、旧国分寺の境域についての発言はなかったのである。

が、⑰「下総の国分寺」になると、少し大胆になって、

古への国分寺の境内は随分広かつたものらしく、今の堂宇のある辺から、西北四五丁の馬捨場の辺りにかけ、布目瓦が散布してゐる。今は礎石を原位地に見かけないが、今の寺の諸所に古い礎石が応用されてゐるのを知られる。

と、かなり広い範囲を想定するに至っている。さらに、

下総国分尼寺は、今の真間弘法寺境内の布目瓦の落つる辺かと思はれるが、或学者は、今の国分寺堂宇のある所が、上古の尼寺であつて、馬捨場の畑地の辺が、国分僧寺址なりと云つてゐる。然し何れにしても確証がないのである。

ともいって、真間の弘法寺に尼寺址を想定する理解を提示している。備忘録の「下総国分寺附近畧図」には、

弘法寺境内ニ布目瓦ノ散布ヲ見ル　蓋シ尼寺址ニ擬スベキカ

と記録している。

九年ほどを経過した後の㉓「房総の奈良時代遺物」でも、

現在の国分寺の堂宇のある辺に布目瓦が多く埋没され、又、その西北四五丁の馬捨場の辺にも布目瓦の埋没がある。何れも礎石を原位置に見かけないが、今の国分寺には古い礎石が種々に利用されてゐる。最近の研究家は現在の寺院所在地を、奈良時代の国分僧寺とし、馬捨場の地を国分尼寺としてゐる。勿論之に反対説もあるが、それは後日に論ずることゝする。

と、現国分寺と馬捨場（昔堂）の範囲を国分寺址とする立場を固持し、それらを国分寺址と国分尼寺址と考定する新しい研究に不満がある様子を見せている。

三輪と同じように、君塚好一も現国分寺から馬捨場にかけての広汎な地域を旧国分寺の寺域とする立場であり、その「下総国分寺私考」（『武蔵野』二六—一〇～一二・二七—四・五　一九三九年一〇月～一九四〇年五月）では、縷々説明を加えた後に、

三輪善之助氏が武蔵野誌上に発表した。（読点の誤植？）現在の国分寺境内と昔堂とを僧寺址とする説には、筆者は賛成である。

と強調しているのである。さらに、「『下総国分尼寺址』寺投入推定説を駁す」（『武蔵野』二七—一一　一九四〇年一一月）になると、直接的には中島弁智への反駁であるが、別寺説への批判もいっそう強烈である。

三輪は誰と名指しをしていないが、君塚によると、その「最近の研究家」は平野元三郎や滝口宏先生であり、また、柴田常恵であったようである（前掲論考）。が、滝口先生等の丹念な調査・研究の成果は、国分寺の寺域の問題とともに、弘法寺を尼寺址とする理解も否定してしまった。滝口先生等の論考は、「下総国分寺址考」（『史跡名勝天然紀念物調査』一〇 一九三三年）から始まるかのようであるが、平野・滝口「下総国分寺」（『国分寺の研究』上 一九三八年）が便宜であるから、これによって三輪の理解への批判を紹介すると、

氏の見方を考へるに、一般に寺域は方形をなすのが恒例であるから、仮に昔堂（馬捨場のこと……引用者註）と現在の国分寺境内との両地点を包括する、最少面積の、且つ南面せる矩形の寺域を想定してみるに、……東西約二百四十間、南北約二百二十間となり、通常の他の国分僧寺の寺域より広きに過ぎる事になるのである。吾々は方二町を国分僧寺の通常の寺域面積と考へるから、三輪氏の如く現在の国分寺境内と昔堂とを共に含む方約四丁に亙ごとき広大なる地域を一僧寺の寺域と見做すことに従はぬ者である。

吾々はもし金光明寺境内を旧寺址と認める場合には、昔堂の地と分離して独立の一寺院と見る事に賛成する。

とある。つまり、滝口先生等は、三輪の想定では寺域が広大に過ぎ、従って、現国分寺と昔堂（馬捨場）とは、それぞれ「分離して独立の一寺院と見る」立場に立ったのである。また、弘法寺＝尼寺説に関しては、

氏は弘法寺境内に於ける布目瓦の散布を以て推定の根拠とせられてゐる。併し言ふ迄もなく布目瓦の散布のみでは寺址は決定出来ない。何故なれば、布目瓦の散布するのは必ずしも寺址に限らぬからである。しかのみならず、氏の言う処の布目瓦の散布それ自身も、現在可成りに注意深く弘法寺境内を観察しても、それを認め得ないし、更に弘法寺当局は不思議にも境内に於ける布目瓦の存在を全然否定してゐる

と指摘し、三輪の立論の根拠である古瓦の散布をまったく否定しているのである。

そして、これらの地域の慎重な調査結果に基づいて、一九九一年（平成三）に刊行された「下総」（『新修 国分寺の研究』）では、滝口先生は、

この昔堂一帯の地を尼寺址と断じたのは、昭和七年（一九三二）三月から五月にわたる小調査で、この塚状の前面の畑と塚状の部の東端を小発掘し、基壇の端を検出し、そこから出土した坏数個に「尼寺」の墨書のあることを確認したことに拠る……。

昔堂が尼寺址であると確認できたので、調査を国分寺境内に移し、……本堂裏（北）の墓地内の空地を発掘し、旧規のままと思われる南北にならぶ礎石四個を確認することができたので、これを周辺の状態からおして僧寺講堂址の一部、現本堂の載る土壇を旧金堂基壇の一部として、僧尼両寺址の位地が推定できたのである。

と、下総国分寺と同尼寺の位地を確定したのであった。出土の墨書土器（「尼寺」）によって、「昔堂」の一帯を尼寺址と判断したのは、三輪の提言の四年ほど後のことであった。ただ、この「尼寺」の墨書を施された土器を判断の根拠とすることには、君塚が、

残念乍ら僧寺と墨書された杯の発見されない現在に於て、尼寺と墨書の杯が絶対的に尼寺使用の杯であるとは断言出来ないであろうと思ふ。……尼寺と墨書する杯の出土を以て、尼寺址推定の根拠とするに就いては、慎重に考慮すべき重大事であると考へられる。

筆者は、尼寺と墨書ある杯は、尼寺より僧寺に寄進したるを表示する墨書であると考察するのである。

と主張しているわけで（前掲論考）、いまとなってみると、多少牽強付会の感を否めないが、当時としては、一つの見識であったかとも思う。現在では、現国分寺を国分僧寺址、馬捨場（昔堂）を国分尼寺址とする理解は確定しているようである。

なお、下総国分寺出土の古瓦について、三輪は、

下総国分寺の巴瓦に忍冬唐草を組合はせて、蓮弁を現はしたのがあるが、これは朝鮮慶州の新羅時代瓦等に系統を引くものである。又同寺の唐草瓦にハート形を応用したのも、同じく新羅の瓦によく見る図案であつて、何れも奈良朝の頃に新羅系の技術者の手によつて造られたものと思はれる。

と、彼我の紋様を図示して、朝鮮半島（新羅）との関係を指摘している（①「下総の国分寺」）。そのことは、㉓「房総の奈良時代遺物」でも論及されており、

巴瓦と唐草瓦に於いて、著しく朝鮮新羅の瓦の形式に類似するものがある。例を云ふと忍冬唐草を組合はせて蓮弁を現はしたのや、唐草にてハート形を現はせるもの丶如きは、朝鮮慶州の新羅時代瓦に系統を持つものであつて、一方我大和法隆寺の玉虫厨子にも之れに似た模様が応用されてゐるのである。

などと繰り返されている。

六　三輪と上総国分寺

手許にある二冊の備忘録と、それに基づく三輪善之助の論考に関しては、以上の叙述でほぼ説明し尽したように思う。が、三輪にはなお多くの古瓦や寺院址についての言及がある。②「影向寺寺域発見瓦」や③「影向寺の瓦」、④「安房国分寺趾について」、⑦「常陸国分寺址に就て」、⑮「上総の国分寺」ほかである。三輪の古瓦と寺院址についての深い関心と豊富な知識を理解するためには、それらも紹介することなしに通り過ぎることが出来ないであろう。随所に興味ある指摘がちりばめられているのである。

一九二二年（大正一一）三月、下総国分寺を訪ねた三輪は、四月、やはり春永政を伴って市原市に上総国分寺を訪れている。薬師堂前の桜が満開で、「千年の古へを追想するのにふさはしい風情」の日であったという（⑮「上総の国分寺」）。さらに、一九二八年（昭和三）二月五日にも、再度の探訪を試みたのであった（⑱「国分寺雑考」）。⑮「上総の国分寺」が発表されたのは、一九二九年（昭和四）三月であるが、三輪と同行した春永は、いちはやく、一九二二年のうちに、「上総国分寺の文字瓦」（『考古学雑誌』一三―四　一九二二年一二月）を執筆し、「周」字の刻印された瓦一点を採集したことを報告した。

我等の拾得したる瓦当の模様は既に本誌（九巻二三五頁参照）にも紹介されたるものと同一のもの丶みなりし

が、模様瓦以外に壱個の文字瓦を得たる事なり。……平瓦の小破片にして赤褐色を呈し一度火中したるも、如きも質比較的脆弱ならず、表は普通に見る布目を有し裏面は稍々粗き縄目紋あり此の面上に陽極印にて「周」の壱字を顕はしあるものなり。

とある。「周」字の意味は、「上総国には周准郡あり」、「此の『周准』を略して『周』となし武蔵国分寺の夫の如く此の寺にも用ゐられたる事に想到すべし」と指摘している。文末に、「未だ上総国分寺に於ける文字瓦発見に就て知るを得ざりしに依り茲に報告を為す」とあるのを見ると、この春永の記事が上総国分寺址出土の文字瓦に関する最初の報告であるらしい。引用文中に「本誌（九巻二三五頁）」とあるのは、住田正一「上総国分寺古瓦考」（『考古学雑誌』九—五　一九一八年二月）を指すが、それは紋様瓦四種を報告したものである。

なお、春永のいう「周准郡」は、『倭名類聚鈔』（国郡部）には「周淮郡」とある。偏が三水であるが、奈良朝期、「周准郡」と二水の「准」字が用いられることも多かったらしい。正倉院に収められた調庸関係銘文にも、三例ほどを指摘することが出来るし（松嶋順正『正倉院宝物銘文集成』一九七八年）、『正倉院文書』（二五　一〇一頁）にも「周准郡」とある。なお、「周准（淮）」は、「須恵」と書かれることもあった（『正倉院文書』二五　一一九頁）。

春永は、寺址についても言及している。即ち、

現国分寺も恐くは旧址の一部に建造されたるものなるべく境内には多数の布目を有する廃瓦散乱す。……現薬師堂の南方道を隔てたる田面には宝筺印塔の建てる土壇を存す、此の壇上には土中に半埋没されし礎石の如き大石三四個あり、其の配置等は全く判明せざれ共或は塔址等にてはあらざるか。尚此の外期瞭ならざるも土壇の如きものありて附近は一帯に廃瓦片の散布を見るべし。

とある（春永前掲書）。古瓦の散布から見て、現国分寺は旧国分寺の寺域内に位置し、薬師堂の南方、道路を隔てた田圃のなかに宝筺印塔の立つ土壇が、「或は塔址にてはあらざるか」と推測したが、もう一つ明細ではなかった。

三輪は、⑮「上総の国分寺」では、「復原するにはあまり荒廃し過ぎてゐる」と歎きながらも、それでも伽藍配置

を考察して、

奈良時代の堂塔の配置を仮定するならば、大きな本堂のある地点が講堂其前の小高い所が金堂、尚南東の一群の礎石を七重塔址と見ることができる。

とやや具体的である。さらに、⑱「国分寺雑考」になると、二度の観察に基づいて、

今の大きな本堂のある地点を仮に講堂と見て、其南方松の木の生えてゐる小高い所が金堂、それから其南東の畑中にある礎石の一群が七重塔として、更に南方の墓地と古墳のある附近の布目瓦の出る地点を南大門と仮定すると大体に於て今の大和薬師寺の様な配置を造ることが出来る。

と推察し、いっそう具体的である。また、「礎石の配置の原位置にあるものは塔址だけで」、「凸字形の縦断面を有する荒削りの中心礎石を取り囲んで、数個の自然石の面を少し平にしたのが列んでゐるに過ぎない」が、その「中心礎石の形は、他国のものと較べると、山城国分寺の塔礎石の系統をうけてゐる」と観察が丁寧である。

さらに、出土瓦については、

巴瓦は中房が大きく、九個の蓮子を置き、細い花弁が菊花式に付いてゐる。これは奈良朝の手法のものに相違なく、大和奈良の平城宮の瓦、山城国分寺の瓦にも同一系統のものがある。次に唐草瓦の方は同じく山城国分寺の唐草瓦と全然同形式になつてゐる。

と指摘し、比較資料として、平城宮や山城国分寺の瓦紋様を図示している。

推定される伽藍配置や出土瓦の特徴から、三輪は、

配置から見て唐式伽藍の一群に入るべく、又瓦から見ても奈良朝の直系に属するから、大陸文化の色彩が濃厚である。又唐朝の制度に模倣して建てられたる平城宮の芸術の余韻が此上総までも及んでゐることが知られる。

と結論したのであった。

谷木光之助も、礎石の「凸字形」をなす部分を「造出」と認め、こうした構造は「当代文化の中枢奈良地方に濃密

な分布を示し」、唐草紋瓦も、「三輪氏文中の記載の如き芸術的並に史的価値を有するもので」、「紋様上新羅文化の影響を多分に享てゐる」などと指摘している（「上総国分寺の遺跡と遺物」『房総研究』四　一九二九年三月）。

私は、とくに上総国分寺址の研究史を調べたわけではないので、確かなことはいえないが、古瓦は住田の報告（前掲「上総国分寺古瓦考」）があったものの、寺院址に関しての三輪の仕事は、はやい時期の踏査・研究であったことに間違いないと思っている。が、その伽藍配置についての理解は、容易には受容され難かったようで、一九三八年（昭和一三）に発表された角田文次「上総国分寺」（『国分寺の研究』）でも、

堂塔の配置等に就いては何等知る所がないが、塔址を中心に一二町位まで布目瓦が見られ、寺域は相当大きかつたらしく、『延喜主税式』上にも寺料四萬束と見えてゐるから、他国に劣らぬものであつたらう。

と記述されるに止まっている。

なお、三輪は国分尼寺の故地についても言及していた。即ち、

現在の国分寺境内から東北四五丁の丘の上にある字祇園林には布目瓦を包含せる土壇がある。これは奈良時代の国分尼寺、即ち法華滅罪之寺の址と思はれる。

と、字「祇園林」に国分尼寺址を想定している。角田は、三輪のいう「字祇園林」に引かれて、その探求に時を費やしたらしい。が、徒労に終り、「私の踏査の際、土地の人々にきいて探しても『祇園林』の地名はたうとう分らず」ということであった。結局、通称「ぎつぱら（祇園原）」という土地が「位置から云つても三輪氏の祇園林の地と同一らしい」とした（前掲書）。が、「祇園林」は単純な誤植か誤記であったようで、⑮「上総の国分寺」では「字ギオンバラ」とあり、㉓「房総の奈良時代遺物」には「祇園原」とある。土地の人びとは、「祇園原」を訛って「ギッパラ」と呼称していたのだろう。

三輪の寺院址（遺構）についての考察は、現地を踏査し、現状（土壇や礎石、古瓦片の散布状態など）を観察して得た知見に基づくものであった。いっさい発掘調査を試みていないから、地下（埋没）遺構へは眼が行き届かなかった

ことはいうまでもない。従って、この上総国分寺のように、「あまり材料が乏し過ぎるので一寸因（困の誤植）るが」と、荒廃した状況下では、その規模や伽藍配置を復原するには大変な困難を伴ったはずである。が、そんな悪条件のなかでも、三輪は「大体に於て今の薬師寺の様な配置」を考え、わずかな遺瓦に平城宮址や山城国分寺址出土瓦との関連を読み取ったのであった。その三輪の考察は素朴ではあったが、滝口宏先生が実施した永い発掘調査の結論である、『上総国分寺』（一九七三年）に提示されている成果とよく符合しているのである。則ち、滝口先生が指摘するところも、伽藍配置は「薬師寺式の系統」に属し、創建時に使用されたと思われる「二十四葉鐙瓦とそれと対をなす宇瓦は、平城宮址出土のものに類似する」というものであった。

滝口先生が伽藍配置を「薬師寺式の系統」としたのは、多分に、国司（守）百済王敬福の存在を意識した結果であるらしい。敬福は、七四六年（天平一八）四月、上総守に任命され、五箇月ばかりを在任しただけであったが、この間に、国分寺造営に尽力したことは間違いないだろう。また、上総国内の人びととも密接な交流を持ったであろうことも窺われる。例えば、敬福による陸奥国産金の献納に関連した叙位で、「獲金人」として従五位下を授けられた丈部大麻呂は上総国の人であった（『続日本紀』天平勝宝一年閏四月一一日条）。敬福の陸奥遷任に際して、敬福に随行したように思われる。その敬福が関係したと考えられる寺院が河内国百済郡の百済寺であり、この寺の結構と共通性を認めてのことであるように私考される。実際には、上総国分寺では、東側に一基の塔基壇が確認されているだけであるが、西側（仁王門前）に、「現心礎と同形の礎石一個」が遺っていることを重視し、

設計者は東西両塔様式に拘わるものがあったのではなかろうか、西塔の位置に心礎だけでも据えるという作業をしたものとも考えられる。

と推考している。

滝口先生の後も発掘調査は継続し、現在では寺院地ばかりでなく、政所院や修理院、園院などの附属施設が展開する寺域地も明らかにされて、国指定史蹟として整備されている。伽藍配置は、南大門・中門・金堂・講堂（この堂の

み方位がずれる）が軸線上に並び、中門と金堂を結ぶ廻廊に囲まれた空間の東側部分に、塔一基を配置した大官大寺式であったと結論されている。

七　影向寺の古瓦

『武蔵古瓦行脚雑記帳』に於ける影向寺の記述は、

考古学雑誌十三の二、武蔵野五の三に拙稿があります。発見したのは巴瓦二種と都築の文字瓦であります。又附近の古瓦は国分寺と同じく奈良朝と思ひます。

とごく簡略である。が、ほかに、八葉の蓮華紋軒丸瓦二種と平瓦破片（「都」の文字瓦か）の写真と軒丸瓦の拓本写真が添附され、礎石と推定される「影向石」と呼ぶ大石の略測図も添えられている。大石は径五尺（約一・五m）×六尺（約一・八m）、厚さ二尺（約〇・六m）と計測され、中央部に径八寸（約二四cm）×一尺（約三〇cm）の柱受けの孔が穿たれているとある。

「拙稿」とある二篇は、②「影向寺寺域発見瓦」と③「影向寺の瓦」を指す。その②「影向寺寺域発見瓦」は一九〇〇字足らずの短報で、わずかに単弁蓮華紋軒丸瓦二種と「都」の文字瓦の存在を伝え、「影向石」が「塔礎」と想定されると指摘するだけであった。が、③「影向寺の瓦」では、けっこう懇切な記事となっている。春永に誘われて影向寺を訪ねたという記述の後に、

二子の町を西南に通り過ぎ溝ノ口から左折して台地に添つて南東に進むこと一里弱影向寺台に登ると布目瓦の落ちてゐるので目的地に着いたのを知つた。

寺は神奈川県橘樹郡宮前村に在つて天台宗威徳山影向寺と称し薬師堂鐘楼及庫裏等完備した閑寂な精舎である、……

境内は正しく南面し中央に薬師堂あり、其南西の鐘楼に徳川期の鐘が懸けてある、そして薬師堂の東北隅に銀

杏の一巨樹が茂つてゐる、門前の東側にも大槻樹一株あり根元に影向石と称ふる巾五尺長六尺厚二尺程の楕円形の石がある、中央に穴を穿つた様子から見ると古の礎石であらう、寺域には布目瓦の破片が広く散布して居るのと此礎石とから推して往古一大伽藍の在つたのを想像するに足るが勿論其配置なぞは不明である。

本坊に蔵する境内出土の巴瓦二種の内其一は雄健に単弁式蓮華紋の周囲に波紋を配し中房小さく七個の蓮子を置く、又他の一は波紋なき単弁蓮華紋に大なる中房あり十三個の蓮子を持ち武蔵国分寺の奈良朝瓦に比較して遜色なき優品である、同じく寺内発掘の平瓦に都と篦書されたのは都筑郡を意味するものらしい、……

……武蔵国分寺は多摩川の北方約一里の地点にあり……影向寺は同じ川の南方略一里にありて……両寺其国宝の薬師仏を安置し、布目瓦文字瓦の手法さへ相似たる事より武蔵野の貴重なる史蹟として此影向寺を保存したいものと思ふ。

とある。ここでも長い引用になってしまったが、大正頃の影向寺の風景を伝え、同寺に保存されている軒丸瓦二点と、「都」字の篦書きされた瓦片の拓本を巻頭口絵で紹介し、武蔵国分寺との関連も想定するなどのことがあった。⑫「武蔵野の古瓦」の記事も、③「影向寺の瓦」と大きく異なることはない。が、単に「礎石」としていた「影向石」を「塔の中心礎石」と限定したことや、七個の蓮子をもつ単弁蓮華紋瓦は「大和の飛鳥時代の巴瓦の模製と思はれる」といい、一三個の蓮子を有する単弁蓮華紋瓦は、「大和地方の奈良時代に流行した複弁式の感化をうけたものらしい」と指摘しているのが新しい所見であったといえよう。

影向寺附近は縄文時代の遺物が散布する土地でもあり、三輪も石斧を採集しているが、その三輪に先行して、一九一八年（大正七）九月に、谷川（大場）磐雄も踏査している。「楽石雑筆」に、

九月二十九日　堀田、山内二氏と共に採集す。道順は目黒↓祥雲寺山↓下沼部↓影向寺↓野川にして、……影向寺裏にて遺跡発見、石鏃採集。……

と記録している。ただ、寺院址には気が付かなかったのか、まったく言及していない。同行の「堀田、山内二氏」と

いうのは、堀田璋一郎と山内清男さんであろうか。また、同年一二月にも影向寺を訪ねている。この時にも古代寺院の存在には考え及ばなかったらしい。「影向石」と思われる石についても、

又ここに足跡の石ありてこれにたまりし水を目につければききめありという

などと俗信を伝えるばかりである。礎石との認識はいっこうに示されていない。一九二二年(大正一一)一〇月に至って、ようやく古瓦の散布に注目したようである。

畑中より境内へかけて採集す。布目瓦の採集物多し。……坂道を下るに飯塚蓮華紋ある巴瓦を得つ、喫驚してゆずりうけぬ。

とあって、初めて古代瓦の出土を記録している。

この軒丸瓦の発見を契機に、影向寺出土の古瓦に学問的関心を寄せるようになったらしい。一九二三年(大正一二)二月にも影向寺に赴き、調査の結果を「楽石雑筆」のなかで、「影向寺の研究」のタイトルでまとめ、古瓦と「影向石」についてかなり言及している。その部分を転載すると、

まず最初に寺内にゆき住職に逢い古瓦を見せて貰いたり。その数は巴瓦二個、平瓦完全一個破片数個、文字瓦破片一個なり。巴瓦の中の一個は蓮弁卵形三重装飾ありて八個、子房不規則にて一三個、製作やや退歩的のところあり。色は淡黄褐色、一個はそれよりやや大にして蓮弁八個卵形各々蕊に楔状線を現わす。子房は七個規則正しく、周囲にデイグザグ文様をめぐらす。外と文帯との間三分製作雄健色は薄墨色なり。文字瓦は灰色の平瓦の表面に都とヘラ書きせるもの、都筑郡の意なるべし。その外格子目文様、網形文様、縄目文様をあらはせる平瓦片あり。又一個の平瓦破片には裏の布目を施せる部分に約一分の隆起帯を施せるものあり。蓋しひっかけの為に設けしにや。……

寺にカバンをおきて影向寺礎石を測定す。石質は蛇紋岩の如し。蓋し塔の礎石か。

とある。

この影向寺の古瓦などについての所見は、同年中に、「影向寺発見の古瓦に就いて」(『武相研究』三・五・七)にまとめられたらしい。が、『大場磐雄著作集』には収録されておらず、また、手許の『武相研究』も端本で、該当する号を欠いているため、いまのところ閲覧出来ないでいる。『史跡名勝天然紀念物』(一―一二 一九二六年一二月)にも、「影向寺に就きて」が掲載されていて、そこには出土瓦の記録と文字瓦(「都」)についての考察が提示されている。

大場と前後して、山中笑や上羽貞幸なども影向寺を踏査している。上羽は、一九二一年(大正一〇)頃と翌二二年(大正一一)の終りか二三年の初めにこの寺を訪れているが、二度目の踏査は、集古会での山中等の話に触発されての探訪であったらしい。三輪の②「影向寺寺域発見瓦」は閲覧しており、「影向石」について、「足跡石の礎石なるべしといふ御説を賛同いたしました」などと書き残している(「遺跡巡りと影向寺」『考古学雑誌』一三―六 一九二三年五月)。また、石野瑛『武相の古代文化』(一九二四年)に、大場採集の古瓦という三点の拓本が紹介されているが、その軒丸瓦一点は大場が飯塚から譲り受けたものとしても、他の一点は、すでに三輪が紹介している影向寺所蔵の資料のように見受けられる。「都」の篦書きのある平瓦は、田沢金吾「古瓦(奈良時代)」(『日本考古図録大成』一六 一九三三年)に拓本図版が収載されている。

八 他の寺院址や古瓦の研究

④「安房国分寺趾について」は、いうまでもなく、千葉県安房郡館野村(現館山市)所在の安房国分寺址の踏査記である。「天平の故址を其区域内に求め得べし」と古瓦の散布地を実査しているが、「旧伽藍の久しき以前に廃絶せし為め 遺物乏しく瓦片又少し」と歎かなければならなかった。それでも、国分寺所蔵の単弁式蓮華紋瓦一点と「礎石」と伝えられる石塊を紹介している。遺構の遺存状態はきわめて悪く、滝口宏先生の発掘でも、金堂址と思われる東西約二二m、南北約一五mを計る基壇基礎が検出されているだけで、伽藍配置などまったく不明であった(『安房国分寺第三次調査概報』一九七九年)。

⑦「常陸国分寺址に就て」は、一九二四年（大正一三）頃、茨城県新治郡石岡町（現石岡市）に国分寺址及び国分尼寺址を訪ねた折りの記録である。「僧寺尼寺共に其配置大安寺式にして」、採集される古瓦は、僧寺址の忍冬・唐草瓦が「最優秀」で、尼寺址検出の「十八弁蓮華紋巴瓦は僧寺の巴瓦と同系統に属す」などと指摘している。僧寺の講堂址では、遺存する礎石一八個を確認し、講堂が五間三面、間口四五尺（約一三・六m）、奥行き二七尺（約七・九九m）ほどの建物であったと想定した。その礎石配置図は、太田静六「常陸国分僧寺阯考」（『考古学雑誌』三〇—四　一九四〇年四月）とは基本的な相違があるが、柴田常恵「常陸国分寺阯」（『史跡名勝調査報告』四　一九二七年三月）や広瀬栄一・角田文次「常陸国分寺」（『国分寺の研究』一九三八年）、堀井三友『国分寺址之研究』（一九五六年）掲載の配置図と比較すると、粗略とはいっても、その概要は捉え得ているように思う。もっとも、柴田以来の礎石配置図は、礎石そのものが、一九〇三年（明治三六）から一九二一年（大正一〇）の間に、他所から移し置かれたものではないかという重要な疑問が斎藤忠先生によって提示されているので（『常陸国分僧寺の堂塔跡と寺域の研究』（一九八一年））、三輪の場合も、踏査時点での現状観察というほどの意味しかもたないのかと思われる。

また、あの弥生文化の優れた研究者であった森本六爾の夫人、森本ミツギに、

> 単に板碑のみに止まらず、氏は多趣味の方で、奈良時代の仏教遺物にも関心を持たれ、古瓦とサッサン芸術の面白い比較を試みられたりしてゐる。サッサン芸術と奈良朝遺物との関係に就いては既に三宅博士も之を説かれ「法隆寺四天王文錦旗」と題する名論文があり、鳥居博士も又言及されてゐるが、今日絶えて其の方面の研究者もない折柄、極めて篤学な方と考へられる。

という三輪への評言がある（「考古学者を語る　三輪善之助氏」『考古学』二—一　一九三一年二月）。森本のいう古瓦と「サツサン芸術」との関係を論じた考察としては、⑩「関東の古瓦模様とサッサン芸術」や⑪「瓦当の珠紋帯と其起原」などが思い出されるが、「羽翼を付したる冠帽」（『考古学』一—一　一九三〇年一月）も、ササン朝文化と我が国古代文化の関係を論じた論考といえるであろう。

⑩「関東の古瓦模様とサッサン芸術」では、我が国の古瓦模様の源流を辿ると、（A）印度系と（B）西域系に分類され、その（B）西域系は西域ペルシア地方の忍冬唐草などを応用した類が属し、相模曹源寺（宗源寺）の忍冬模様や下総国分寺瓦の「ハート形忍冬紋」、さらには、下総国や駿河国の国分寺の「葡萄系の唐草紋」などに、ササン朝芸術の影響を著しく受けたと認められるとしている。そして、「都に遠き関東の寺々の瓦にまでも其消息が窺はれる」と指摘したのであった。⑪「瓦当の珠紋帯と其起原」では、珠紋帯＝「多数の圓点を環状に連続配置した意匠」が、

支那六朝から隋唐の頃に於てペルシア、サッサン式の織物によつて始まり、其感化が我国の白鳳期以後の絵画及び瓦當模様に現はれたること、又珠紋帯なるものはペルシアに起原を発し、東に於て中央亜細亜、支那、日本に伝播し、西方には遠く埃及に於ても愛用されたかと思はれ……、少くとも支那に於て此意匠の流行を来したのはペルシア、サッサン朝芸術品に暗示を得て之を広く模倣応用するに至つたものと云ひたい

と指摘している。

古瓦に関しては、ほかに、⑭「瑞雲紋の瓦」や⑯「奈良朝瓦の一種に就て」、㉒「関東の古瓦と新羅瓦」などがある。⑭「瑞雲紋の瓦」は、平城宮址や下野国分寺址出土の古瓦に認められる雲紋は、中国洛陽の石窟刻画像や唐代の月桂鏡に見える雲紋と同系であり、正倉院や法隆寺の宝物中にも雲の模様を有するものは、それらが推古朝以降に、「唐人の描いた雲の画を見て……早速自ら雲を絵画化することを得た」と指摘した論考である。また、⑯「奈良朝瓦の一種に就て」は、唐草模様のなかに、「百合の花を図案化した様な」、「一種異れる唐草模様のある古瓦」があり、その事例は相模国分寺址や筑前国分寺址、大和法隆寺出土の古瓦に見ることが出来る。その「百合花形唐草」は、唐代の画家閻立本の帝王図にある衣服の模様に由来し、従って、

日本の古瓦に此系統の模様あるは、即ち支那唐の影響であり奈良朝以降に於て流行したもの思つて大体差支なしと信ずるのである。

と結論したものである。

「奈良朝瓦の一種に就て」

㉒「関東の古瓦と新羅瓦」は、韓国慶州発掘の新羅統一時代（六五四〜九三五年）の古瓦に、関東地方出土の古瓦と「類似点の多きに心付いた」として作成した論考である。即ち新羅瓦に見る紋様は、「千差万別で」、「独創的考察と見られる」ものがあるが、その「菊花の如き一八弁の花を置き、中房には又六弁の小花を描い」た、「花中に花を重ねる」手法は、「常陸国分尼寺の菊花様十八弁と、同意匠であり、中房に六弁の小花を置く点は、武蔵国分寺瓦と、合く同一の考案である」という。また、「中央は八弁復案（ママ）の蓮花紋を配し、其周囲に忍冬唐草から考案したるに心臓形（ハート）を連続的に置いてゐる」「心臓形模様」は、下総国分寺の唐草瓦のなかに「全然同一の図形を見出すことが出来る」としている。さらに、「三個の細線で、一弁を形作つてゐる」例は、下総国分寺瓦のなかに同一意匠のものが見出されると指摘している。つまり、三輪は新羅瓦の紋様と関東地方の奈良朝期瓦は、「極めて親密なる類似点を、甚多く有してゐる」ことに注目して、

関東の古瓦に、斯く朝鮮新羅の瓦に類似する模様の多いのは、彼等帰化人の、技術の加わはつてゐる

ものと、私は解したいのである。

と主張したのである。関東地方へは、朝鮮半島からの渡来人の移住も多く、「朝鮮僧が寺院建立の工事に参与したもの」と推定した。

もっとも、新羅瓦の我が国の古瓦への影響については、少し前に石田茂作も指摘しており、「奈良時代の文化圏に就いて」(『考古学雑誌』一六―一　一九二六年一月)に於いて、

瓦に見える新羅文化の影響は、……出雲吉備地方と、関東に特に多く且つ明瞭に見る事が出来る様に思ひます。誰でもすぐ判る例として下総国分寺のもの、ハート形を存(捹の誤植)らへた如き唐草瓦及び花瓦の文様、それは新羅半月城のものと実によくにてゐる、又常陸国分寺、磐城中村廃寺、多賀城の如きは最も新羅臭いものであります、……

などと、関東・東北の古瓦に新羅芸術の影響が濃いことを指摘していた。三輪自身も、一九二九年(昭和四)七月の段階で、この石田論考も参照しながら、

下総国分寺の巴瓦に忍冬唐草を組合はせて、蓮弁を現はしたのがあるが、これは朝鮮慶州の新羅時代瓦等に系統を引くものである。又同寺の唐草瓦にハート形を応用したものも、同じく新羅の瓦によく見る図案であつて、何れも奈良朝の頃に新羅系の技術家の手によつて造られたものと思はれる。奈良時代に関東地方へ新羅人の移住したことが古史にも見ゆる故に、此下総に新羅式の作品のあるのも、敢て無理ではない。

と、新羅系の古瓦が、その渡来人の技術によって製作されたものであることを指摘していたのである⑰「下総の国分寺」)。

九　三輪の晩年

三輪善之助には、ほとんど知られていないが、極く少数の古墳や埴輪、経筒などについての言及もある。ただ、い

ずれも簡略な記述に終っており、特に論評する必要もないかのようである。が、それらのなかで、「長門見島の遺跡」（『考古学雑誌』一四―三　一九二三年一二月）ばかりは、山口県教育委員会『見島綜合学術調査報告』（一九六四年）に言及がある。三輪の短い報告の一節を引いた後に。

恐らく、この報告にも刺激されたのであろう。大正一五年七月には、山口高等学校の歴史教室の人々は、古墳の調査を行った。すなわち、匹田直・弘津史文・小川五郎・三宅宗悦の諸氏の面々であり、同月二三日に現地を調査した。

と記して、三輪の報告に触発され、歴史教室による踏査が行われたと推量している。

三輪の最晩年と長逝の折りには、一九四三年（昭和一八）以来の住いである、豊島区高松町三丁目九番地に近く居を構えていた篠崎四郎の夫人が、なにかと関係することがあったらしい。『日本金石文の研究』（一九八〇年）の「あとがき」に、

三輪氏は昨年十一月十二日池袋長汐病院で、九十二の長寿を以て逝去されたが、筆者の老妻が老人福祉から入院のことなどお世話もし、御臨終の水を差し上げた。いずれ板碑のみならず、庚申塔や月待供養塔などの庶民金石文開拓の功績も大きいことを何かに記録する所存である。

と伝えている。なお、三輪の蔵書は、長逝後に、豊島区の図書館に収蔵されたという。

最後に、参考のために、私の知り得た、三輪の古瓦とその出土地（瓦窯址・寺院址）に関する「論考一覧」を提示しておくこととする。

① 「下総国分寺と鐘銘」（『考古学雑誌』一二―九　一九二二年五月）
② 「影向寺寺域発見瓦」（『考古学雑誌』一三―二　一九二二年一〇月）
③ 「影向寺の瓦」（『武蔵野』五―三　一九二二年一二月）
④ 「安房国分寺趾について」（『考古学雑誌』一三―七　一九二三年三月）

⑤「武蔵寄居町の窯址」（『東京人類学会雑誌』三九―二　一九二四年二月）
⑥「江戸川越へて」（『武蔵野』七―二　一九二四年八月）
⑦「常陸国分寺に就て」（『考古学雑誌』一四―一四　一九二四年一一月）
⑧「御獄山上の遺物」（『武蔵野』七―五・六　一九二五年四月）
⑨「武蔵野の古陶窯」（『武蔵野』八―四　一九二六年九月）
⑩「関東の古瓦模様とサッサン芸術」（『史跡名勝天然紀念物』二―一　一九二七年一月）
⑪「瓦當の珠紋帯と其起原」（『考古学研究』二　一九二七年一二月）
⑫「武蔵野の古瓦」（『武蔵野』一一―一　一九二八年一月）
⑬「筑波根雑考」（『武蔵野』一二―三　一九二八年九月）　※　三輪小陽名
⑭「瑞雲紋の瓦」（『史跡名勝天然紀念物』四―一　一九二九年一月）
⑮「上総の国分寺」（『房総研究』四　一九二九年三月）
⑯「奈良朝瓦の一種に就て」（『史跡名勝天然紀念物』四―五　一九二九年五月）
⑰「下総の国分寺」（『武蔵野』一四―一　一九二九年七月）
⑱「国分寺雑考」（『武蔵野』一四―六　一九二九年一二月）　※　三輪小陽名
⑲「秩父の古代製陶地」（『武蔵野』一五―一・二　一九三〇年一月）
⑳「相模国分の冬」（『武蔵野』一五―三　一九三〇年三月）
㉑「大森町川端発見の板碑と古瓦」（『武蔵野』一七―二　一九三一年一一月）
㉒「関東の古瓦と新羅瓦」（『武蔵野』一九―二　一九三二年八月）
㉓「房総の奈良時代遺物」（『考古学』七―五　一九三六年五月）
㉔「関東地方の出土の文様瓦に就いて」『夢殿―綜合古瓦研究―』（第二分冊）　一九三九年

第四篇　信濃考古学会の主宰者～神津猛小伝～

一　神津への関心

神津猛と両角守一の二人は、長野県、とくに佐久と諏訪地方に於ける考古学界の先達である。私が、二人の名を知ったのは、藤森栄一さんの「遙かなる両角守一　～信濃考古学会始末～」（『考古学ジャーナル』二九　一九六九年二月『遙かなる信濃』一九七〇年に再録）を読んでのことであった。一九六八年（昭和四三）の夏、私は、一夜を藤森さんの旅館「やまのや」に宿泊し、親しくお話しを聴く機会を持っていたので、藤森さんの書かれるものは、眼に付く限り拝読していたことであった。その頃の私は、機会があれば、学史に残る著名な遺跡や、貴重な遺物を収蔵している博物館を訪ね廻っていた。長野県内では、尖石遺跡や平出遺跡、大深山遺跡、信濃国分寺址などを訪れたことが想い出される。岡谷の蚕糸博物館にも立ち寄ったが、そこでは、華麗な縄文式土器群よりも、岡谷製糸全盛期の紡績機器に目を見張った記憶がある。

神津猛（小諸市・藤村記念館蔵）

藤森さんを訪ねたのは、出掛ける直前に、直良信夫先生に「尖石遺跡辺りを見学してきます」と告げたところ、「それでは紹介状を書いてあげるから、諏訪に藤森さんを訪ねなさい」といわれての訪問であった。藤森さんのお名前は、『井戸尻―長野県富士見町における中期縄文時代遺跡群の研究―』（一九六七年）によって存じ上げていたが、まさか藤森さんをお訪ねするとは、当初の私の計画にはなかったことである。多分、学問的に行方の定まらない私に対する直良先生のご配慮であったのだろう。

一九六八年（昭和四三）では、未だ東富士周遊道や中央自動車道は敷設されていなかったから、いまと違って、信州・諏訪はずいぶんと遠い土地であった。真夏ではあったが、尖石遺跡を見て、諏訪大社（下社）に廻り、諏訪湖を眺めたりしているうちに時を過ごし、「やまのや」に到着したのは、夕暮時も過ぎた頃であった。

出迎えてくれた女性の話では、少し前から健康を害されていた藤森さんは、もう床につかれたということであったので、「では明朝にでも」と紹介状だけをお渡ししておいた。が、夕食を終ると、「藤森がお待ちしております」と、奥の新築間もないような部屋に案内され、藤森さんにお会いすることが出来た。お話しの詳細は、五〇年もの歳月を経過したなかで、すっかり忘れてしまったが、廊下に、石器のいっぱいに詰まったショー・ケースが並んでいたこと と、「せっかく考古学の道を選んだのだから、最後まで頑張りなさいよ」といわれたことばかりが記憶に鮮明である。いまになって考えると、あの石器群は曽根の石鏃や石刃だったのかと思う。

両角守一については、「遙かなる両角守一～信濃考古学会始末～」に詳しいし、斎藤忠先生の『郷土の好古家・考古学者たち 東日本編』（二〇〇〇年）にも言及がある。藤森さんは、少・青年期に両角との交流があったということで、文献からは知り得ないような機微に触れての評伝であって、もう、私が口を挟む余地は遺されていそうもない。ただ、信濃考古学会との関係だけでいえば、両角は、「文字を刻める祝部土器に就て 附 上代に於ける文字考」（一年二輯 一九二九年一〇月）ほか三篇の論考を寄稿し、会の運営費として、二度に亘る寄付をするなどのことはあったが、同人に加わったのは二輯刊行の頃であったから（一年二輯）、信濃考古学会の設立と会誌の創刊は、八幡一郎先生の協力を得て、神津が独りで遂行したことが確かである。藤森さんは、両角が神津と協力し、八幡先生のバックアップを得て、信濃考古学会を旗揚げしたように伝えているが、この点だけは訂正を必要とすると思う。私は、信濃考古学会と『信濃考古学会誌』を創刊・創設し、その存続を叫び続けたのは神津を措いてほかにはないと考えている。ここでは、その神津について紹介してみたいと思う。

もっとも、藤森さんも、「神田さんと森本先生」（『かもしかみち以後』一九六七年）では、「上田の神津猛さんの主唱を、八幡一郎先生がバックアップして、信濃考古学会という研究者の団体ができ、『信濃考古学会誌』という会誌がでた」と書いているから、神津の「主唱」によることは充分承知していたはずである。また、藤森さんは、「神津家伝―神津猛を中心に―」（『縄文の八ヶ岳』一九七三年）のなかで、

> 幼稚舎（慶應義塾の幼稚舎……引用者註）で明治新思潮である新平民資本経済を学んだが、同じくらいに、坪井正五郎博士と柴田常恵、上田三平、江見水蔭などがこもごもたって講義する探険的考古学に心をおどらせた。

と、神津の考古学への関心が、幼稚舎時代に芽生えていたかのように伝えている。残念ながら、私は、神津が江見や上田の講演を聴講したという事実を確認し得ていない。また、坪井や上田、とくに上田の考古学を「探険的考古学」と呼べるだろうか。江見の場合は、その著作『地底探検記』（一九〇七年）や『探険実記 地中の秘密』（一九〇九年）を読むとき、充分「探険的考古学」という感想に共感できる。大場楽石（磐雄）も江見の著作を読んで、「血湧くを覚え」たと回想しているが（「大東京湮滅遺跡雑記」『ミネルヴァ』一―六・七 一九三六年八月）、官庁を背景とした上田の仕事は「探険」とは縁遠い印象である。

一九七一年（昭和四六）に、長野県考古学会は、藤森さんを司会として、「座談会 佐久の考古学―東信の考古学研究史―」を開催した。その折り、竹内恒は、

> ここでも坪井博士に啓発されて始まっています。地元では神津猛、小林好朗、神津新助、千野喜十郎の諸氏。

と述べて、佐久地方での考古学研究は坪井に啓発され、神津等の活動が始まったといっている。さらに、神津については、

> 北佐久郡志賀村出身で、赤壁の神津と呼ばれ島崎藤村のパトロンだった。

藤村が去ってから後で考古学を始めたわけですが、あの銀行業務の行き詰りの中にあって、昭和元年氏が四五才の時に信濃国分寺古瓦の研究を発表しています。昭和三年まで銀行建直しの苦闘のかたわら、上田附近の考古学調査を行い、信濃考古学会誌を発刊、昭和三年に銀行を辞した後は上田北校と八重原の須恵器窯址の研究を始め多くの報文をものにされています。しかし財政的な再建が不可能となり昭和七年には東京に転住されてしまった。

と回顧している（『長野県考古学会誌』一二 一九七一年一〇月）。

が、坪井の来訪に触発され、神津の考古学的活動が始まったとするのはどうであろうか。また、信濃国分寺瓦の研究成果の発表のことも私は知らない。坪井の長野県佐久地方への探訪は、一八九六年（明治二九）八月のことであった。いま、その詳細な記録は伝えられていない。一〇月四日に開催された人類学会第一一九例会で、坪井は「信濃ノ石器時代遺跡」を談話しており（『東京人類学会雑誌』一二七 一八九六年一〇月）、この折りの旅行談かと推察されるが、活字化されることはなかったらしい。確かに、坪井の探訪が佐久地方の人びとの間に、少なからぬ刺戟を与えたことは事実である。人類学会に入会した人びともいたし、遺跡所在地に建碑の議も興り、南佐久郡中瀬村（現佐久市）の有志たちは、その和田上遺跡の所在を明示するために、碑銘を坪井に依頼し（「信濃国瀬戸石器時代遺跡碑銘」『東京人類学会雑誌』一四六 一八九八年五月）、実際に碑が建てられてもいる。が、神津が考古学的活動を始めたのは、六年も経過した一九〇二年（明治三五）になってからのことであった。その直接的影響をいうには、少し間が開き過ぎているように私には思えるのである。むしろ、一九〇〇年（明治三三）の松本に於ける「松本人類学会」の発足が、東信の佐久にもと、神津の心に考古学という学問の火を灯す契機となったのではないかと推量している。ただ、資料的裏付けを持っているわけではない。

また、竹内の発言に関連して、『信濃考古学会誌』を「日本考古学の地域的研究雑誌の最初」と評したのは、身贔屓として許せるとしても、実際には、はやく、一八九六年に『北陸人類学会志』が刊行されているのである。さらに、八幡一郎氏のバックアップもあったが、松本の堀内千萬蔵、諏訪の両角守一氏が中心となり、千曲川方面を舞台に始められた。

とあるのは、神津の渾身の努力のためにも、〈八幡先生の協力を得て、神津が考古学会を立ち上げ、会誌を発刊し、同志を募り、千曲川地方を舞台に研究を始めた〉と訂正されなければならないと思っている。

二　松本人類学会の活動

信濃考古学会に先立って、一九〇〇年（明治三三）一〇月に、東筑摩郡松本町（現松本市）に、松本人類学会が誕生したことがあった。坪井正五郎は、直ちに、一〇月七日開催の東京人類学会第一六回創立記念会の演説で、

松本には新に松本人類学会が設立に成りました。健全な発達を祈ります。

と、各地の既設人類学会が振るわないなかで、強い期待を寄せたのであった（『東京人類学会雑誌』一七六　一九〇〇年一一月）。

この松本人類学会は、山崎重四郎や寄藤好実等一五人を発起人として発足したのであった。増田謙吾が人類学会に寄せた書簡によると、

会長閣下御来松の節は御厚教に預り奉感銘候　寔に此回の御講義は従来の迷夢を破り斯道の着眼点を多大ならしめ候　其後山崎（重四郎）君寄藤（好実）君等の御熱心にて松本人類学会の創立に尽力致され候間　他日成功の事と歓居候

とあって、同年八月に実施された、信濃教育会支部東筑摩交詢会主催の人類学講習会を契機とした創設であったことが伝えられている。また、寄藤も「松本人類学会規則」を寄せて、「来月は総会開度旨申合ひ居候」と報告している（「松本人類学会の設立」・「松本人類学会規則」『東京人類学会雑誌』一七四　一九〇〇年九月）。

なお、その『東京人類学会雑誌』の入会者名に、

長野県松本町　　増田謙吉氏

とあって、松本町の増田謙吉が人類学会に入会したと記録されている。坪井が紹介者である（同前）。が、この「増田謙吉」は「増田謙吾」の誤植ではないかと思う。「増田謙吾」なら、松本人類学会の設立を東京人類学会に伝えた当人であり、一〇月の発足会の折りに、会長に就任する洞沢諌吉とともに「有明村古墳所在地瞥見談」を講話し（『東京人類学会雑誌』一八〇　一九〇一年三月）、また、「信濃国有明村古墳所在瞥見録」を発表しているが（『東京人類学会雑誌』一八一　一九〇一年四月）、「増田謙吉」はまったくほかに所見がない。一九〇三年（明治三六）一二月現在の「東京人類学会々員宿所名簿」にも、「増田謙吉」の記名はない。もっとも、「増田謙吾」の名も存在しないから、いずれにしても、増田はごく短期間で退会してしまったと推察されるのであるが。

松本に於ける人類学講習会は、信濃教育会部会東筑摩交詢会が主催し、坪井を講師として開催されたものであった。八月五日から一九日まで、一五日間で一五講、計四五時間に及ぶ長期間・長時間の講習会である。一五日（第一一講）以降は、参考品展覧会も併設され、坪井は、日々、参観者のために、別に一時間の説明をしたという。この間、松本小学校女子部同窓会（五日）や講習会参加者茶話会（一四日）、実業家団体以徳会（一五日）ほかの諸団体で講演するなどのこともあり（「松本に於ける人類学講習会」『東京人類学会雑誌』一七四）、坪井の奮迅の努力によって、急速に、松本地方の人びとの間に人類学（この場合は考古学）への関心が高まったのであった。横山鼎太郎・野々山直記・山崎重四郎など八名の人びとが、人類学教室に所蔵遺物を「献納」したと伝えられている（「松本地方諸氏より人類学教室への献納品」『東京人類学会雑誌』一七四）。この時には、山崎は磨製石斧一点を「献納」しただけであったが、別の機会に、上伊那郡手良村（現伊那市）出土の子持曲玉を寄贈している（「人類学教室への寄贈品」『東京人類学会雑誌』一八八　一九〇一年一一月）。この山崎寄贈の子持勾玉は大野延太郎が関心を寄せ、犬塚又兵所蔵の資料などと併せて報告した（「子持勾玉」『東京人類学会雑誌』一八八）。「古物愛翫家の所持するものは、出所の如何を問はず不明のものが多い」なかで、出所の確実な資料として重視したのであった。

その人類学講習会については、「東筑摩郡交詢会に於ける人類学講習会」と題して、『考古』（一―七　一九〇〇年一二月）にも懇切な紹介がある。や、諄くなるが、一部を引用すると、

氏が招聘に応せられたるは、信濃教育会の部会たる東筑摩郡交詢会にして、多数の会員を有し、当時氏の講演に侍せしものは二百三十人にして、中には多数の婦女をも見受けたりといふ。会場は松本中学校を以てこれに充て、講習時間は、毎日三時間なりしが、後一週間は参考員（品の誤植）の説明を要するため、一時間を増せりといふ、此等の参考品は、当地在住の東京人類学会々員山崎重四郎、松林清太郎、及中野真助諸氏の尽力により て、蒐集せられたるものにして、陳列品の数は、無慮数百点に上り、主として松本地方より発見せられたる、石世期の遺物多かりしことなりしなるべし、講義の順序は、第一講より第十五講に次第せられ、第一講を緒言とし、第二講を総論とし、第三講より第四講に至るまで、これを人類学本質論とし、第五講より第十一講に至るまで、これを人類現状論とし、第十二講より第十五講に至る、これを人類由来論としたる人類学の大意を完結することゝせり、講習は八月五日に始まりて、十九日に終る、凡十五日にして、其の一講は一日に配当せられたるものなり、

と詳細である。

人類学講習会への参加者は、「日を追て益増加」し、最終的には、二二九名にも達し、「毎年の講習に見ざる処の盛会を極めし」と評されるほどの盛況であったと伝えられている。参考品展覧会に尽力した松林・中野・山崎の三名は、すでに人類学会の会員（「東京人類学会々員一覧表」明治二六年一〇月調）であり、なかでも、松林の入会ははやく、一八八六年（明治一九）のことであった（『東京人類学会報告』八　一八八六年一〇月）。松林は、地元ばかりでなく、武蔵国秩父郡出土の六鈴鏡といった遠隔地の珍しい遺物も蒐集していた。一八八八年（明治二〇）六月には、「古物等採集巡覧」旅行を続けていた神田孝平に収蔵品を提示したこともあった。羽柴雄輔『青山入夢日記』の一節に、

松本に着きければ、南深窓町なる渡辺三次郎方に止宿せり。……先生は着後当市外西渚村なる人類学会々員松

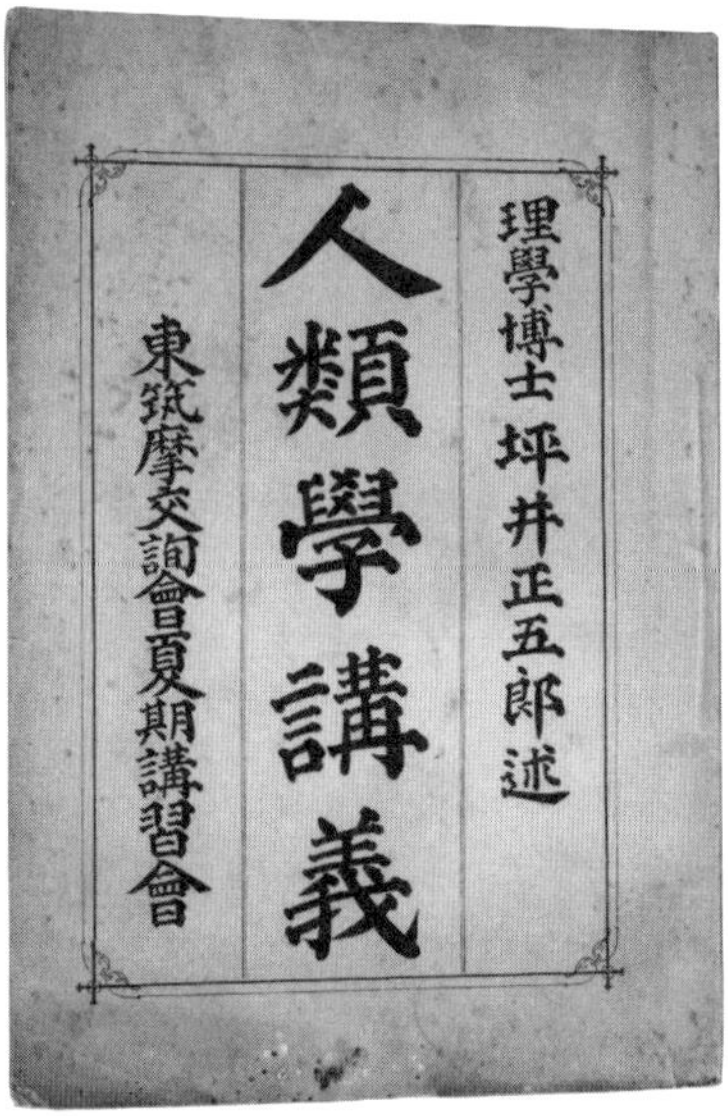

松本人類学会成立の発端となった
坪井正五郎の講義録『人類学講義』

林清太郎に人を遣はして来意を告げ、且其収蔵せる古物を示されんことを請はれけるに、他出せりとて空しく帰り来れり。
三日、早朝松林清太郎氏父子、其収蔵せらる、所の古物を携へて来訪せらる。……故に半日の時間を□□て数品の古物を図取り、……

と伝えられている。神田「古鈴図解」（『東京人類学会雑誌』三三 一八八八年一一月）は、この折りの成果である。山崎と講習会の副会長であった寄藤とが、松本人類学会の創設に尽力したらしい。発起人は一五名を数えたが、そこには増田謙吾の名は見えない。また、この講習会に於ける坪井の講義内容は、『東京人類学会雑誌』（一七四）にも詳細に記録されているほか、東筑摩交詢会によって、その講義筆記が『人類学講義』（一九〇二年）として出版されている。

この坪井の講習会について、胡桃沢勘内の記録（「地方人類学界啓蒙期―信濃に於ける故坪井正五郎博士と『人類学講義』―」『ドルメン』六月号 一九三二年六月）に、胡桃沢のような「多少の尚古趣味の芽をもつて居た少年」にも、新しい学問の世界のあることを知らしめる講義であったと歓迎する記事がある。ただ、多数集まった受講者のなかには、校長命令で、「分教場の老先生までが遠い路を松本の講習会に通はせられた」という内輪話も明かされており、単純に参加者数が多かったと誇ることも出来ないようである。

松本人類学会は、四〇人ほどの参加を得て、松本高等小学校女子部を会場に一〇月一四日に発足した。寄藤の「開会の趣旨」に続いて、「坪井博士よりの来書を朗読す」（山崎）、「有明村古墳所在地瞥見談」（増田謙吾）、「東京人類学教室陳列所見聞談」（洞沢諌吉）などの談話があり、石器や土器、画図、参考書等が展示されたという。洞沢が会長に、山崎・中野・松林が幹事に就任している（『東京人類学会雑誌』一八〇　一九〇一年三月）。

「松本人類学会規則」では、一〇月を除く偶数月の第一日曜日に常集会を、五月と一〇月の第一日曜日に総集会を開催することと決まっていた（『東京人類学会雑誌』一七四）。が、その活動は、総集会が一九〇一年（明治三四）五月六日に、松本中学校で開催されたことを確認し得たほかは、具体的な内容を把握出来ない。当日は、山崎による「松本平に散在する古跡遺物」の談話があり、同月一九日に東筑摩郡岡田村（現松本市）での遺物採集のことを決議している（『東京人類学会雑誌』一八二　一九〇一年五月）。

いま、松本人類学会の活動を跡付けることは私には難しい。が、一九〇四年（明治三七）七月、長野県に資料採訪の旅を行った大野延太郎が坪井に送った書簡に、「松本人類学会を引き起す考へです」とあるのは、すでに休眠状態にあった松本人類学会を再起させたいという意味のように理解される。とすれば、設立後四年、もう松本人類学会は活動を停止していたということであろうか。松林や中野も、大野の調査行に協力し、「種々なる奔走と便宜を与へてはいるが（同前）、松本人類学会としての活動のことは一向に伝わって来ない。松林等は、東京人類学会も退会してしまったようで、一九〇三年一二月現在での「東京人類学会々員宿所姓名簿」にはもう記名がない。坪井の講座によって盛り上がりを見せた松本地方の考古学熱も、ごく短期間で冷え込んでしまったようである。なお、大野は、この旅行で東筑摩郡波多村（現松本市）字権現台出土の土製仮面を発見し、その画図を作成して紹介した（『東京人類学会雑誌』二二二　一九〇四年九月）。

三　神津と東京人類学会

神津猛と松本人類学会との間に、とくに関わり合いがあったようには思えない。が、その創設から一年半ばかり後には、神津も考古学に関心をもち、古墳の発掘を行うなどのことがあった。「神津猛　てう年譜」（『後凋』一九六七年）

の一九〇二年〈明治三五〉条に、

この年より考古学を始め、附近の古墳の発掘等を行う。

と記録されている。また、二年後の一九〇四年〈明治三七〉四月には、東京人類学会に入会し〈『東京人類学会雑誌』二一七　一九〇四年四月〉、その翌月に、信濃国内の石器時代遺跡九箇所と古墳時代の遺跡二二箇所を報告したりしている〈「石器時代　古墳時代　遺物発見地名表」『東京人類学会雑誌』二一八　一九〇四年五月〉。「猛日記抜粋」〈『後凋』〉の一九〇五年〈明治三八〉四月九日条を見ても、

与良に小山太郎氏を訪れ、氏の土器の所蔵品を一覧、それより小原、森山を経て市村に中村巖氏を訪問。（この途中にて土石器の発見あり）氏の経木の工場を見てから、一時間許り共に付近の古墳を探る。

とあって、一九〇二年以降になると、考古学的活動のことが確認される。また、この頃、遺物を所有している人びとを訪ねて、その所蔵品を実見していた事実は、八幡一郎先生の『南佐久郡の考古学的調査』の記事、例えば、内山村〈現佐久市〉大間古墳出土の資料に関し、「神津氏が武井氏の許にて実見せるは、明治三十七年の頃なりと云ふ」とあることなどによっても裏付けられるだろう。

一九〇四年〈明治三七〉夏には、大野延太郎が長野県下を巡る遺跡・遺物の探訪旅行を試みているが、その際に、南・北佐久郡の遺跡を案内していることが大野の記録〈「信州旅行調査報告」『東京人類学会雑誌』二二七　一九〇五年二月〉に明らかである。「昨年夏季休業に際し、長野県下へ出張を命ぜられ、……亦会員神津猛君は熱心に余と同行して、数日間同所附近案内の労を取られたるは、実に感謝すべきことである」とある。この時、神津の活動の印象を、大野は、

同郡瀬戸村字和田〈桃園〉附近は遺跡が所々にあつて遺物散布地である、……此遺跡から発見した土石器類の破片は大率〈「土中の文化」では大概に訂正〉神津君が採集されて自宅に陳列してあれば、これまで如何なるものが発見したか能く研究に便宜である。

と書き伝えている。また、「竹を以て編物とした節の数個現らはれた」土器底部など、珍しい資料を「献納」させたりしている。わずかの間に、神津は熱心に佐久地方の遺跡を探索し、遺物を収拾するばかりでなく、遺物所蔵者を訪ね、考古資料の所在を認知するなど、もう大野を案内するまでに成長していたのであろう。四月の東京人類学会への入会は直接申込みであったが、七月の考古学会への入会は大野が紹介者となっている（『考古界』四―二　一九〇四年七月）。

神津が『東京人類学会雑誌』（二二八）に報告した石器時代の遺跡九箇所は、『第三版　地名表』（一九〇一年）と「重複するやも知れざれど」と註記しながらも、「今日までに実査したる」遺跡であるといい、『再版　古墳横穴及同時代遺物発見　地名表』（一九〇二年）未登載の古墳時代遺跡二二箇所も、やはり、「実地踏査せる遺跡」ばかりを報告したと強調している。

その「石器時代　古墳時代　遺物発見地名表」の「石器時代」と「古墳時代」の各二項だけを撰んで転載すると、

（一）北佐久郡伍賀村字茂沢　　打磨石斧、土器、石鏃材料、
附地勢、北方に山を負ひたる山中の一平地にして南面は打開けて日当よき処なり、

（三）南佐久郡平賀村瀬戸字和田　　打磨石斧、石錐、石匙、砥石、石棒、石鏃、土器、貝塚装飾品（大野雲外氏の鑑定に依る）、明治二十九年坪井博士の調査せられし処なり、尚ほ古墳時代報告の（十二）を参照せよとか、

（一）北佐久郡志賀村字（旧称）ホリグチの畑中　古墳（丸塚ニシテ小サシ　二個）
備考　一ツハ被土取去ラレ石槨ヲ露出シ、一ツハ石材ノ必要ヨリ文化元年全ク崩サレ只蓋石ヲ残スノミ。昔時発掘サレタルモノナルベク副葬品ハ何モ見当ラズ。文化元年破壊ノ際人骨、直刀、曲玉等出シタリトノ口碑アリ。尚現今其畑中ヨリ朝鮮土器ノ破片ヲ出ス。

（十二）南佐久郡平賀村瀬戸字和田古墳　（丸塚小　一個）

備考　此地古墳時代遺跡ナレモ（ドモのド字脱か）又石器時代遺跡トシテ著シキモノニシテ　遺物ニハ
重ニ土器類ニ於テ前両時代ノモノ混同散布シアリ
古墳盛土ノ内ヨリ石器時代ニ装飾品ナド出デタリ　此古墳ハ最近三四年前発掘シタルコトアル
由ナレドモ　遺物等ニ就テハ遂ニ聞洩セリ
尚此地ハ去ル明治二十九年夏坪井博士実地ニ踏査サレタルコトアリ
尚石器時代遺跡ノ部（三）ヲ参照スベシ
前項（五）塚ノ越古墳地ト川一重ヲ境シタル隣地ナリ

とある。単なる地名表の枠を超えて、記述は詳細である。

「朝鮮土器」とは、黎明期の考古学界で、器の内面に、「波紋」や「渦紋」など、整形の際の敲痕を有する一部の須恵器（甕などの厚手・大形の土器）に対して用いられた呼称である。東京人類学会の会員の間で創製された用語で、当初は、「てうせんかはらけ」とか「てうせんやき」、「てうせんのやきもの」（『よりあひのかきとめ』五・六　一八八四年一二月、一八八五年一月）などと、さまざまに呼ばれていた。が、福家梅太郎（「讃岐地方の石穴」『人類学会報告』一　一八八六年二月）や坪井（「太古の土器を比べて貝塚と横穴の関係を述ぶ」『人類学会報告』一）が「朝鮮土器」と使用し、しだいに一般化したようである。「朝鮮土器」が「祝部土器」（須恵器）と同質の土器であることを明確にしたのは山崎直方（「和泉国陶器荘実践器　附り朝鮮土器祝部土器ノ異同」『東京人類学会雑誌』三六　一八八九年二月）であった。

石器時代の遺跡所在地である北佐久郡伍賀村字茂沢は、一九五六年（昭和三一）の町村合併によって、北佐久郡軽井沢町茂沢となったが、この茂沢遺跡は『信濃考古綜覧』（一九七〇年）に、

一六〇五　茂沢　　　　　　　　　　　　　　　　（蔵）神津猛（故）
茂沢　台地　（縄）勝坂式、加曽利E式、堀之内式、加曽利B式、土偶、石鏃、打石斧、磨石斧

（弥）箱清水式　（文）a9・i8

とあるものに該当するかと思う。茂沢遺跡といえば、私は直ぐに茂沢南石堂遺跡を思い出す。『軽井沢町茂沢南石堂遺跡』（一九六八年）によると、この遺跡が初めて発見されたのは一九二七年（昭和二）頃のことであり、発見者は八幡先生の北佐久郡内の調査に協力した小林好朗とされている。八幡先生の「北佐久郡先史時代遺物発見地名表」（『北佐久郡の考古学的調査』）には、

伍賀村茂沢　　土器（縄、弥）、土偶、石鏃、打石斧、磨石斧
同　後原　　土器（縄）、石棒
同　石堂原　土器（縄）

と、茂沢地籍内に三箇所の遺跡が記録されている。その石堂原に該当し、上野佳也氏等が従事した発掘調査では、縄文時代後期の大規模な配石遺構が検出されている（「茂沢南石堂遺跡」『長野県史 考古資料編』一九八二年　ほか）。

南佐久郡平賀村（現佐久市）の和田上遺跡では、坪井の踏査時にも、豊富な遺物の出土があったらしく、『第二版地名表』（一八九八年）にも、石鏃・凹石・打磨石斧・石匙・土器・有穴磨石器などが記載されている。「有穴磨石器」は詳細が不明である。神津も各種遺物の出土を確認しており、その収蔵資料のうち、磨製石鏃（一点は有孔磨製石鏃）と玉類の実測図が『南佐久郡の考古学的調査』（一九二八年）に紹介されている。その磨製石鏃は京都帝大考古学研究室の形式分類による第Ⅳ形式に属し、「信濃を中心として発見さるゝ通有形」とある。『出雲上代玉作遺物の研究』（一九二七年）の「日本発見磨製石鏃及石剣聚成表」の「例言」で、浜田耕作は、

石鏃の排列（ママ）は先づ等辺三角形に近き諸類（型式Ⅰ）より、順次其の変化を思惟せらるゝ二等辺三角形の諸類（型式Ⅱ）に及び、次に有柄の形式（Ⅲ）を挙げ、同じ順序を以て有孔の諸品（Ⅳ）を排列せり。此等は必ずしも年代的に新古の意義あるに非ず。ただ形式の人為的分類に過ぎざるのみならず、特に有孔無孔を分ちて配列したるが如き、一に排列の便宜に出でたるのみ。

と註記し、第Ⅳ形式には、聚成図の四〇例のうち二七例を信濃国出土の資料で埋めている。
なお、八幡先生の著作では、「和田上」遺跡で、縄文式土器・土偶・弥生式土器・土錘・石鏃・磨製石鏃・打石斧・石錘・勾玉・石庖丁・石匙・磨石斧・石棒と実に多種多様な遺物の出土が報じられている。が、『信濃考古綜覧』となると、いっそう出土資料群が詳細である。

やや回りくどい記述をしてしまったが、一九〇四年（明治三七）の段階では、『第三版 地名表』も出版され、編輯も野中完一から柴田常恵に引継がれる『第四版 地名表』への資料蒐集の最中であったから、人類学教室には多くの報告がもたらされていた。この神津の報告も、「石器時代 古墳時代 遺物発見地名表」と標題して、江見水蔭（忠功）や清野謙次の通報と一括して紹介されたのであった。吉田文俊も、「近頃大学で遺物発見地名表の訂正増補をする由をきゝましたから」と、「石器時代遺物発見地名表」（『東京人類学会雑誌』二二七 一九〇四年四月）などを寄せている、吉田は『日本石器時代人民遺物発見 地名表』への未報告遺跡の探索に、余人に増して積極的であった。

『第四版 地名表』には、神津の報告によるものとして二一箇所が登載されている。

北佐久郡志賀村・和田　土器、石鏃、石匙、石錐、打石斧、　神津　猛　二一八
　磨石斧、砥石、石棒、装飾品

とあるのなどは、「石器時代 古墳時代 遺跡発見地名表」（『東京人類学会雑誌』二一八）に依拠したものであり、

南佐久郡大沢村一丁田　打石斧　神津　猛

とある一群、一三箇所はがその後の通報によった追加ということになる。

その『第四版 地名表』所載の遺跡群二一箇所を、当時の郡・町村別に整理してみると、

南佐久郡　大沢村二箇所、平賀村五箇所、内山村一箇所、櫻井村一箇所、南牧村一箇所
北佐久郡　小諸町一箇所、三井村一箇所、志賀村三箇所、伍賀村二箇所、北大井村一箇所
更級郡　八幡村一箇所、牧郷村二箇所

埴科郡　坂城村一箇所

と整理される。ただ、小諸町与良八幡社附近の遺跡は、「石器時代 古墳時代 遺跡発見地名表」(『東京人類学会雑誌』二一八)への報告では、「古墳時代」にのみ登載されており、

(七)北佐久郡小諸町与良八幡神社近傍ノ畑　朝鮮土器　素焼土器

備考　古墳ハナシ

とある。神津が一九〇五年四月に小山太郎を訪ね、所蔵する資料を実見した際の記録にも「土器」とあるばかりで、縄文式土器とはない。従って、『第四版 地名表』で、

北佐久郡小諸町。与良、八幡社附近　土器　神津猛

と石器時代とした根拠は明らかでない。典拠が「二一八」とはないので、別の通報かとも思うが明細ではない。

それにしても、神津はとくに熱心な遺跡探索者というわけではなかったようで、確認・報告した遺跡数も少ない。探訪の範囲も、長野県内四郡(南・北佐久郡、更級郡、埴科郡)の範囲を出ることはなく、日常的生活圏内に限定されていた。平根村や平賀村、内山村などは、「赤壁の家」と呼ばれた神津邸のあった志賀村に近く、現在では、いずれも佐久市に合併されているし、大沢村も隣の小諸市に編入されている近間である。更級郡の八幡村(現千曲市)や牧郷村(現長野市)。埴科郡の坂城村(現坂城町)にしても遠隔の地というのではなかった。

古墳及び土師器・須恵器の散布地については、『古墳横穴及同時代遺物発見地名表』が再版(一九〇三年)で刊行を終了してしまったから、『東京人類学会雑誌』に掲載されただけであったが、神津の探索範囲は、やはり縄文時代の遺跡の場合と同じような事実が指摘される。記載の二二箇所を、当時の行政区画別に整理してみると、

北佐久郡　志賀村五箇所、三井村一箇所、小諸町二箇所、大里村二箇所、平根村一箇所

南佐久郡　平賀村四箇所、内山村五箇所

埴科郡　坂城村一箇所

更級郡　八幡村一箇所

となって、南佐久郡など四郡内の一町八箇村に限られていることが指摘される。二二箇所のうち、古墳は一五箇所、遺物散布地が七箇所である。神津の報告は、ここでも単なる遺跡地名表の範囲を超えてかなり精細である。前引した北佐久郡志賀村字（旧称）ホリグチ所在の古墳の項では、「備考」で出土遺物についての伝承までも伝えている。また、南佐久郡平賀村字下宿の古墳出土の「埴物」については、

破片ナルニ依リ何物タルヤ分明ナラズ　然レドモ日本考古図譜第八版ノ一ト或同一物ニアラズヤトモ思ハル

と神津の理解も提示されてもいる。「日本考古図譜第八版ノ一」とは、沼田頼輔・大野雲外『日本考古図譜』（一八九八年）の第八図版に掲載されている埴輪図の一ということで、奈良県磯城郡田原本町出土のきぬがさ形埴輪を指すようである。

また、神津の「年譜」を見ると、一九二六年（大正一五）六月の条に、

六月、上田国分寺古瓦の研究を始む（昭和三年八月に至って完成す）。

とあり、さらに、翌一九二七年（昭和二）の項にも、

この年の後半から翌年前半にかけて銀行の前後策に奔走す。前半は上田附近の考古学的研究に打込む。

とある。一九二八年（昭和三）の項にも、

後半、業務の余暇に考古学の研究（上田北校敷地、八重原等の祝部土器）を継続年余に及ぶ。

と、繁忙な銀行業務の傍ら、考古学的研究に余念がなかったことを伝えている。「雨村句集」（『後凋』）の一九二九年（昭和四）の項にも、

この両三年上田を中心に考古学的探究に熱心

との註記がある。とにかく、一九二六年からの三年ほどは、多忙な銀行業務のなかで、上田市近辺の考古学資料の研究に精励していたようである。

ところで、一九二七年（昭和二）八月刊行の『考古学雑誌』、（一七―八）を見ると、その「会員動静報告」の入会欄に、

長野県上田市　　　神津　猛君（両角守一君紹介）

とある。両角守一の紹介により、考古学会に入会したと伝えられている。が、前記したように、神津は、一九〇四年七月に大野の紹介で入会していたから、再度の入会ということになる。私は確認し得ていないが、この間に、一度退会していたことになる。さらに、森本六爾が主宰する東京考古学会へも入会したことが、一九三一年（昭和六）一二月現在の会員名簿に、

上田市鷹匠町　　　神津猛

とあることで確認される（『考古学』二―五・六　一九三一年一二月）。ただ、両学会とも、入会はしたものの寄稿することはなかった。考古学会は、一九三三年（昭和八）六月には退会してしまったことが確かである（『考古学雑誌』二三―六　一九三三年六月）。

四　神津と『信濃考古学会誌』

神津猛は、八重原窯址や岩村田の弥生時代竪穴住居の発掘を行うなど、長野県の考古学研究に先鞭を附けたが、やはり、私は『信濃考古学会誌』の創刊・刊行を以て神津の第一の事績と考えている。その『信濃考古学会誌』を創刊したのは、一九二九年（昭和四）六月一五日であった。信濃考古学会を立ち上げ、会誌を刊行しようという企画は、そう短期間で実現したとも思われない。が、いま、その経緯の詳細を明らかにすることは出来ない。創刊号以来、八幡一郎先生が会誌編纂に深く関与しており、神津が八幡先生と綿密な連絡を採っていたであろうことは充分推察されるものの、神津も、八幡先生も、この辺りの事情についてはなにも書き伝えていない。わずかに、『考古学雑誌』（一九―八　一九二九年八月）の「新聞所見」欄に、「信濃国御牧村布目瓦を出す」の見出しで、

上田中学校教諭藤沢氏が 北佐久郡御牧村八重原に土器類があるといふ報告をしたので 上田の考古学研究家神津猛氏が最近出張調査をしたところ 予想以上の大収穫で 目下発掘物につき研究を行つて居る…… 布目瓦数十数点と完全な土器であり 有史以前の原始民族が住居し 且土質が全部、ねん土質である事から「カマド」を築いた形跡もあるので 盛んに布目瓦を作つた事が推定され 近く其研究材料を信濃考古学雑誌に発表し 且帝国大学人類学教授八幡一郎氏と共同で信濃考古学会を設立し同志を集め考古学上の宝庫である八重原区の保存策を確立して徐々に研究をする事になつたと。

と『信濃毎日』（六月二九日付）の記事を転載して、信濃考古学会の創設や会誌発行のことを伝えているのが、私の知る唯一の消息である。この記事からは、信濃考古学会の設立が、八重原遺跡の保存・研究を目的としたようにも読み取れるが、とにかく、神津と八幡先生が協力しての立ち上げであったことは確かである。

一九二五年（大正一四）以来の八幡先生による南・北佐久郡の考古学調査には、神津も所蔵資料を提示したほか、調査「手記」を提供するなどのこともあり、交流を重ねるなかで、神津と八幡先生の間に、学会の創設と会誌創刊の機運が醸成されたのであろう。八幡先生には、晩年の一四、五年ほど、ご厚誼を頂いたのに、その折りに、この辺りの事情を確認しておかなかったことが悔やまれること頻りである。ただ、後のことになるが、覆刻された『信濃考古学会誌』が送附された折りの八幡先生の日誌（一九七一年一一月二四日条）を読んで、

朝、長野考古学会より、四十年前に出した「信濃考古学会誌」を覆刻したものが到着した。神津猛氏の無私の功績が顕彰されたとして喜ぶべきであろう。

と、神津の無償の行為が顕彰されたと喜んでいることを知った（「日誌・日録」『八幡一郎著作集』六巻 一九八〇年）。この短い記事からも、神津のひたむきな努力によって、『信濃考古学会誌』が創刊・維持されたことを窺い得るだろうと思う。

創刊号には、「信濃考古学会暫定規約」と「会誌内規」が掲載されているが、神津は、『信濃考古学会誌』の刊行を

以て信濃考古学会の発足と考えたようで、事前に会員を募ることもなかったらしい。一〇月二〇日発行の二号（第一年第二輯）に、「第一輯発行以後入会申込を受けた分」として、一〇四名（個人・団体）の名簿が掲載されている。それ以前の会員名簿というものは伝わっていない。おそらく神津と八幡先生の二人が「同人」であり、ほかに会員はいなかったと推察されるのである。

その「信濃考古学会暫定規約」によると、「同人」とは、「事業を行ふ為の当事者」ということである。一年二輯の頃、両角守一が「同人」に加わったことは、両角も経営に参画することを意味する。確かに、運営費を寄附したり、寄稿を依頼し、また督促するなどのこともあったが（堀内千萬蔵「松本近郊出土布目瓦と国分尼寺」『信濃考古学会誌』第二年四輯　一九三〇年九月）、日常的に、どのような職務を遂行したかは詳らかでない。会員は、圧倒的に長野県内の人びとが多く、藤沢直枝や藤森栄一、N・G・マンローなどの名が見える。県外では、森本六爾の名も登記されているし、少し遅れて、八幡先生の勧誘によるのだろうが、大場磐雄や小林行雄（二年二輯）、山内清男、赤堀英三（二年三輯）も入会していることが知られるのである。『中世灌漑史の研究』（一九五〇年）の著者である宝月圭吾も入会しているが（同前）、宝月は長野市の出身であり、郷土の学会ということで入会したものであろうか。

この学会の事業としては、①会誌の発行、②各種の出版物刊行、③講演会・調査会の開催、④研究の指導又は便宜を与へると四ヵ条が挙げられている。③講演会・調査会の開催については、「御希望ある地方には出来るだけの便宜を計りたいと思ひますから事務所宛御申込み下さい」と広告したこともあったが（第二年第二輯）、実現はしなかったようである。ほとんど会誌の発行で終始したと思われる。

神津の「年譜」には、『信濃考古学会誌』の創刊や廃刊のことについては、まったく言及されていないし、「猛日記抜粋」もこの辺りは公刊されていない。世間的には、神津と島崎藤村との関わり合いのほうに関心は強いのだろうが、神津の考古学的研究を考えようとする私には残念なことである。ただ、神津が信濃考古学会の創設と会誌の刊行になみなみならぬ決意を持っていたことは、創刊号の巻頭に掲げられた「同人語」に、吾々は山国の重厚性と粘着性を失ひたくないものです。そして健全に永く此仕事を続けたいものです。直ぐに解散する様な団体だつたら寧ろ作らないに限ります。

と記していることでも明らかであると思う。あるいは、松本人類学会がごく短期間で消滅してしまったことが、神津の脳裏にあったかも知れない。

八幡先生の南・北佐久郡の調査には神津の懇切な協力があった。『南佐久郡の考古学的調査』（一九二八年）には、三箇所に、「神津猛氏の手記に拠れば」とか、「神津氏手記中に次の文ある事を記憶すべきなり」とあるのを見出すことが出来た。その神津の「手記」は、『北佐久郡の考古学的調査』（一九三四年）の「序説」に紹介されている「石器時代遺跡、古墳踏査採集日誌」であろうが、明治から昭和初期にかけての佐久地方の考古学調査の様相を語る貴重な資料と想像される。八幡先生が引用している「手記」の田口村（現佐久市）所在の小学校西方古墳に関する記載（九九頁）には、

神津猛氏の手記に拠れば、同氏は明治三十七年、田口小学校に於て、西方の古墳より発見せりと云ふ遺物の種目を挙げたり。是等が同一墳墓に於て発見せられたるか、如何なる墳墓に如何なる状態で存せしかは明記なし。

腕輪（二）　土器（弥生式・祝部）　曲玉（一坩坩）　硝子玉（二〇余）　刀附属品

腕輪とあるは同氏前後の文意より推すに釧なるべく、弥生式土器とは埴部土器か。同様に硝子玉の大部分は小玉の類かと思はる。茲に注意すべきは硝子玉の内に「大沢で見た瓢形のもの一」なる特記ある点なりとす。即ち瓢玉が混在せしならん。

とある。この部分の記述からは、「手記」の内容しか把握出来ない。が、次の内山村大間古墳の説明では、「神津猛氏手記中に次の文ある事を記憶すべきなり」として、

武井氏の処へ帰り氏等が大間にて塚を掘り（被土なし）て得たと云ふ（二十二年九月）

曲玉（メノウ青石二）　切子玉（一）　臼玉（一）　鉄鏃　鉄製鎌ノ如キモノ（一）　小刀（一）　鍔（一）を見た。

此処の塚からは土器も一つ出たさうである。話の様子では祝部のやうだが実見せぬ。

とあるから、「文は多少改変せり」といっても、「手記」の体裁も示唆しているように思われる（九九〜一〇〇頁）。もし、「手記」が神津家に保存されているならば、是非拝読したいものである。神津の考古学的な活動の経緯を、よりいっそう鮮明に出来ることは間違いないだろう。

五　神津の著述

神津猛が、二年九ヶ月の間に、『信濃考古学会誌』に発表した述作は、すべてで一〇篇である。その後、合併した『信濃』にも四篇を寄稿している。藤森栄一さんによると、両角守一はアカデミーの世界への進出を目指していたということで（「はるかなる両角守一」『考古学ジャーナル』）、確かに、『考古学雑誌』や『考古学』、『史前学雑誌』など、在京学会の機関誌への寄稿が多い。が、神津の場合は、前掲『東京人類学会雑誌』への一篇のほかは、中央誌への寄稿を私は知らない。『信濃考古学会誌』に固執したように思われる。

その神津の『信濃考古学会誌』に収載した一〇篇（①〜⑩）と、『信濃』掲載の四篇（⑪〜⑭）を発表順に列記すると次のとおりである。

『信濃考古学会誌』

① 北佐久郡八重原の製陶所址	一年一輯	一九二九年	六月
② 信濃に於ける布目瓦発見地名表	一年二輯	〃	一〇月
③ 信濃に於ける布目瓦発見地名表（追加）	一年三輯	〃	一二月
④ 上田市北校敷地の遺跡	二年二輯	一九三〇年	五月
⑤ 信濃に於ける布目瓦発見地名表（追加）	〃	〃	〃
⑥ 新発見三例（数行録）	〃	〃	〃

⑦ 祝部土器発見地の面白き一例（数行録）	二年三輯	一九三〇年	五月
⑧ 小県郡泉田村の布目瓦	二年五・六輯	一九三一年	一月
⑨ 信濃に於ける布目瓦発見地名表（追加）	〃	〃	〃
⑩ 更級郡川柳村の製陶趾	三年一輯	一九三二年	三月
『信濃』			
⑪ 左願寺の古瓦	一―八	〃	八月
⑫ 八重原第八号製陶趾発掘報告	二―五	一九三三年	五月
⑬ 八重原第八号窯趾の発掘遺物	三―七	一九三四年	七月
⑭ 岩村田の弥生式遺物	五―八	一九三六年	八月

これらのなかで、③、⑤、⑨は、②「信濃に於ける布目瓦発見地名表」を追補した仕事であるから、これらは一括して一篇と整理するべきであろう。とすれば、『信濃考古学会誌』には七篇と計算され、都合一一篇ということになる。従って、神津はたくさんの論述を発表したわけではない。

神津が『信濃考古学会誌』や『信濃』に寄稿した一一篇を見ると、内容的には、遺跡の調査報告（①・④・⑥・⑦・⑧・⑩〜⑭）が多いが、その調査報告では、④・⑥（「新発見三件」のなかの二件）と⑭で、弥生時代の遺跡などに触れているほかは、①と⑩・⑫・⑬が須恵器窯址、⑧と⑪が古瓦出土地に関するものである。⑦は聚落址から離れた山上に、須恵器の大甕等が出土したという特殊な事例を報告したものである。八幡先生の著作によると、神津は縄文時代や古墳出土の遺物も採集していたことは確かである。『南佐久郡の考古学的調査』や『北佐久郡の考古学調査』には、三井村（現佐久市）御料林坂出土の縄文式土器深鉢や志賀村海老在家出土の土偶、岩村田町（現佐久市）内西浦出土の台付甕・甑？・壺・坩、大里村（現小諸市）諸別府出土の銅釧、平賀村和田上出土の磨製石鏃と勾玉など、神津所蔵の資料が写真や実測図で掲載されている。が、神津はそれらの遺物に言及することはなかった。

岩村田駅附近（八幡先生『北佐久郡の考古学的調査』より）

『信濃考古学会誌』を発行した頃の神津の関心は、もっぱら古瓦と須恵器窯址にあったようである。古瓦については、信濃国分寺址出土瓦に関心を寄せ、前引した「年譜」の一九二六年（大正一五）六月条にも、「国分寺古瓦の研究を始む（昭和三年に至って完成す）」とあったように、「甚多量」という古瓦を確認し（一年二輯）、その研究は進捗していたらしい。が、その研究成果は発表されることがなかった。従って、その後の信濃国分寺（瓦）の研究のなかで、神津の仕事が顧みられなかったのは、致し方のないことであった。中谷秀雄「信濃国分寺」（『国分寺の研究』一九三八年）や斎藤忠先生「信濃」（『新修 国分寺の研究』三 一九九一年）ばかりでなく、いま、『信濃国分寺―本編―』（一九七四年）を読み返しても、大川清さんが瓦あるいは瓦窯址の調査報告を担当し、斎藤先生が「信濃国分寺調査のまとめ」で研究史を回顧しているが、神津の名を見出すことは出来ないのである。

二〇一八年（平成三〇）一〇月、久し振りに信濃国分寺址を訪れた。暑い日だったが、資料館は相変わらず昔ながらの扇風機が回っているだけだった。神津採集の古瓦の一、二片でも展示されていないだろうかと期待もしたのであるが、職員さんに確認しても、神津関係の資料は皆無ということであった。上田にはまったく遺されなかったらしい。

なお、前に引用した「佐久の考古学」（座談会）では、神津の信濃国分寺瓦の研究として、⑧「小県郡泉田村の布目瓦」を註記している。が、信濃国分寺址の所在地は旧小県郡神川村（現上田市）大字国分寺であって、泉田村（現上田市）字上吉田（堂地畑）ではないし、神津の報告からは、そこが瓦窯址のようには読み取れない。信濃国分寺瓦研究の事例とする理由を私は理解出来ない。

①「北佐久郡八重原の製陶所址」は、『信濃毎日』に報道された北佐久郡（北）御牧村（現東御市）八重原に於ける須恵器窯址を、一九二七年（昭和二）三月に踏査した記録である。この八重原製陶所址というのは、『信濃考古綜覧』に記載されている、

七一　八重原
　　幸上　台地　須恵器・窯滓・布目瓦　　窯址群あり
　　　　　　　　　　　　　　　　　　　（蔵）北御牧小学校
　　　　　　　　　　　　　　　　　　　（文）h16・18・20

七二　同
　　泥ヶ沢　同　須恵器・窯滓　　同

とあるものに該当し、また、文化庁文化財保護部編集の『全国遺跡地図 二〇 長野県』（一九八三年）に、

二〇―二五　飯綱久保窯跡　窯跡　北佐久郡北御牧村八重原上八重原

とある遺跡に当たると思われる。さらに、『長野県史 考古資料編』（一九八二年）では、「八重原窯跡」（北佐久郡北御牧村八重原）とあるものである。

『信濃毎日』の記事では、「布目瓦数十数点と完全な土器」が採集され、「布目瓦を作った」址と紹介されているが、神津の踏査によると、

　落葉を掻きわけて見ると厚手の祝部土器破片、金滓様の塊、土塊の赤褐色或は黒色に焼けた物が幾百となく重り埋つて居た。大石を除くと其の下には土を被らぬ祝部土器の破片、土塊、金滓がぎつしり詰まつてゐた。

北御牧村の窯址（八幡先生『北佐久郡の考古学的調査』より）

状況で、しかも、土塊のなかには、「藁かと思はれる植物の附いた痕跡あるもの」も検出されたという。神津は、これを「出土遺物を見れば祝部土器の窯址である事は疑ひない」と考え、同様な箇所を計六箇所実査している。第三号窯址と呼称した一基から布目瓦を採集し得たことを重視して、八重原の地に、須恵器の窯址群が存在し、「瓦が行はる、時代に接して、祝部土器の窯で瓦をも焼くに至つたものである」と結論したのであった。須恵器窯の瓦窯への転用である。

その分布範囲は、字高山ぞりや中蔵、四谷、日向蔵など「方数丁の間に」広がり、附近に産出する良質の粘土を用い、ある窯では厚手の大甕類を、また、ある窯では薄手の坏や壺などの類を製造したほかに、厚手の須恵器とともに瓦を焼成したと観察している。この神津の報告は、八幡先生によって、

本郡に於ける原史時代製陶所址に関して最も早く注意したのは神津猛氏であつた。氏は北御牧村八重原に、数箇所の製陶所址のあることを発見し、其予報を発表した。

と評され、さらに、

氏の予報は地表での観察に基くものであるが、穏健なる考説は能く其真相を伝へてゐる。

と、神津の報告のままを、その『北佐久郡の考古学的調査』に採択したのであった。

⑫「八重原第八号製陶趾発掘報告」は、一九三〇年（昭和五）四月、道路の開削工事によって断面を露呈した八重原製陶址群の八号窯址を、八幡先生の指導を得て発掘した結果を報告したものである。この調査は、八幡先生の北佐久教育会（郷土研究部）への働きかけによって実現したものであった。現地表下五寸（約一五cm）ほどで堅い焼土塊が出現し始め、一尺五寸（約四五cm）で初めて厚手の祝部土器片が検出され、そこから炭を含んだ灰黒色の堆積土が充満していたという。焼土塊は科本科植物の茎を捏ね混ぜたもので、炎を受けた面に金滓を生じたものも検出されている。調査結果から、焼土塊は窯の側壁と天井の崩落した残骸であること、つまりは、窯の側壁と天井は藁様の長い草と土を捏ね合わせて造り、内部には特別な施設を設けず、直に、底敷の上に焼成すべき土器を据え置いた構造の窯であったことを確認している。

ただ、調査した部分が窯の最奥部で、焚口や主要部分はすでに破壊されていたために、神津は「効果は誠に少い事で有つた」とやや落胆気味であった。が、一九六三年（昭和三八）に、この八重原窯址群を発掘調査した坂詰秀一氏によって、「長野県における古代還元焔窯址の学術的調査の嚆矢となった」と評価されたことで、ようやく神津の努力が報いられたわけである（『長野県史 考古資料編』一九八二年）。

⑬「北佐久郡八重原第八号窯趾の発掘遺物」は、調査によって検出した須恵器を紹介したものである。採集した須恵器の破片は、坏類に属するもの七点、壺類に含まれるもの五四点で、圧倒的に後者が多く（八八％）、壺類の器壁は多くが四分、五分（一・二～一・五cm）を計り、大形の土器が多かったように観察されて、「八号窯も厚手祝部が主として焼かれた窯であつた事が判る」と指摘している。器面は轆轤調整によって「殆んど無文となつたものが大部分」で、わずかに、頸部に櫛状工具で一筋、二筋の波紋を施したものが見られる程度だという。⑩「更級郡川柳村の製陶

趾」も、更級郡川柳村（現長野市）所在の須恵器窯についての踏査記録である。

②「信濃に於ける布目瓦発見地名表」は、③・⑤・⑨「地名表」（追加）と併せて、信濃＝長野県内に於ける布目瓦出土地五一箇所を列記したものである。神津によれば、

北信三十八ヶ所、南信十三ヶ所と云ふ事は、筆者が居住地附近なるが故に北信の発見地を知る事多く、事に小県郡に於て詳しきを得たるものにして、南信は之れに反するが故に少なきか否か、

と、探査に精粗の差がありはしないかと危惧しつゝも（二年五・六輯）、よく集成に務めたのであった。その五一箇所を、神津の記載のままに、市町村別に整理すると左記のごとくである。

上田市	三箇所	長野市	四箇所	松本市	四箇所	北佐久郡	五箇所
小県郡	一二箇所	埴科郡	七箇所	上水内郡	四箇所	東筑摩郡	二箇所
下伊那郡	三箇所	諏訪郡	三箇所	更級郡	三箇所	北安曇郡	一箇所

⑧「小県郡泉田村の布目瓦」は、「信濃に於ける布目瓦発見地名表」に登載した№四四遺跡 小県郡泉田村日南小泉（現上田市）を探査し、古瓦を採集、観察して、それらの特徴を解説したものである。⑪「左願寺の古瓦」は、その「信濃に於ける布目瓦発見地名表」には収録されていない、上高井郡豊洲村（現須坂市）字小河原に於いて、古瓦が出土するという報告に接し（栗原長之助「小河原の遺跡について」『信濃』四 一九三二年四月ほか）、急遽、探訪を試みた結果を報告したものである。文化庁編『全国遺跡地図 二〇 長野県』（一九八三年）に、

三一四　左願寺遺跡　散布地　須坂市小河原北小河原

とあるものに該当するかと思われる。神津としては、比較的遠隔地への調査行であり、それだけ古瓦への関心が強かった事実を示す論考である。『長野県史 考古資料編』（一九八一年）では、

六四五八　左願寺廃寺跡　小河原・北組中　扇端　（奈）土師器、須恵器
（平）古瓦（宇瓦・鐙瓦）、土師器、須恵器

とある。神津が踏査した時点では、古瓦の出土量は少なく、しかも小破片ばかりで、充分な検討は出来なかったらしい。が、その後に採集量が増加したようで、一九七一年（昭和四六）に、米山一政氏は、「出土量はなかなか多いが、鐙瓦・平瓦・丸瓦が主で宇瓦は今のところ出ていない」と伝えている（「信濃の古瓦」『一志茂樹博士喜寿記念論集』）。

米山氏は、その複弁式蓮花文鐙瓦が善光寺鐙瓦と同氾であり、「総体的に力がなく弱い点」などから、大津宮址や弘福寺出土のものよりは下降するだろうと推定している。神津も、当地検出の古瓦は、厚さも「総じて薄手」で、焼成も唐草文瓦は「堅緻で焼き締つて居る」が、一般には「砍かな焼」で、重弧文鐙瓦の存在などから判断して、「寧楽時代前期のもの」に属するだろうと推察していた。

⑭「岩村田の弥生式遺跡」は、北佐久郡岩村田村（現佐久市）に所在した遺跡の調査報告である。神津の見取図などによると、文化庁編『全国遺跡地図 二〇 長野県』に、

三一五　琵琶坂遺跡　散布地　佐久市岩村田琵琶坂

とあるものに該当するかと推定されるが、私は、現地の地理に不案内であるため、やや判然としないところもある。『長野県史 考古資料編』（一九八二年）では、佐久鉄道岩村田駅構内遺跡と呼称されている遺跡であろう。

この遺跡では、一九一三年（大正二）頃、建設工事に伴って竪穴遺構が検出され、多数の土器が出土したという。が、本稿は、一九三〇年（昭和五）六月、採土工事の断面に現われた三基の竪穴住居址の落ち込みを確認し、その一基＝C号住居址を発掘した報告である。住居址は部分的にしか残存していなかったが、神津は「鈍角の方形に類する」プランを想定している。住居址内の床面上一五㎝ほどの覆土からは、「朱塗や波文の弥生式土器と混つて祝部や素焼に近い様な硬焼の絲切底が出て来て」、床面に木炭の堆積が見られたという。神津の報告では、編者が「若干の挿図を略した」ということで、土器の図面などは掲載されていない。が、八幡先生の『北佐久郡の考古学的調査』には、神津の調査結果とともに、この遺跡から出土した土器の実測図が提示されていて参考となる。八幡先生は「弥生

式土器の型式分類」で第二類とされ、藤森さんは、この岩村田出土資料などを標式資料として、弥生式土器の一形式に岩村田式を設定した（「信濃の弥生式土器と弥生式石器」『考古学』七―七　一九三六年七月）。が、その際、参考としたのは、神津の論考には土器の実測図が伴わなかったことからであろう、『北佐久郡の考古学的調査』であった。なお、一九三〇年の神津の調査は、長野県内に於ける弥生時代住居址の最初の発掘例と評されている（『長野県史　考古資料編』一九八二年）。

六　信濃考古学会経営の苦心と自負

東京人類学会の会計事務を担当した若林勝邦も、繰り返し「特別会告」とか「至急緊告」などの見出しで、会費納入の依頼を『東京人類学会雑誌』に掲載するなど、会の円滑な運営のための会費徴収に腐心していたが（拙稿「探求に熱心なる人　一」『考古学雑誌』）、神津も、また会費徴収の苦労から逃れることは出来なかった。神津は、大きな希望をもって信濃考古学会を創設し、会誌の発刊に伴って会員数も拡大したことは間違いないが、それが会費収入の増加にはつながらず、直ぐに経済的な問題に突き当たってしまったらしい。はやくも、一年三輯の「会報」欄では、八四円九〇銭の不足を伝え、

本会の経済状態は極めて逼迫して居る。第三輯を配布すれば不足金は百五拾円に達するであらう。斯くては永続上非常な障害となるから、会費未納の会員諸氏は至急御送附願ひ度い

と訴えているのである。八幡先生やN・G・マンロー、両角守一、小山真夫等の寄付もあって、遣り繰りをしていた会計も、一九三〇年（昭和五）六月に二年三輯を刊行した頃には、印刷代も支払い不可能なほどに窮迫していたように伝えている。二年五・六輯の「会告」のなかで、神津は、

実は六月号の印刷代の支払いが出来ませんので、八月号原稿は出来て居ても注文も致し得ずに困つて仕舞ひまして、

と窮状をさらけ出しているのである。

が、神津の度重なる深刻な訴えにもかかわらず、会費の納入はいっこうに改善されなかったらしく、「会費不払会員が多く会務進捗に差支えること尠くない」という状況であった（二年五・六輯）。加えて、昭和初期の大恐慌のなかでの取り付け騒ぎによる銀行の倒産もあり、神津にも多大な影響があったから、印刷費の立て替えも困難となって、信濃考古学会の維持も難しくなってしまったようである。会財政の逼迫を知った藤森さんは、自身の論考の図版代として、「オヤジの金箱から二十円ごまかして」送附することがあったらしい（「はるかなる両角守一 ―信濃考古学会始末―」）。

神津は、「本誌は今多少なり中央学界に認められ、幾分の寄与をなしつゝある」と自負し（二年三輯）、強い愛着をもって、『信濃考古学会誌』の継続を希求し、

第九号即ち第三年第一輯だけは未掲載原稿や、会員名簿、総目録等を掲げる為に発刊します。……之が終刊号にならないことを祈ります。

と悲痛な「会告」を掲げ（二年五・六号）、一九三二年（昭和七）三月、ようやく、その三年一輯を刊行した。その折り、雑誌『信濃』（四 一九三二年四月）では、滸山老猿が、

約一ケ年間休刊の同誌の復活を祝福する。範囲が狭いだけに、経営諸氏の苦労を御察しする。

と再刊の喜びと同情を伝えたが（「史界瞥見」）、結局は、経済的な問題で立ち行かなくなって、神津が危惧したとおり、これが最終号となってしまった。

森本六爾は、その三年一輯が刊行される以前に、

信濃考古学会は、神津猛、八幡一郎両氏の協力の下に、両角守一、藤森栄一氏等の執筆助力を得て、雑誌「信濃考古学会誌」を刊行し、地方雑誌としては稀に見る洗練さを示したが、第二年第五・六合冊号を一月に刊行したまま休刊した。惜しいことである。

と、その休刊を惜しんでいたのであった（「考古学界動向回顧 昭和六年度」『考古学年報 一』一九三二年）。一年二ヶ月ぶりの復刊であったし、「同人一同会し継続方法を案出し」と継続を期待させる文言（「会告」）もあったから、滸山老猿ばかりでなく、続刊を心待ちする人びとも少なくはなかったと思われる。

ただ、会誌の発刊は途絶えてしまっても、直ちに信濃考古学会が消滅したわけではなく、一九三二年（昭和七）八月、信濃郷土研究会と合併することで終焉を迎えたのである。信濃考古学会に寄せられていた原稿は、『信濃』に継続されることとなった（「合併の御知らせ」『信濃』一―八）。

神津が、「多少なり中央学界に認められ、幾分の寄与をなしつゝある」というのは、『信濃考古学会誌』に収載された論考や報告が、学界で参照されることを意味するのであろう。が、私は、一九三〇年（昭和五）六月までの時点では、神津が自負するほどの事例を確認し得てはいない。それでも、一九三〇年一月の『考古学』（一―一）の「同人語―過去一年間に於ける本邦青銅器時代研究の進展」に、森本六爾によって、

中部日本高地地帯では、八幡一郎氏によつて、信濃南佐久郡に於ける青銅環、弥生式土器伴出の興味ある一例が報ぜ（信濃考古学会誌六月）られた。

とあるのや、「学界消息」欄に、

八幡一郎氏は科学画報十二月号に「一九二九年度の我考古学界」なる一文を草せられた。又同氏の編輯にかゝる信濃考古学会誌は巳（已の誤植？）に第三輯を刊行した。

とあるのなどを知っている。さらに、三月刊行の『考古学』（一―二）の「学界消息」にも、

信濃考古学会は会誌第四号を増大して近刊することとなつた。其の主要なる内容は藤森栄一氏「玦状耳飾を出せる諸磯式遺蹟」、小山真夫氏「原史時代の二大遺跡」、坂井典敏、徳武輝治両氏「戸隠の布目瓦」等である。

などと懇切に紹介されてもいる。また、『考古学雑誌』の「最近考古学関係要目」や「最近考古学関係論文」欄に、『信濃考古学会誌』が採り上げられていることも確かである（二〇―二 一九三〇年二月ほか）。

地方誌とはいえ、八幡先生の「信濃発見の滑車形耳飾」（一年一輯）、「信濃発見の玦状耳飾」（一年三輯）、「北安曇郡小谷発見石器」（二年五・六輯）、「上水内郡栄村宮発見の石器」（三年一輯）などの論考を収載し、森本も「更級郡川柳村に於ける円筒棺発掘の予報」（一年二輯）や「信濃若宮銅剱に就て」（二年三輯）を寄稿し、高橋直一「磨製石鏃に関する考察」（二年四輯）も収録する雑誌であってみれば、中央学界も等閑視することは出来なかったはずである。なお、藤森さんの「玦状耳飾を出せる諸磯式遺跡」（二年一・二輯）は、諸磯式石器の組成も明らかにした学問的な価値とは別に、世俗的な問題を引き起こしたようである。後年、藤森さんは、

北安曇郡四ッ谷船山の発掘に、長野県史跡名勝天然記念物調査員の諸先生の尻にちょこちょこついていった少年の私が、正式報告に先き立って、「玦状耳飾を出せる諸磯式遺跡」という長篇を投稿してしまった。しかも調査会の写真を使ってである。大先生の意見にさからって、古墳ではないと明言することさえタブーなのに、これを掲載してくれた編集の八幡先生は、調査会にさんざんのわびを入れられたことと思う。

と回顧している（「はるかなる両角守一　―信濃考古学会始末―」）。地元では大変な話題になったであろうことは充分に推察される。が、当の藤森さんは、「この論文は信濃考古学会はじまっていらいの本格的先史学論文だと信じていた」と、その内容には強い自信をもっていたのであった。もっとも、八幡先生は、藤森さんの論考への「編者附言」で、

本報告は長野県史蹟調査委員今井真樹氏が県の命令に依り船山遺跡に出張取調べるに際し、同行された藤森君の起草に関り、写真類は今井氏が撮影せしめたものである。従つて今井氏が近々県に報告される関係もあるので同氏の了解を得て掲載した。

と記しているから、編纂者として打つべき手は打ってあったのである。今井の報告（「北安曇郡北城村船山遺跡」）は、『長野県史蹟名勝天然紀念物調査報告』（一二　一九三一年）に収録されている。

七　長野歴史館の神津コレクション

神津猛に、独創的な論考と称揚すべき仕事を指摘することは難しい。が、それでも、長野県内に於ける弥生時代の竪穴住居址や須恵器窯の発掘に先鞭をつけたこと、また、考古学研究の黎明期に、「信濃考古学会」を創設し、『信濃考古学会誌』を発刊して、県内に於ける考古学研究を推進しようとしたことは充分に評価すべきことだと思っている。会誌の発行は、地方の同好者に研究発表の場を提供したばかりでなく、八幡一郎先生や森本六爾などの寄稿を得て、学界の新知見を導入することともなり、信濃地方に於ける考古学的研究の進展に大きく貢献するものであったと指摘することが出来るだろうと思う。私は、このことに於いて、神津の努力を多と考えるのである。

私は、そうした神津に惹かれるところがあって、その活動の軌跡を追ってみた。調査を続けるなかで、神津には日記や手記があると知り、披見したいと願っていたが、残念ながら現在まで実現していない。ただ、日記の一部ばかりは、神津の遺稿集『後凋』に収録されている「日記抄」によって知ることが出来た。『後凋』の存在は、大沢洋三『赤壁の家　藤村をめぐる佐久の豪農神津猛の生涯』（一九七八年）によって知ったが、当地では容易に閲覧することが叶わなかった。神津の郷里、佐久の市立図書館なら架蔵されているかと狙いを付けて、二〇一二年（平成二四）七月の終りに、一泊二日の旅程で同図書館を訪れたのであった。生憎と、蔵書整理のための休館日であったが、職員のご好意によって、収蔵されていた同書を眼にすることが出来た。

さらに、神津のコレクションが長野県立歴史館に収蔵されていることは、同じように、資料を求めて訪ね歩いた二〇一三年（平成二五）四月、上田市教育委員会の後に訪れた同市立博物館で、館長さんからご教示を得た。その際には、時間的な余裕がなかったので、改めて、六月になって、梅雨の合間を利用して歴史館を訪れたことであった。電話での遣り取りによって、神津のコレクションがコンテナーに収納され、大切に保管されていることは承知していたが、案内された遺物整理室の机上に、たくさんのコンテナーが並べられ、膨大な量の土器や石器、瓦片が集積されているのを見た時、学芸員さんのご苦労に感謝するとともに、神津は幸せな先学であるなと思った。

頂戴した「神津猛寄贈資料一覧」の記載どおりに、八六箇のコンテナーに整然と収納された遺物群は、一見して、信濃国分寺址採集の古瓦や、岩村田駅附近検出の弥生式土器、八重原窯址出土の須恵器が圧倒的に多いことが分った。これらの遺跡の調査や遺物蒐集に、神津が強い関心を持って努めたのであろうことが容易に察知されたのであった。八重原須恵器窯址では、焼土塊や粘土塊も採集されていた。また、上田市所在の「海禅寺裏遺跡」出土とされる土師器や須恵器、灰釉陶器も目に付いたが、この遺跡についての神津の記述を私は知らない。また、『全国遺跡地図 二〇 長野県』（一九八三年）や『長野県史 考古資料編』（一九八一年）の「遺跡地名表」を見ても、「海禅寺裏」の遺跡名は見出すことが出来なかったので、歴史館の学芸員さんに問い合せたところ、上田市が実施した一九七四年（昭和四九）の調査で確認された、縄文式土器や土師器・須恵器を出土する小規模な遺跡で、上田城の北東に位置しているということを教えられた。さらに、市立博物館の館長さんのご教示によって、『上田市の原始・古代文化―埋蔵文化財分布調査報告書』（一九七七年）に、

三一二　海禅寺裏遺跡　上田市大字上田字海禅寺
字名の示すとおり、海禅寺と呈蓮寺の北方にあり、宅地の間の僅かな空地から、縄文中期の加曽利E式・後期の堀之内式、弥生後期の箱清水式、土師中期の土器片などが表採された。分布範囲は明らかでない。


とあること、現在では、「八幡裏遺跡群」として、一括把握されていることを知った。

古瓦のなかに、武蔵国分寺や多賀城、奈良の法隆寺や法輪寺、興福寺、京都の仁和寺、さらには奉天北陵などの中国の古瓦も存在し、武蔵国分寺では、磚も蒐集されていることを確認した。が、これらについても、その蒐集の経緯は把握し得ていない。

ただ、八幡先生の『南佐久郡の考古学的調査』や『北佐久郡の考古学的調査』に、神津所蔵とされている遺物群は、ほとんど確認することが出来なかった。例えば、平賀村和田上遺跡出土の磨製石鏃・玉類・石包丁・石錘・土

錘・磨製石斧・土偶断片など、実測図や写真図版で紹介されている資料群、大里村諸別府古墳採集の鉄鏃や銅釧など、興味の深い遺物も、両書を片手に検索してみたが、志賀村海老在家出土の土偶以外は、確実に対比される遺物を見出し得なかった。岩村田町出土の坩や同停車場附近出土の瓲に、あるいはと思われるものもあったが確証はない。八幡先生が紹介している遺物群の多くは、このコレクションに収められてはいないように観察された。

なお、長野県立歴史館に保管されている神津コレクションは、二十数年ほど以前に、同館の開設に伴って、県立図書館から移管されたものということであって、現在では、図書館に寄贈された経緯などについてもまったく不明とのことである。

最後に余談になるが、両角守一の「滞京漫筆」(『信濃』二―八　一九三三年八月)に、上京後、東京・銀座のプレイガイドに働く神津の姿が伝えられていること、また、『藤森栄一の日記』(一九七六年)に、

懐古園の藤村博物館。神津猛、破戒の序文献辞に注意。よき写真あり。

とあることを指摘しておく(一九六五年一一月一三日条)。「よき写真」とは神津の肖像写真をいうのであろう。とすれば、本稿に掲載した写真である。館長さんのご好意で、掲載場所からはずし、事務室で複写させて頂いた。

第五篇　考古学の生字引 ～弘津史文小伝～

一　弘津への関心

山口県（周防・長門国）は遠隔地のことでもあり、私は、重要な報告書の入手には心掛けたが、知友もなく、情報も充分には届かなかったから、正直なところ、架蔵している文献も決して多いとはいえない。そんなこともあって、彼の地の遺跡に関心を寄せることも少なかった。弥生時代の遺跡土井ヶ浜などよりも、むしろ、瑠璃光寺五重塔や常栄寺庭園のような大内文化の名残に興味が深かった。

弘津史文
（『防長漢式鏡の研究』より）

そんな私が、はやい時期に山口県をフィールドとし、考古学的研究に邁進した弘津史文という先学の存在を知り、その事績を調べてみたいと考えたのは、東京・神田の古書店で、弘津の著作⑪『防長漢式鏡の研究』（一九二八年）と『周防長門　遺蹟遺物発見地名表』（一九二八年）に巡り会ったことにある。両書とも、「山高郷土史研究会」の発行となってはいるが、どうも、弘津の経済的支援によって刊行されたように思われ、嘱託という立場で、経済的負担までして、（旧制）山口高等学校歴史教室を盛り立てようとした弘津に、私は強い興味を覚えたのであった。半世紀ほど以前のことである。

以来、私は、弘津の著作を、古書店街を歩く度に探し求め、カタログで目にすることがあれば購入し続けて来た。が、⑤『防長の古塔』など数冊を除けば、その著書が神田辺りに出回ることは稀で、私の蒐書は遅々として進捗しなかった。いまでは、パソコンで全国の古書店の在庫が容易に検索出来るようになったが、以前はそんな便宜もなく、古書店街を歩き、一軒々々書棚を覘き、送られてくるカタログに眼をこらすよりほかに探索の方法がなかったのである。弘津の著作群は、⑤『防長探古録』を除けば、他はいずれも非売品であったから、あまり世間に流布しなかったのではと疑われたほどであった。

弘津の著作は、関東地方では、日本考古学会（現国立東京博物館内）や東京考古学会（森本六爾主宰）に寄贈されていたようである。『考古学雑誌』（一八―三　一九二八年三月）の「考古学会寄贈交換書目」に、⑦『周防国熊毛郡上代遺跡遺物発見地調査報告』の受領を伝える記事を初めとして、受領の記事とその書評が繰り返して掲載されている。その書評だけを抜き出しても、「周防国熊毛郡上代遺跡遺物発見地調査報告書」（一八―三　一九二八年三月）など、六回を確認することが出来た。また、『考古学』の「編輯所日記」にも、「弘津史文氏より『古燈火具』……受贈」といった記事が見え（四―六　一九三三年六月）、『防長原史時代資料』（一―四　一九三〇年七月）などが新刊紹介欄で取り扱われている。その⑭『防長原史時代資料』について、森本六爾は、

本書は昭和五年五月刊行の、周防長門両国原史時代遺物資料集である。その出版の目的並に態度は著者が自序にいふが如く、「防長両国に於ける原史時代の遺物を集めその発見地、発見年月、所在地、発見当時の記事論説を記載しこれを防長考古学研究者に提供するものにて何等結論に達せず只その正しき資料」を学界に送るにある。此の親切且つ謙譲な方針の下に、遺物箇々の記録は、「軽々しく推断を下すを避けて」、「用意周到」に編述されてゐる。従つて内容的には氏の前著『防長漢式鏡の研究』（昭和三年）と姉妹編をなすものであり、時代的には同じく氏の著『防長石器時代資料』（昭和四年）に相続くものである。柴田常恵氏が本書序文に於いて「今日の如く防長に於ける考古学方面の闡明されしは、主として氏の業績に負ふもの」と記されてゐることは、また

吾々の言はんとする所を尽されてゐるが如き感がある。

と、懇切に論評している。

弘津については、やはり斎藤忠先生が、『日本考古学史辞典』(一九八四年)や『郷土の好古家・考古学者たち』(西日本編 二〇〇〇年)のなかで言及している。要を得た解説であるが、その記述は詳細というほどではない。また、小野忠凞の『山口県の考古学』(一九八五年)では、その「研究史の展望」の項で、

また、大正七年(一九一八)、弘津史文氏によって『周防国熊毛郡上代遺跡遺物発見地名表』の刊行をみ、氏が自宅に設けた金石館の収蔵遺物は、後に旧制山口高等学校に寄託された。昭和十二年(一九三七)氏自ら山口県立教育博物館資料蒐集委員となり、さらに旧制山口高等学校属託となるなど、県の中央で推進者として活躍するに及んで一段と進展をみ、誕生した同校郷土史研究会の協力を得て期を画する高揚期を迎えたのである。……

昭和二年(一九二七)から同五年(一九三〇)ごろにかけ、『周防考古学資料写真集』『周防国熊毛郡上代遺跡遺物発見地調査報告』『防長石器図集』『防長弥生式土器図集』『防長漢式鏡の研究』『防長石器時代資料』『防長原史時代資料』など、弘津史文氏の手になる一連の考古資料集が相ついで世に出された。このような、本県の考古学を当時の日本的水準にまで引き上げた氏の功績は、山口県考古学史のうえで燦然と輝いている。

と、弘津の経歴と著作も何冊かを挙げて、その功績を高く評価している。長い引用になってしまったが、弘津の考古学的な活動は充分に伝えられていると思う。また、「地域考古学の先達 四三 山口県」(『考古学ジャーナル』二五七 一九八五年一二月)でも、まったく同趣旨の讃辞が繰り返されている。

が、やはり、はやくから「山口県で考古学の生字引」と評された弘津(「曲玉に咬まれた話」『ドルメン』一―五 一九三二年八月)の仕事を回顧するには、この程度の紹介では、物足らなく思われるのである。それで、私なりに、改めて弘津の業績を再考してみる余地もあるのではないかと考えての執筆である。

二　弘津の著作群

弘津の考古学的著作群の最後と思われる、⑱『古燈火器具　防長両国に於て蒐集せる』の巻末に収録された「弘津史文著作目録」によると、その著作群は、一九一三年（大正二）刊行の①『周防国熊毛郡上代遺跡遺物図譜』以下、二〇年間で、都合一八冊を数える。いま、煩を厭わず、その『古燈火器具』所載の目録を転載してみると、次のようになる。

①	周防国熊毛郡上代遺跡遺物図譜	一九一三年　八月
②	周防之大墳	一九一七年　四月
③	都怒之大墳	一九一八年　八月
④	歴代年表	一九二四年　八月
⑤	防長探古録	一九二五年　二月
⑥	防長考古資料写真集六冊	自一九二六年一〇月 至一九二七年一一月
⑦	周防国熊毛郡上代遺跡遺物発見地調査報告書	一九二七年一〇月
⑧	防長石製模造農具図集（原史時代之部）	一九二八年　六月
⑨	防長弥生土器図集（先史時代之部）	〃　年　〃月
⑩	防長石器図集（先史時代之部）	〃　年　？
⑪	防長漢式鏡の研究	〃　年　八月
⑫	防長石器時代資料	一九二九年　一月
⑬	防長和鏡の研究　附防長の経塚	〃　年　九月

⑭　防長原史時代資料　一九三〇年　五月
⑮　防長の古塔　〃　年　八月
⑯　鞍と鐙 馬具研究資料　一九三一年　八月
⑰　甲冑研究資料 防長両国に於て蒐集せる　一九三二年　七月
⑱　古燈火器具 防長両国に於て蒐集せる　一九三三年　三月

以上のほかに、山口高等学校歴史教室編『周防長門 遺跡遺物発見地名表』（一九二八年）や『防長古墳横穴及同時代遺物発見地名表』（一九二八年）も、その編纂には弘津が重要な役割を占めていたらしい。さらに、「阿武郡見島文化の研究」（『山高郷土史研究会考古学研究報告書』一九二七年）などもあるが、これらは小稿では取り扱うことをしなかった。

また、弘津の蒐集品の絵葉書も存在する。「江戸時代象嵌鐙絵葉書（六枚）」（一九三五年）、「古燈火器具絵葉書（六枚）」（一九三六年）、「髪飾絵葉書（六枚）」（一九三七年）、「文部省 重要美術品絵葉書（八枚）」（一九三八年）などが、一九三五年（昭和一〇）から一九三八年（昭和一三）にかけて、毎年、一組ずつ発行されている。「文部省 重要美術品絵葉書」のなかには、福岡県京都郡豊津町所在の豊前国分寺址附近出土の銅印や、山口県柳井市新庄に所在する濡田廃寺出土の和同開珎なども含まれており、考古学的に貴重な遺物群が弘津の手許に蒐集されていたことが分かる資料である。

その著作群の多くは、図版を中心とした書冊であった。とはいえ、掲載資料の一点々々を写真撮影し、観察・計測したばかりでなく、時には実測図も添え、関連資料も探索して解説を加えているわけであるから、編纂はそう簡単ではなかったはずである。確かに、既発表文献を再録することも多かったが、それにしても、毎年、一冊・二冊と刊行し、とくに一九二八年（昭和三）には四冊も上梓しているのだから、その間には、大変な努力が必要であったと思われる。経済的負担も少なくはなかったであろう。大正から昭和一桁の時代に、山口県内に限られていたとしても、縄文・弥生・古墳時代の遺跡・遺物ばかりでなく、古代末からの古塔⑮や経塚⑬、中・近世の馬具⑯と甲冑⑰、そして古燈火器具⑱などにも関心を寄せ、その集成に努めた弘津の仕事にはただ驚嘆するしかない。⑤『防長探古録』は、山口県内に於ける慶長以前の年号を明記した古鐘や鰐口、経筒、古鏡、舎利塔などから補任状、寄進状といった古文書に至るまでを網羅的に収録している。弘津の関心がきわめて広範囲に及んでいたことが分る。というよりも、いわゆる郷土愛からか、弘津は防長二個国に於ける慶長以前の史・資料を、悉皆的に集成することを心掛けていたという印象である。同書に「序」を寄せた作間久吉（教育博物館長）は、

現ニ本県ニ存在シ又ハ嘗テ本県ニ存在セシ金石文、其ノ他古器古籍等ニシテ、凡ソ慶長以前ノ年号月日ヲ明記セシモノハ、其ノ実物ヲ写真シ、又ハ之ニ記入セシ文字ヲ転写シテ、且ツ所在地ノ説明ヲ加ヘタルモノ、百六十余点ノ多キニ及ブ。是レ探古ノ志最モ篤キモノニ非ンバ、誰カ能ク此ノ如キ豊富ナル資料ヲ蒐集スルヲ得ンヤ。

と、弘津の執拗な探索心に最大級の讃辞を贈っている。

いま、弘津の著書群は、入手どころか、当地では目にすることさえ容易ではない。各地の博物館や図書館にも、満足には架蔵されてはいないようである。私も刊行年次のはやい①『周防国熊毛郡上代遺跡遺物図譜』など数点は、未だ閲覧することが出来ないでいる。また、弘津の仕事の多くの部分、古塔や馬具、甲冑、灯火器などは、私の興味・考察能力の範囲外であるから、論評する術もない。小稿では、縄文時代や弥生時代、そして古墳時代の遺構、遺物に関する著作のなかの四冊（⑦『周防国熊毛郡上代遺跡遺物発見地調査報告書』・⑪『防長漢式鏡の研究』・⑫『防長石器時代資料』・⑭『防長原始時代資料』）を紹介・評論し、弘津という研究者の業績を回顧してみたいと思う。ただ、⑤『防長探古録』は弘津の資料探求の執拗さを端的に物語る仕事であるし、そこにはたくさんの仏教関係の考古学的資料も収載されている。従って、私の能力の不足も顧みずに、⑬『防長和鏡の研究　附経塚の研究』と併せて、簡単に言及しておきたいと思う。

三　熊毛郡の遺跡調査 ―『周防国熊毛郡上代遺跡遺物発見地調査報告書』―

⑦『周防国熊毛郡上代遺跡遺物発見地調査報告書』（一九二七年）は、熊毛郡内に於ける弥生時代から古墳時代にかけての遺跡を調査した記録である。熊毛郡は山口県の東南部に位置し、弘津の出生地平生町はその熊毛郡に属しているから、①『周防国熊毛郡上代遺跡遺物図譜』とともに、身近な地域の調査報告書である。『考古学雑誌』（一八―三一九二八年三月）に、高橋直一によって、

熊毛郡内にある三十八箇所の石器時代遺跡と、古墳との調査の結果を報告したものである。簡明なる叙述を以つて、各遺跡の特徴を要領よく説き盡してあることは、編者の研究の用意周到なことを思はしめる。遺跡の中、特に注意すべきもの、巴形銅器を出した佐賀村の古墳、鍛工具其の他多くの遺物を出した城南村後井の古墳等に就いては図版或は実測図を添えて詳細な説明を書いてある。

……終りに唯一の望蜀の感あるは古墳の実測図を製図法によつてなされたら本書の価値を一層高めたであらうと思ふことである。

と評されている著作である。高橋が「古墳の実測図を……」というのは、古墳々丘の実測図がまったくなく、提示されている数少ない石室や遺物出土状況図も、「見取図」であったことを惜しんでの苦言であると思われる。

本書の内容は、（一）古墳築造年代に就て、（二）国造本義、（三）周防長門両国国造、（四）上代遺跡遺物調査の概要、（五）周防国熊毛郡上代遺跡遺物発見地調査報告、（六）遺跡遺物の説明、（七）図版の七項目で構成されている。その第四項の「上代遺跡遺物調査の概要」では、

本郡内に於ける上代遺跡遺物発見地を六十数ヶ所調査し之れを列記せしのみである。その多くは原史時代の円形墳で稀れに前方後円墳がある また先史時代の遺物包含地数ヶ所をも調査したに過ぎない 本郡内先史時代遺物はいづれも弥生式で まだ縄文式のものは発見せられない。

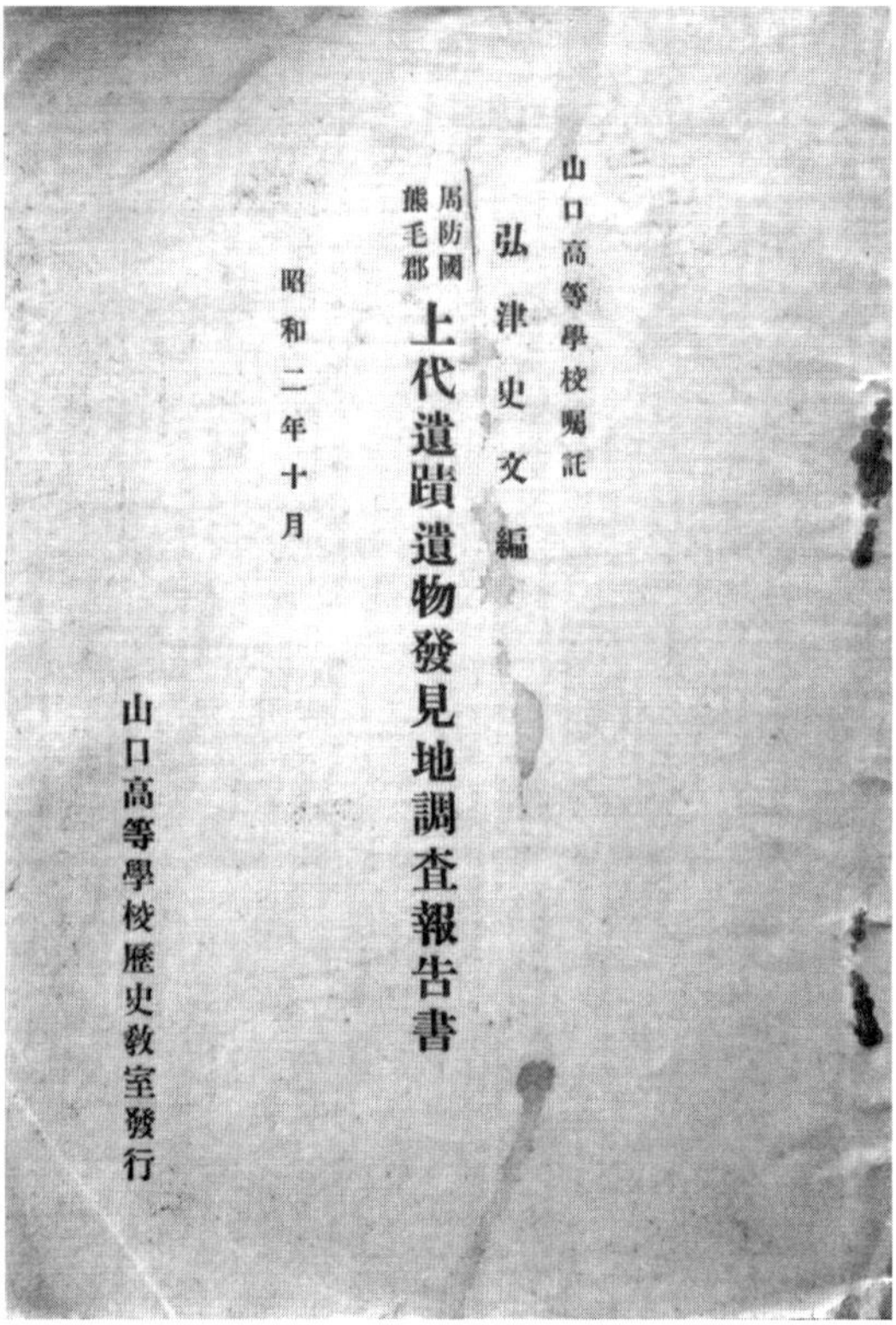

『周防国熊毛郡上代遺跡遺物発見地調査報告書』

と、熊毛郡内に確認された遺跡の時代別傾向を指摘している。つまり、弘津が調査した熊毛郡内の「上代遺跡」（先史・原史時代遺跡）と出土遺物（三八箇所）を報告するが、「原史時代」（古墳時代）の遺構・遺物は確認出来たものの、「先史時代」では、弥生時代は遺物ばかりで、縄文時代となると遺物さえも発見されないというのである。前方後円墳は海岸に近く分布するともいっている。

　また、第六項「遺跡遺物の説明」では、郡内の古墳を観察した結果を総括して、佐賀村（現平生町）字佐賀の白鳥神社々地に所在する前方後円墳を「本郡第一の前方後円墳」とし、「石槨」は城南村（現田布施町）字宿井の後井古墳が最大で、麻郷村（現田布施町）字麻郷の鳥越山のそれが最小であるとしている。鳥越山古墳の場合は、玄室と羨道の区別のない構造で、内部を「ベニガラ」様のもので塗彩し、長さ四尺六寸（約一三八cm）、幅一尺八寸（約五四cm）、高さ一尺七寸（約五一cm）を計ったという。測頭を伴わないので具体的でないが、光市荒神山古墳で、内壁に赤色の顔料を塗布した組合箱式石棺が検出されており（『山口県の考古学』）、鳥越山古墳もそうした類例であろうか。葺石を施設するのは、白鳥神社々地所在の古墳と同村字百済部阿多田島の前方後円墳ばかりであるという。後井古墳では、羨道部中央よりやや玄室寄りに、床面を横断するように掘り込み、そこに須恵器（蓋付きの坏）が一〇個並んで検出されたという。「日本内地では珍しい」事例であると指摘している。なお、防長地方に於ける須恵器窯址は、長門国厚狭郡須恵村字大須恵高尾山・周防国玖珂郡余田村字小原六一五番地（山林）・吉敷郡陶村の三箇所に所在するとある。

　弘津の報告した遺跡群を時期別に整理すると、弥生時代の遺跡四箇所、古墳二三箇所、その他一箇所となる。この「その他」とした一遺跡は、阿月村（現柳井市）字小田沖の海中から大甕を出土したものであるが、詳細は不明である。大甕は須恵器であろうか。

　いま、それらの包蔵地と古墳を、一九七九年（昭和五四）時点での行政区画別（カッコ内は弘津の調査時点の行政区画名）に整理してみた。私が当該地の地理に不案内のため、多少の不安もあるが、次のように整理されるかと思う。

行政地区名（旧地名）	弥生時代	古　墳	その他
光　市（旧島田村）		一	
（旧室積村）		二	
（旧周防村）	一	二	
柳井市（旧阿月村）		一	一
（旧伊保庄村）		四	
平生町（旧平生町）		一	
（旧大野村）	一	四	
（旧佐賀村）		二	
田布施町（旧田布施村）	二	五	
（旧麻郷村）		二	

	（旧城南村）		三	
熊毛町	（旧三丘村）		一	
	（旧勝間村）		一	
	（旧八代村）		一	
大和町	（旧三輪村）		一	
	（旧塩田村）		一	
上関町	（旧上関村）		一	
計		四	三三	一

古墳の種類別では、円墳が三〇箇所、双墳一箇所、前方後円墳二箇所となる。「双墳」とは「双円墳」のことで、伊保庄村（現柳井市）字中村小字開作八幡山に所在し、当時、「防長両国内では他にその例を知らざるもの」という。

文化庁編『全国遺跡地図 三五 山口県』（一九七四年）や、小野忠凞「主要遺跡地名表」（『山口県の考古学』収載）に較べると、その報告遺跡数はかなり少ないことになる。弘津は縄文時代の遺跡を確認していないし、弥生時代の遺跡も四箇所を記録しているに過ぎない。が、縄文時代や弥生時代の遺跡・遺物発見地は、表面採集地を含め悉皆的に記録しているらしい「主要遺跡地名表」にしても、そう多くを確認してはいない。縄文時代の遺跡は、柳井市に三遺跡、光市に二遺跡、田布施町に一遺跡の六遺跡が登載されているだけである。弥生時代に至っても、柳井市に三遺跡（旧熊毛郡分のみ）、光市に五遺跡、熊毛町と大和町に各四遺跡、田布施町と平生町に各五遺跡、上関町に三遺跡の二九遺跡が記録されているばかりである。一九二七年（昭和二）の時点で、弘津の個人的な仕事となれば、確認数が少ないのも已むを得ないことだろう。また、本来的に、この時代の遺跡数は少ないようでもある。

溯って、明治から大正の頃ともなれば、どの程度の数の遺跡が認識されていたか心許ないものがある。『第三版 地名表』（一九〇一年）では、山口県に該当する周防国（二箇所）と長門国（一箇所）でわずか三箇所である。『第四版

地名表』（一九一七年）でも五箇所に過ぎない。周防国で増加した一箇所は、弘津報告の熊毛郡田布施村所在の遺跡で、

熊毛郡田布施村・波野 岩永、カワズノ森　土器、磨石斧　弘津史文

とある。全国的に見ても、最も少ない部類である。それでも『第五版 地名表』（一九二八年）になれば、周防国二〇箇所、長門国七箇所となり、熊毛郡も七箇所と増加している。それも弘津による部分が大きい。『第五版 地名表』の「追補一」（一九三〇年）では、周防と長門の両国で各三箇所が増補されているが、熊毛郡の記載はない。『第五版 地名表』の熊毛郡七箇所は、すべて弘津の報告になるものである。また、弘津の報告は、熊毛郡ばかりでなく、周防国では大島郡（二箇所）・玖珂郡（一箇所）・佐波郡（二箇所）・吉敷郡（三箇所）、長門国では豊浦郡（五箇所）に及んでいる。

古墳（古墳群）に関して、『全国遺跡地図』や「主要遺跡地名表」と弘津の記載とを対照することは、私には容易でない。その『全国遺跡地図』（カッコ内は、「主要遺跡地名表」の数値）では、柳井市に四古墳（一古墳）、光市に八古墳（六古墳）、平生町に一七古墳（四古墳）、田布施町に一九古墳（五古墳）、熊毛町に三古墳（一古墳）、上関町に三古墳の五四古墳（一七古墳）が確認されている。大和町には記載がない。柳井市柳井の茶臼山古墳は著名であるが、旧玖珂郡に属したから、本書では扱われていない。ただ、弘津の調査が行われたことは、⑪『防長漢式鏡の研究』や「周防国赤妻古墳並茶臼山古墳」（『考古学雑誌』一八―四・五 一九二八年四・五月）に明らかである。

⑦『周防国熊毛郡上代遺跡遺物発見地調査報告書』は、一九〇九年（明治四二）から一九二四年（大正一三）にかけて、中断もあったが、前後一六年間に実践した調査の記録である。しかも、そのほとんどが独力での探査であった。それでも、「上代遺蹟遺物発見地を六十数ヶ所調査し之を列記せし」といっているように、本書に収載された報告は三八箇所であるとしても、随所に関連する附近の遺跡についての言及があるから、踏査遺跡が六〇箇所を超えていたことは確かであろう。『周防長門 遺跡遺物発見地名表』（一九二八年）では、熊毛郡内に確認された遺跡として、先史時代（七箇所）・原史時代（六一箇所）・窯址（一箇所）・遺瓦址（二箇所）・経塚（四箇所）・烽火場（一一箇所）

が掲載されている。先史時代と原史時代を併せると六八箇所となるから、単純にいえば、そのほとんどを探訪していたことになるだろう。実際、『周防長門 遺跡遺物発見地名表』記載の先史時代七箇所ばかりでなく、原史時代六一箇所のうちでも五六箇所が弘津の報告となっている。「主要遺蹟地名表」でも、縄文及び弥生時代の遺跡数と古墳を併せた合計は八九箇所ということであるから、弘津の探索がよほど丹念なものであったことは確かである。

弘津が居住した熊毛郡内に限定されているとはいっても、交通手段が発達していなかった時代に、これだけの遺跡を探訪し、古墳では墳丘や石室を計測したばかりでなく、出土遺物も博捜して記録に遺した努力は賞賛すべきものと思う。さらに、伊保庄村字向田尾尻の古墳のように、再度の調査の折りにはすでに破壊されていたという事例もある。この場合、弘津の記事に伝えられただけで、より貴重な記録となることはいうまでもない。なお、本書に収載された城南村宿井字後井に所在する後井古墳の調査は、「山口県における最初の学術的見地から取り組んだ調査」と評価される仕事であった(『山口県の考古学』)。田布施町大字波野字御蔵戸のキツネビラ古墳とともに、その後井古墳の報告は詳細である。

四 漢式鏡の追及 ―『防長漢式鏡の研究』―

⑪『防長漢式鏡の研究』(一九二八年)は、

防長両国に於て発見せられたる上古の古鏡にして 何れも原史時代の古墳より発見せしもの丶みを集め その鏡背紋様につき 上古防長文化の研究資料に供すると丶もに その出土状態をも研究せんとするものなり。

という目的をもって編纂・刊行したものである(「はしがき」)。(一)序文、(二)はしがき、(三)図版説明目次、(四)図版説明、(五)図版の五項目で構成されている。

防長二箇国、つまり山口県下出土の漢式鏡二五面を、写真(実物・拓本)で紹介するが、種類・計測値(径・重量)・出土地・発見年次・所有者を記載し、解説及び関連資料を添えて懇切である。一例として、厚狭郡厚狭町(現山陽小

野田市）の長光寺山古墳出土の神獣鏡に関する図版説明（一三図版）を転載すると、

△三神三獣鏡　　直径七寸　重量弐百参拾匁

発見地　　長門国厚狭郡厚狭町大字郡字西津下小字長光寺山

発見年月　明治十四年旧三月十九日

所有者　　厚狭郡厚狭町大字西下津熊谷弥之助氏

此の古鏡は内区に六個の乳あり。その間に三神三獣を現はせるものにして　三面同形式のものを出したる外に、内行花紋鏡一面、石製鍬形石（碧玉岩製）　湖州六花鏡（直径四寸二分）　一面を発見せり。……この種の古鏡（湖州六花鏡のこと……引用者註）は支那宋時代に盛んに作られしものにて　古墳築造年代のものとは思はれず。我が国に於ても多くは経塚より出土するものにして　周防国都濃郡黒神嶋字船隠経塚より……草花鳥鏡一、白磁壺一、と共に湖州六花鏡一面を発見せし事あり。

されば恐らく後世の混入と見るべきものなるべし。この遺跡は今はその跡を留めざれども　発掘当時に実見せられし熊谷弥之助氏の談によれば　石槨は蓋石幅三尺位のもの十枚あり。槨内には三尺位土砂入りありて　埋まり居たりと言ふ。その土砂を除きて　槨の総高六尺位なりしとの事にて　この土砂中より鏡などの遺物を発見せしものなり。本墳は頂径十間位の円墳の如く　側壁割石を使用し　石質は花崗岩なり。倍塚本墳を去る五、六十間の所にあり　注意すべきは本墳は二個の石槨を並列せしもの、如く　その間十二尺あり。

とある。多少の省略をしたが、かなり克明な解説であることは理解されるだろうと思う。こうした解説が、一二五面の鏡鑑のそれぞれに施されているのである。

また、その「はしがき」では、収載資料のほか、天明年間（一七八一～一七八九年）より弘津の調査時点までに、ほかに一四面の鏡鑑が出土した事実があるとし、それらについても、可能な限りでの探索・説明を加えている。九面は行方を失ってしまったが、一面は熊谷弥之助の所蔵するところで、四面が東京帝室博物館（現東京国立博物館）に収蔵されているという。その熊谷弥之助所蔵の一面は、この⑪『防長漢式鏡の研究』に収載されている長光寺山出土の三面に伴出したもので、内行花紋鏡というが、どうしたわけか詳細な報告はない。帝室博物館に収められた四面は、①熊毛郡伊陸山林（?）、②豊浦郡豊西下村（現下関市）上ノ山古墳（六鈴鏡）、③大津郡菱海村（現長門市）（四獣鏡）、④大津郡深川村（現長門市）稼塚横穴墓群（素紋鏡）出土の資料とされている。

富岡謙蔵『古鏡の研究』（一九二〇年）に、山口市の赤妻古墳や柳井市の茶臼山古墳出土の鏡鑑が東京帝室博物館に収蔵されているとあり、大場磐雄「鏡鑑」（『日本考古図録大成』二　一九二九年）には、その帝室博物館収蔵の二面（赤妻古墳 変形文鏡　茶臼山古墳 鼉龍鏡）の精緻な鏡影（四六版・三〇版）が紹介され、また、詳細な解説が施されている。

弘津の紹介した二五面の鏡鑑の出土地を、前記の行政区画別（カッコ内は、弘津の調査時点での地名）に整理してみると次のようになる。

山口市　赤妻古墳（旧吉敷郡山口町赤妻粘山）　四面（四獣鏡・変形図様鏡・位至三公鏡・内行花紋鏡）
下関市　（旧厚狭郡吉田村吉田神社）　一面（内行花紋鏡）
〃　梶栗浜遺跡（旧豊浦郡安岡町梶栗浜）　一面（三鈕細紋鏡）
萩　市　（旧阿武郡三見村）　一面（素縁竜虎鏡）
防府市　黒山古墳？（旧佐波郡西浦村黒山または男山）　一面（獣首鏡）
〃　女山古墳（〃　〃　女山）　一面（五神五乳鏡）
下松市　宮ノ州古墳（旧都濃郡下松町宮ノ州）　四面（獣帯四神四獣鏡・神獣鏡・王氏作盤龍鏡・内行花紋鏡）
柳井市　茶臼山古墳（旧玖珂郡柳井町水口）　四面（変形神獣鏡・変形四神四獣鏡・四神四獣鏡・内行花紋鏡）
新南陽市　御家老屋敷古墳（旧都濃郡富田町竹島）　三面（劉氏作画像鏡・天王日月四神四獣鏡・神獣鏡）
熊毛郡平生町　白鳥古墳（旧熊毛郡佐賀村森ノ下）　二面（神獣鏡・四神四獣鏡）
厚狭郡山陽町　長光寺山古墳（旧厚狭郡厚狭町郡）　三面（三神三獣鏡）

弘津は、⑪『防長漢式鏡の研究』の編纂に際して、富岡謙蔵『古鏡の研究』や梅原末治『鑑鏡の研究』(一九二五年)、高橋健自『古墳と上代文化』(一九二二年)、同『鏡と剣と玉』(一九一一年)などを参照したという。富岡の著作には、山口県下出土の鏡鑑も九例ほど収載されているが、とくに、それらを手引きとして探訪したというわけではなく、鏡鑑に関する一般的知識の吸収に参考とした程度のことであるらしい。ただ、後藤守一『漢式鏡〔日本考古学大系一二〕』(一九二六年)は閲覧することはなかったようで、参考文献として挙げていない。が、同書には、山口県内出土の鏡鑑を一〇古墳で一七面も紹介しており、それらのなかには、②下関市上ノ山古墳出土の六鈴鏡や③大津郡油谷町出土の獣形鏡のように、弘津の参考となるものがあったのにと惜しまれるのである。

また、第一二図版御家老屋敷古墳出土の劉氏作画像鏡では、「島田貞彦氏の説によれば」とのみ記して、論考名を挙げていないが、一九二六年(大正一五)一月に発表された島田「周防国富田町竹島御家老屋敷古墳発見遺物」(『考古学雑誌』一六―一)を参照していることは確かである。御家老屋敷古墳は、もともと、弘津が島田に調査の便を図ったものである。その「劉氏作竟明如日月佳且(旦……弘津)好上有東王[ ]」の銘に対し、

十五字は明らかに読まる 嶋田貞彦氏の説によれば 其以下は磨滅甚だしく判読に困難すると共に 其の個所に文旬(句の誤植)を押(挿の誤植)入し 上旬(句の誤植)の「マクハ(バ?)リ」を以てすれば、二字の区間を残せるのみ 若し斯くとすれば 父西の二字を以て切棄てたるものとさる。

と、島田の理解を踏襲している。

とにかく、本書は、その出版当時に於て、

防長地方に於いて従来発見された此の種の鏡の総数は三十九面ある、然し其の後の所在不明なもの多かつたが、氏の努力によつて漸く二十五面の所在をつきとめこれを全部コロタイプ版におさめ且つ詳しい解説を施されてゐることは学界の最も喜ぶところである。

と評された仕事であった(「新刊紹介 防長漢式鏡の研究」『考古学雑誌』一八―一〇)。

なお、後藤の『古鏡聚英』（一九四二年）には、帝室博物館所蔵の二面（山口市朝妻出土内行五花文鏡・柳井市水口代田出土?・龍鏡）と国光嘉久治蔵の二面（下松市宮洲出土鋸歯文龍虎鏡・同獣文帯二神二獣鏡）の鮮明な写真図版が紹介され、その鼉龍鏡には、

径一尺四寸七分、外区変形獣文及菱雲文、内地出土鏡の最大なるもの

と註記されている。ただ、後藤が『漢式鏡』や『古鏡聚英』で、出土地を「柳井市水口代田（八幡宮所有地向山古墳）」とするのは、弘津の「茶臼山古墳」に該当し、『古鏡聚英』で「山口市大字下宇野令字朝妻」とあるのは、『漢式鏡』では「字赤妻小字丸山」とあって、「朝」は「赤」の誤植と思われる。弘津のいう「赤妻古墳」に当るであろう。

また、『山口県文化財概要 二』（一九五八年）では、茶臼山古墳出土の鏡鑑は、弘津の指摘のほかに、散逸した「小鏡」一面が存在したといい、重要文化財指定の下松市宮洲古墳出土の三面なども含め、「山口県下の古墳出土の鏡には」、「約三〇面がある」として、下関市吉見上越出土の神獣鏡ほかを追補している。さらに、『山口県の考古学』になると、

昭和三年（一九二八）にいたって弘津史文氏により最初の集録が行われ、『防長漢式鏡の研究』として公刊された。その後ながく発見例が減っていたが、第二次世界大戦後の地域開発や学術調査によってその数を増してきた。今日遺存する古鏡はいずれも埋葬遺跡からの出土品で、三二遺跡五〇面を数え、……定形化した古墳で鏡を副葬したものは、つぎの一六基三五面が知られており、……

と記して、一九八五年（昭和六〇）までに、確認された一六基の古墳名とそれに伴う三五面を古墳ごとに記載している。弘津は、古墳の出土鏡に限定せず、下関市の梶栗浜遺跡例（弥生時代の墳墓群）なども採択しての二五面の集成であったが、それにしても、弘津の執拗な探索のほどは窺われるように思うのである。

五　石器時代遺跡と出土遺物―『防長石器時代資料』―

⑫『防長石器時代資料』（一九二九年）は、表題に「石器時代」とあるが、内容的には縄文時代と弥生時代を一括し、山口県（防長二箇国）内で確認した両時代の遺跡および出土遺物を紹介したものである。（一）序文、（二）防長に於ける石器時代研究の概要、（三）防長石器時代遺跡遺物発見地名表、（四）図版目録、（五）図版説明、（六）図版で構成され、高橋健自と教授匹田直が「序」を寄せている。

（旧制）山口高等学校歴史教室では、本書発行の前年、一九二八年（昭和三）四月に、『周防長門 遺跡遺物発見地名表』を出版している。そこに列記された「先史時代遺跡」（同意義で「石器時代」とも記載）は三九箇所であった。なかに、美祢郡伊佐町（現美祢市）の河原風穴のように、人骨だけで、人工遺物の検出されていない石灰岩洞窟など三箇所を含むが、三九箇所の約半数、一八箇所が弘津の報告であった。本書では、三九箇所を五〇箇所にまで増加させ、二五箇所（周防国二三箇所・長門国二箇所）からの出土遺物を紹介したものである。二二箇所が弘津の関わるものとなっている。

中谷（治宇二郎？）の新著紹介によると、『周防長門 遺跡遺物発見地名表』は、

山口高等学校歴史教室に於て発行されたものであるが、事実の踏査編纂は本会々員（人類学会々員のこと……引用者註）にして、同校嘱託なる弘津史文氏の手に成つたもので、同氏初老記念として関係者並に学界に配布されたものである。

とある（『人類学雑誌』四九〇　一九二八年八月）。「初老記念」とは聞き慣れないが、弘津は一八八七年（明治二〇）の誕生であったから、一九二八年（昭和三）では四一歳ということになる。が、以前の年齢の数え方なら四二歳（数え年）となり、私の土地では、それを「厄年」とか「本厄」といった。厄除けで神社仏閣にお詣りすることもあったらしい。山口県では、その年齢を「初老記念」として祝う風習があったのであろう。

（二）「防長に於ける石器時代研究の概要」では、篠原市之助（「山上にある貝塚」『考古界』一―一　一九〇一年六月）や人類学教室（『第五版　地名表』一九二八年）等の仕事も考慮しながら、

防長に於ける遺物の埋蔵状態は遺物包含地最も多くして　貝塚の発見せられしは三ヶ所を数ふるのみなり。

周防国　吉敷郡井関村字引野貝殻山
同　　小郡町字上郷小字中郷八幡宮横
同　　宇部市川上字北迫蠣塚

にして　いづれも弥生式土器を発見せらる丶ものなり　縄文土器を発見せられしは周防国吉敷郡秋穂二島村見能ヶ浜の遺物包含地在るのみ　他にその例を聞かず。

と記述している。山口県下では、縄文時代の遺跡の確認例は皆無ではないが、極端に少ないと遺跡群の様相を概観した。

（三）「防長石器時代遺跡遺物発見地名表」では、五〇遺跡を国・郡・市町村別に字名まで記載し、各遺跡の出土遺物・発見年次・報告者名を併記して詳細である。唯一の縄文式土器を出土した吉敷郡秋穂二島村（現山口市）の美能ヶ浜遺跡（「図版説明」では、見能ヶ浜とある）の記載例を示すと、

吉敷郡秋穂二島村美能ヶ浜	縄紋土器、弥生式土器、磨製石斧、打製石斧、石錘、土垂、石匙、敲石、石鏃	大正十四年四月発見	山高郷土史研究会員報

とある。この記載を『周防長門　遺跡遺物発見地名表』と比較すると、発見年次が加えられ、「石槌」とあったものが「敲石」と改められている程度の相違である。他の遺跡にしても、とくに顕著な相違は見当たらない。

（四）「図版目録」は、図版ごとに、遺物の種類、数量、出土地を記録し、（五）「図版説明」では、各図版についての簡略な説明が施されている。前記の美能ヶ浜遺跡の図版は五版あって、縄文式土器片六点を図示した第一図版に関しては、遺物の種類、点数、発見地、所有者・所在地、発見者・調査者を記した後に、

此の遺跡は 大正十四年四月十二日当時山口高等学校生徒小川五郎氏が発見し その後山高郷土史研究会々員並帝国大学考古学教室嶋田貞彦氏等によつて 徹底的学術調査を遂げて 多数の遺物を発見せし 実に我が防長両国に於ける一大遺物包含地にして 先史原史の両時代の遺物多数埋蔵せらる、は 永き年代にわたりて人の住みたるを証するものにして、また縄紋土器の発見は防長に先例なく 実に考古学上の一大発見と言ふべし。

と伝えている。縄文式土器破片（第一図版）、石鏃と石錘（第二図版）、磨製および打製石斧（第三図版）、完形弥生式土器（第四図版）及び弥生式土器破片（第五図版）などが提示されている。

弘津の頃に較べ、現在では、山口県内の考古学的研究も大幅に進展し、確認された縄文時代と弥生時代の遺跡数が、併せて五〇箇所や六〇箇所ということはない。『山口県の考古学』に収載されている「主要遺跡地名表」では、縄文時代と弥生時代に関しては、「遺物包含層の露頭と遺物の表面採集品の発見地」など、悉皆的に記録したということで、縄文時代は六八遺跡、弥生時代は一八八遺跡が登載されている。それにしても、縄文時代の貝塚となると、わずかに、下関市の潮待遺跡と神田遺跡が知られているばかりである。「主要古墳」の一七四箇所、同時代の「集落・祭祀遺跡」の七八箇所、それに「先土器時代」の三四箇所と較べても、縄文時代遺跡の少ないことが特徴的であるように思われる。この点、はやく、弘津が指摘していたところは、傾向として間違ってはいなかった。

六　古墳と出土遺物 ―『防長原史時代資料』―

⑭『防長原史時代資料』（一九三〇年）は、山口県内の原史時代の遺物を集成して、その出土地・発見年次・所在地・所有者・発見当時の関連記事を併記した著作である。八幡一郎先生の「新著」紹介に（『人類学雑誌』五一三

一九三〇年七月）、

『防長石器時代資料』の姉妹編とも見られ当地方の考古学的資料を大観せしむる好著である。鮮明なるコロタイプ図版二十八葉に、七十八頁を費したる説明は懇切を極め、出所遺跡の記載又貴重な報告である。……虚心、斯事業を成した著者に対し、敬意を表す所以である。

と評されている。また、八幡先生は、

之に倣つて、百千の議論よりも先づ整理した資料を学界に提供する風が各地の研究者の間に興るならば、考古学は全国的に均衡のとれた資料を得て更に一歩を進めることが出来るであらう。

とも記して、学界に提供されている資料に地域的偏りがあるなかで、こうした基礎資料の提示という仕事が各地に波及することを期待している。森本六爾による『弥生式土器聚成図録』作成の企画に一脈通じる指摘であるかと思う。

また、「序」を寄せた柴田常恵は、

今や氏は原史時代遺物の各処に散在し、一併して之れを見るに便ならざるを憂ひ、更に防長原史時代資料の編述あるに至つた。此等遺物の現在地、所有者並に発見当時の記事を挙ぐるに止め、軽々しく推断を下すを避けて、専ら将来の研究に資するに在るは、誠に用意周到と称すべきである。蓋其便益を蒙むるもの、単に防長の研究者のみならず、広く斯学者に及ぶもので、余は学徒の末班を涜す一員として深く其労を謝せざるを得ない。

と、讃辞を呈している。

本書は、（一）序文、（二）図版目次、（三）図版説明、（四）図版、（五）出版著書目録で構成され、その（二）図版目次に、収録資料の全容が提示されている。それを遺跡ごとに整理・列記すると次のようになる。

山口市 赤妻古墳（旧吉敷郡山口町赤妻）　埴輪（頭部）・舟形石棺・組合式石棺

〃　もり山古墳（旧吉敷郡平川村平井）　石製馬

〃　茶臼山古墳（旧吉敷郡山口町上宇野令）　雲珠・鏡板・銅鉾
防府市　片山古墳（旧佐波郡右田村片山）　杏葉・雲珠・銀製金具・金銅製金具・金環・鉸金
〃　高井山寄古墳（旧佐波郡右田村高井）　石棺
〃　女山古墳（旧佐波郡西浦村女山）　銅鏃
厚狭郡山陽町　長光寺山古墳（旧厚狭郡郡厚狭町）　鍬形石
長門市　糘塚横穴墓（旧大津郡深川村東深川）　頭推太刀柄頭・圭頭太刀柄頭・頭推大刀柄断片・大刀断片・金銅製鐔・同附属品・銅製壺鐙・同断片・銅鈴・貝輪
熊毛郡田布施町　後井古墳（旧熊毛郡城南村宿井）　切子玉・練玉・曲玉・（貝殼入）蓋坏・銀環
〃　キツネビラ古墳（旧熊毛郡田布施町御蔵戸）　金環・銅環
〃　塔ノ尾古墳（旧熊毛郡田布施町桑山）　曲玉・臼玉・管玉・小玉・銀環
〃　ツボソ古墳（旧熊毛郡田布施町大波野ツボソ）　曲玉・棗玉・丸玉
〃　?古墳（旧熊毛郡田布施町御蔵戸力善）　棗玉
〃　平生町　白鳥古墳（旧熊毛郡佐賀村佐賀　白鳥神社）　巴形銅器
萩市大井　円光寺古墳（旧阿武郡大井村円光寺）　曲玉・管玉・狛剣柄頭
下関市　梶栗浜遺跡（旧豊浦郡安岡村富任）　銅鉾（有柄細形銅剣）
〃　杉田古墳（旧豊浦郡彦島町江の浦）　線刻画
豊浦郡豊田町　華山遺跡（旧豊浦郡豊田下村・神上寺）　銅鉾（中広形銅鉾）
柳井市　茶臼山古墳（玖珂郡柳井町水口）　銅鏃
徳山市　?古墳（都濃郡徳山町遠石）　銅釧
新南陽市　竹島古墳（都濃郡富田町竹島御家老屋敷）　銅鏃

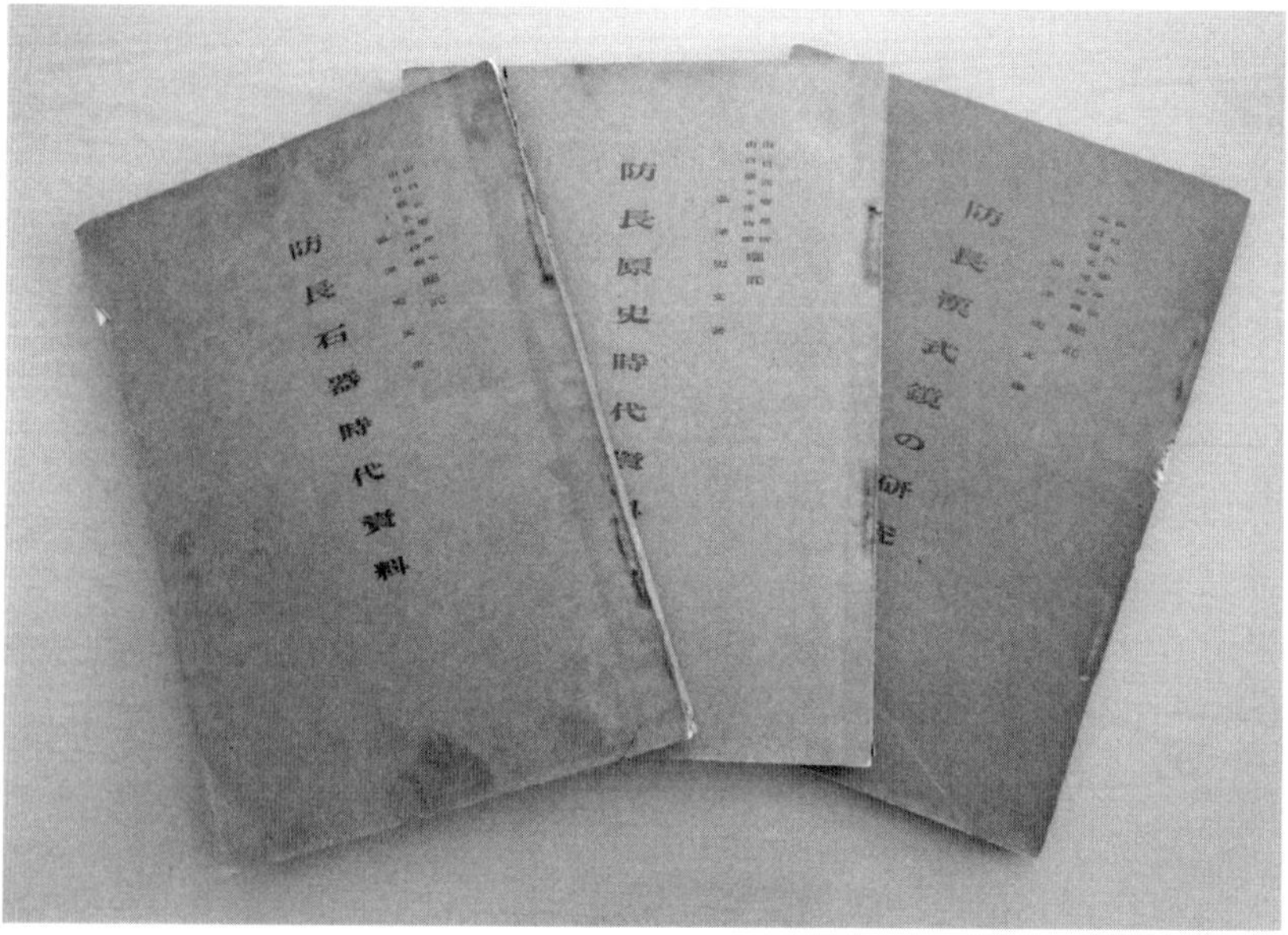

弘津史文の著作

一九古墳（内横穴墓一）と二遺跡（包蔵地）のほかに、旧熊毛郡城南村（現田布施町）附近で採集された環類も紹介されている。なお、下関市梶栗浜遺跡出土の有柄細形銅剣と豊浦郡豊田町（現下関市）華山遺跡出土の銅鉾は、原史時代（古墳時代）の遺物ではなく、その所属年代は弥生時代に遡るとされている。が、華山遺跡出土の銅鉾は、はやくに出土して神上寺に保管されていたものを、弘津等が再発見し、初めて学界に紹介した資料である。山口県は、北九州に近く、朝鮮半島とも一衣帯水の距離にあるが、青銅器の出土例が少ないとされており（『山口県の考古学』）、貴重な資料の再発掘であった。

弘津の本書刊行の目的は、前掲の『防長漢式鏡の研究』などとともに、「防長原史時代の研究資料として」、「正しき資料」を、「防長考古学研究者に提供する」ことにあったから、とくに、遺構や遺物に対する弘津の所見は披瀝されてはいない。徹底した事実の報告と関連文献の提示に終始している。例えば、その第一図版についての解説には、

埴輪土偶　首部　二個（①側面②甲高七寸②乙高五寸）

発見地　　周防国山口市宇下宇野令小字赤妻粭
発見年代　　明治三十年三月
所有者、所在地　山口県立大典記念教育博物館
埴輪は日本上代に於ける風俗の一端を知る最も貴重な遺物なり。
此の埴輪を発見せられし古墳につき著者が先きに考古学雑誌第十八巻第四号に発表せる論説をこゝにかゝげて参考に資せんとす。

とあり、『考古学雑誌』（一八―四　一九二八年四月）掲載の論考「周防国赤妻古墳並茶臼山古墳（其二）」の全文が転載されている。ただ、関連する第二七図版では、石棺が提示されているばかりで、鏡鑑図版はもとより、石棺実測図や石棺内遺物出土状況図など、いずれもが省略されている。『考古学雑誌』でも石棺は口絵写真に鮮明であるが、埴輪頭部とともに撮影仕直し、側面図を添えて掲載したものである。鏡鑑は、『防長漢式鏡の研究』（第一九図版から第二二図版）に詳細である。

なお、『考古学雑誌』に併せて報告されている茶臼山古墳（一八―五　一九二八年五月）は、本書では第一七図版に雲珠と鏡板が掲載されている。前掲論考（下）の全文（一八―五　一九二八年五月）が転載されているほか、第二四図版に銅鉾の写真及び実測図を収載している。高橋健自『銅鉾銅剣考』（一九二二年）を参照しながら、
古墳石槨外部より異形銅鉾の発掘（ママ）せられしは祭祀に関係あるもの、如しと指摘している。が、鉄鏃や須恵器の写真は掲載されていない。

七　雑誌掲載論考

弘津史文の『人類学雑誌』への寄稿は、「防長石器時代新資料」（五一五　一九三〇年九月）一篇だけであり、しかも、小川五郎との連名であった。が、考古学会へは、一九一一年（明治四四）五月に入会し（『考古学雑誌』一―九

一九一一年五月)、『考古学雑誌』に多くの記事を寄せている。五回に亘る「防長通信」を一篇と勘定しても三八篇に達する。また、『ドルメン』へも、短いものが多いが、一三篇ほどの寄稿を繰り返している。

『考古学雑誌』や『ドルメン』への文献で扱われている対象は、著作と同じように、きわめて多岐に亘っている。鰐口(「永禄の鰐口」『考古学雑誌』一四―一二)や仏像(「周防国熊毛郡麻郷村真殿蓮華寺地蔵菩薩像」『考古学雑誌』九―一)、古簪(「古かんざし綺談」『ドルメン』三―八)、維新の錦旗(「討幕戦の錦の御旗」『ドルメン』四―一)から平家伝説(「長門国阿武郡川上村平家伝説」『ドルメン』二―六)などにまで及んでいる。そうしたなかでは古鐘に関するものが眼に付き、『考古学雑誌』で、「周防国賀茂神社朝鮮鐘」(三―一)や「周防国大野村神護寺の梵鐘」(四―一二)など八篇を数えた。

その五〇篇ほどの文献のなかで、弘津のいう「先史時代」と「原史時代」、「上代」に関するものは二〇編を抽出することが出来た。いま、そのすべてを紹介しているゆとりはないが、その仕事を通覧していえることは、やはり、弘津の姿勢は徹底して資料の提供に終始していることである。『防長漢式鏡の研究』の序に、「上古防長文化の研究資料に提供する」という宣言が、一貫して貫かれているわけである。弘津の仕事の基本的な特徴として指摘することが出来る。

「防長石器時代新資料」(『人類学雑誌』五一―五)は、⑫『防長石器時代資料』刊行後に確認された「石器時代遺跡」、玖珂郡高森町(現岩国市)上久原など五遺跡出土の磨製石斧を追補・紹介し、既報の山口町の美能ヶ浜(見能ヶ浜)遺跡でも、新たな磨製石斧の出土のあったことを報告したものである。ただ、「石器時代」の資料とはいうが、上久原出土の磨製石斧は明確に弥生式土器を伴っており、他の資料にしても、縄文時代と確定はされない。

「大和古銅印」(『考古学雑誌』六―二　一九一五年一〇月)は、豊前国京都郡豊津村(現福岡県京都郡みやこ町)所在の豊前国分寺址出土の古銅印を紹介したものである。印文は、二重枠のなかに、「眞□寺印」とあり、その不明の一字は「享」または「京」、あるいは「卓」かと推定されるが、結局は不明であるという。会津恵日寺旧蔵の八二五年(天長二）淳和天皇の所賜と伝える印と類似していると指摘している。簡略な記事である。別に「文部省 重要美術品絵葉書（八枚組）」にも収録されて、その解説には、

国分寺は豊前国京都郡豊津に在り。

此の大和古銅印は豊前国国分寺址より大正二年五月十日に自ら採集せしもので文字は「真□寺印」と読まれる。高さ一寸四分印面幅は一寸二分である。紐（鈕の誤植）には小孔が穿つてある甚だ珍重すべきものと思はれる。

とある。さらに、「尼寺は真乗寺と言ふところから尼寺に有力な信拠を与へるものである」とも指摘されている。

この銅印のことは、森貞次郎「豊前国分寺」（『国分寺の研究』一九三八年）に［附記］として言及があって、

なほ山口市の弘津史文氏は当国分寺東書院址より大正二年五月十日に自ら採集された……古銅印を所蔵せられる。文字は「真早（卓）寺印」と読まれる。……

と記載されている。「早」（「卓」）は森の読みである。森・横田義章「豊前」（『新修 国分寺の研究』一九八七年）の「附記」では、木内武男編『日本古印』（一九六五年）の解説を引いて、「第二字の不詳字についてはまだ定説をみない」と訂正されている。

みやこ町歴史民俗博物館の教示によって、一七九一年（寛政三）作成の「豊前国古義真言宗本末帳」の存在を知った。そこには「国分寺 末寺十五宇」とあって、「同郡徳政村 尼寺」・「同郡国分寺 真乗寺」とあるのを確認した。江戸後期に、「真乗寺」という末寺の存在したことは確かである。所在地が「国分村」ではなく「国分寺」とあるのを考えると、国分寺の寺域内に存在した子院であるのかも知れない。ただ、その「真乗寺」が古銅印の「真□寺」につながるものか確証はない。また、弘津は尼寺を「真乗寺」とするが、徳政村に「尼寺」の記載があり、現在も小字徳政に尼寺址と伝える廃寺址が存在するという。尼寺を真乗寺とすることは、簡単にはいかないようである。

「周防の大古墳に就て」（『考古学雑誌』一一―一二 一九二一年四月）は、梅原末治が報告した柳井市の茶臼山古墳（「周防玖珂郡柳井町水口茶臼山古墳調査報告」『考古学雑誌』一一―八 一九二一年四月）のほかにも、「前方後円墳にして、

学界に周知せられざるもの」があるとして、熊毛郡佐賀村（現熊毛郡平生町）字佐賀所在の白鳥神社古墳と阿多田古墳、玖珂郡余田村（現柳井市）字河添の梶之森古墳などを紹介している。一〇〇〇字足らずの短文であるが、三基の前方後円墳を要領よく説明したものである。白鳥神社古墳の報告部分を転載すると、その所在地や古墳（土地）所有者を記した後に、

和泉国大島郡大鳥神社を勧請して後円部を開拓し、白鳥神社を創建し、爾来……六回、社殿改築の都度、其後円部を掘鑿し、社殿の敷地を拡めしものにして、寛延二年十一月開拓の際、後円部より古鏡弐面（直径甲四寸四分、乙五寸八分）碧玉岩管玉拾弐個（現在拾壱個）鉄器破片（直刀、斧頭）巴形銅器・埴輪破片等を発掘せり。現今同神社に所蔵するもの此れなり。

此の古墳、全山扁平なる川石を以て葺けり。墳形は前方部を北に後円部を南に、南北全長五十五間、前方部東西三十七間、前方部高四間五尺、後円部高六間あり。濠の痕跡存す。

とある。その計測値の全長五五間（約九九m）、前方部幅三七間（約六六・六m）、前方部高四間五尺（約八・七m）、後円部高六間（約一一・四m）は、墳丘全長で『山口県の考古学』記載の一二三mとの間に大幅な差違があるが、それは後円部墳丘が大きく掘削されていることによる誤測であろうか。一九七三年（昭和四八）に実施された墳丘の測量調査では、「全長約一二〇m、後円部最大径約六五m、高さ約一一m、前方部最大径約六〇m、高さ約八五m（八・五mの誤植）、くびれ部径約四五m」と報告されている（『白鳥古墳』一九八〇年）。墳丘全長を除けば、かなり近似した数値を示している。周濠の痕跡は、一九八五年（昭和六〇）当時では、東側にわずかに認められるだけであったらしいが（『山口県の考古学』）、弘津はその痕跡も見逃さなかったのである。

「和銅開珍竝に伴出遺物に就て」（『考古学雑誌』一二―二　一九二一年一〇月）は、玖珂郡新庄村（現柳井市）の開拓時に出土した和銅開珎や無文銅銭などを紹介し、同地には古瓦が散布していることや、古寺（法蔵坊経面寺）が存在したという伝承があり、また、地名濡田は濡座で、濡仏あるいは露座仏を意味するから、そこに露仏が存在したことを

暗示するなどとしている。この濡田廃寺出土の和銅開珎や無文銅銭、無文土銭も、「文部省 重要美術品絵葉書」に紹介されている。その説明には、

元明天皇の和銅元年始めて、和銅開珎を造られ給ひてより、壱千数百年当時私銭のありし事は古書に散見せられども其の実物の如何なるものかは不明なりしも和銅銭を官銭としてかゝるものを私銭と見るべきものなり、皇朝古銭界の新発見と言ふべし。

小字濡田は濡座にして濡座仏の在りしにはあらざるか。

此の地奈良朝時代の古瓦を発見す。

と記されている。なお、これらの遺物の約半数は東京帝室博物館（現国立東京博物館）に寄贈されたという。「周防国赤妻古墳並茶臼山古墳」（『考古学雑誌』一八―四・五 一九二八年四・五月）は、弘津としては長文の論考である。もっとも、近藤清石や横地石太郎などの古い関係記事をかなり転載しているから、弘津の執筆分がそう多いというわけではない。が、『防長原史時代資料』には転載されなかった石棺（組合式・船形）の実測図や、玉類、巴形銅器、刀子、鉄鏃、鉄斧、貝殻装飾品などの実測図、船形石棺内の遺物出土見取図などが紹介されており、その資料的価値は高いといえる。弘津は、赤妻古墳を

此の古墳は円形墳で石槨（槨）を作らずして石棺を埋蔵されたものである。

という。茶臼山古墳については、

本古墳は円墳にて…… 高十五尺、石槨あり羨道と玄室は区別され底部敷には小石を以てし其羨門（入口）は西方に 向ひ玄室九尺五寸、奥壁の幅六尺、玄室高八尺

を計るとある。また、「東南方一個南方に一個、西南方に三個、西北方に三個、北方に二個、東北方に一個の合計九個」と、「九個の陪塚を有せし珍しき円墳」と伝えている。が、一九〇八年（明治四一）八月に実施した石棺の発掘調査で出土した遺物群を報告した和田千吉の記録（「周防国吉敷郡赤妻の古墳」『考古界』八―五 一九〇九年八月）には、

どうしたわけか、一言半句も言及していない。

八　宗教的遺物への関心―『防長探古録』と『防長和鏡の研究』―

古鐘や鰐口、経筒などの宗教的遺物については、私はほとんど関心を寄せることがなかった。だから、⑤『防長探古録』（一九二五年）と⑬『防長和鏡の研究　附防長の經塚』（一九二九年）について言及することには、正直、躊躇する気持ちが強い。が、『考古学雑誌』に寄稿された弘津の論考を調べるなかで、古鐘に関するものが八篇を数え、さらに、鰐口や経筒、銅椀など、宗教的遺物についての記述がずいぶんと眼に付いて、弘津の関心がこの方面にも強かったことを認識したのであった。はやい時期の著作である⑤『防長探古録』（一九二五年）には、古鐘や鰐口、経筒、懸仏などの記述が豊富である。弘津の関心の深さを考慮すると、その考古学的活動を知るには、これらの二著を無視して通り過ぎることは許されないように思えて来た。敢て採り上げる所以である。

いま、古鐘に関する『考古学雑誌』収載の古鐘関連の記事を検索すると、

①　周防国賀茂神社朝鮮鐘　三―一　一九一二年九月
②　周防国大野村神護寺の梵鐘　四―一二　一九一四年八月
③　周防国般若寺洪鐘　一二―六　一九二二年二月
④　周防国新寺弘洪鐘　〃―八　〃年五月
⑤　周防国松崎神社鐘銘　〃―一〇　〃年六月
⑥　周防国遠石八幡宮之古鐘　〃―一二　〃年八月
⑦　周防国氷上山興隆寺洪鐘　一四―七　一九二四年四月
⑧　周防国三坂神社洪鐘　〃―一二　〃年八月

の八篇である。これらに紹介された古鐘は、すでに⑤『防長探古録』に収録されている。また、これら以外で、その

⑤『防長探古録』に収載されている古鐘は、粧見寺鐘・忌宮洪鐘・乗福寺洪鐘・松尾寺鐘・朝田神社鐘など二八鐘に及び、総数は三六鐘に達している。最古の事例は熊毛郡平生町の般若寺の古鐘で、一二五五年（建長七）の鋳造である。もっとも新しいものは、佐波郡島地村（現山口市）尾花八幡宮（吉敷郡小鯖村闢雲寺現蔵）の一五九三年（文禄二）作出の古鐘という。

また、『ドルメン』（二―八　一九三三年八月）には、弘津の「防長の古鐘」と題した集成一覧が掲載されており、そこでは三七鐘が列記されている。新たに、都濃郡加見村（現周南市）の上野八幡宮鐘（一四九八年鋳造）が附加されているわけである。もう、⑤『防長探古録』の段階で、防長二個国内の古鐘はほぼ探索し尽くしており、新たな発見は難しくなっていたのであろう。八年を経過して、増補はわずかに一鐘であった。

鰐口に関しての『考古学雑誌』への寄稿は、「永禄の鰐口」（一四―一二　一九二四年九月）の一篇だけである。しかも豊後国日田郡西有田村（現日田市）所在の資料を報告したものであったが、⑤『防長探古録』に於ける鰐口の記事は豊富である。そこには吉敷郡山口町（現山口市）圓正寺の鰐口以下二二点が紹介されている。圓正寺鰐口については、鋳銘の釈文を記した後に、

周防国吉敷郡山口町圓正寺の鰐口にして直径四寸六分　表裏共中央蓮花盤帯三条箆山内縫殿助広直袋同人妻寄附元禄十五年壬午九月二十五日とあり　後長門国阿武郡萩満願寺に蔵せらる　山口圓正寺は社寺共に慶長年中長門国阿武郡萩に移る　旧址詳ならず　寺号町名になれり　萩圓正寺明治改正に廃して金鼓本寺満願寺の物となれり　此の金鼓を伝へて日蓮の寄附と云ふは非なり　日の上に鋳瑕ありて「ノ」を失へり　次に弘長元年の金鼓白蓮と銘すこれと同人なるべし

山口と云ふ名称を刻せる金石文として始めてものなり　此の金鼓今その所在明らかならず

と解説は懇切である。

『考古学雑誌』への経筒の報告は、

① 防長通信（二）長門国に於ける最古の経筒　一七―　一　一九二七年一月
② 周防桑山西峯の経筒と保延六年奥書銘法華経　二九―　八　一九三九年八月

の二篇である。⑤『防長探古録』では、利生山寺経筒・明光山経筒・桑山西峯経筒と三点の経筒が報告されている。「長門国に於ける最古の経筒」は、⑤『防長探古録』に「利生山寺経筒」とあるもので、『防長探古録』での記述は、

寛治七年十一月廿甲午日
雀部重吉

長門国大津郡日置村大字利生山寺経筒銘なり同寺は廃せられてその所在不明なり

と簡略であるが、『考古学雑誌』の報告では、写真と実測図を併載し詳細である。その全文を紹介すると、

長門国に於ける最古に（の字の誤植）経筒は　長門国大津郡日置村大字利生山寺にありし　銅製鋳物に高壱尺〇七分口径三寸六分五厘のものにして　その銘は

寛治七年十・月廿甲午日
雀　部　重　吉

とありしも　同寺は廃せされ　その遺物も所在不明となりしも　最近はからずも讃岐国琴平町金比羅神社に伝へらる事を知れり　同社につきてその伝来を調査せしも不明にして　何れより伝へられしかを知らず。

この経筒の長門国より出土せし事は　同国阿武郡大井村明光山頂より嘉永壬子正月二十四日に発見せられし同様の経筒あるより見ても知らるべきものなり　明光山頂発見の経筒は高壱尺〇二寸口径三寸八分にて　石室中に鏡二面、磁器五、六個、檜扇、念珠、剣と共に発見せられたるものにて経筒に銘文あり。

康和三年〈辛巳歳十月始〉
同年壬午五月畢
十月二十九日　入管供

十一月九日　会
願主天台僧惟超
銅施主椿武則
鋳師　雀部重吉

とあり その鋳物師雀部重吉は 今回その所在を明らかにせざりし寛治七年の経筒と同人なるものにして 寛治七年は紀元一七五三年にして 康和三年は紀元一七六一年なり。

と詳説されている。弘津のいう「紀元」は、いわゆる「皇紀」であるから、それぞれ西暦に換算すれば、一〇九三年と一一〇一年となる。

経塚については、『考古学雑誌』などの雑誌への寄稿を知らない。ただ、吉敷郡仁保村（現山口市）大字中郷所在の経塚ばかりは、弘津が一九二六年（大正一五）七月に調査したもので、『山高郷土史研究会考古学研究報告書　台覧記念号』（一九二七年六月）に「論文」が収載されているという。が、現在まで披見することが出来ないでいる。また、周防村（現光市）立野経塚についても、島田貞彦の報告（「周防国熊毛郡周防村立野経塚に就て」『考古学雑誌』八―四　一九一七年一二月）のほか、『防長和鏡の研究　附、防長の経經塚』の一節に、

著者は大正五年此の地を調査し経塚なるべしと発表せし事あり、

とあることから、なにか弘津の報告があるように思われる。ただ、この文献も把握していない。

『周防長門　遺蹟遺物発見地名表』（一九二八年）には、「防長経塚所在地及同時代遺物発見地名表」の項があって、そこには、周防国二四個所、長門国二二個所が登記されている。一年後の⑬『防長和鏡の研究 附、防長の経塚』では、その「防長経塚及和鏡経箇（筒の誤植）発見一覧表」によると、経塚は周防国三〇個所、長門国二六個所の都合五六個所と一〇箇所ほど増加している。経筒を出土した個所は防長併せて七個所とある。『山口県風土誌』によって記述した部分（一五箇所）も多いが、弘津の発見・調査にかかるものも四個所ほどが紹介されている。それらを総括

して、弘津は、

……防長両国に於ける経塚には貴重なる遺物を発見せられたるもの少なからず、長門国大津郡日置村大字利生山寺発堀（掘の誤植）の経筒には寛治七年……の刻銘ありまた阿武郡大井村明光山頂発見の経筒には康和三年……の銘ありまた周防国佐波郡防府町大字三田尻桑山西峯発見の経筒には保延六年……の銘あり何れも藤原時代の遺物なり、……

経塚の構造に至りては、周防熊毛郡周防大字立野小字堂ノ森経塚の如く、割石を盛つて円形に積み上げその下部中央に経筒を置きその下方に鏡その他を並べたるもの……周防国吉敷郡仁保村坂本経塚の如く石室を作り白磁合子を入れその石室の下部に素焼の壺を逆さにふせ経箇（筒の誤植）を置きしもの……あり、また石室も作らず地下に方六尺位の穴を堀（掘の誤植）りてこれに貝経を入れし周防国佐波郡牟禮村字上久保阿弥陀寺山林の如きものあり、また石室を作りその内部に木炭を以て経筒その他を埋めたる長門国見嶋字本村小字寺山の如きものありてその埋蔵の法式は一定せず。

と、簡潔に要約している。

九　著作は流布したのか

とにかく、弘津史文の著作群に共通するのは、徹底した資料提供者としての姿勢である。従って、自己の意見を披瀝し、また、他の研究者の見解に異を唱えるということは皆無であった。ひたすら、確実な資料を学界に提供することに終始していた。そうした弘津の態度を、当時の先学たちはいっせいに賞賛したのであった。

弘津と教室を共にした小川五郎は、その弘津の研究姿勢を評して、

氏の考古学研精は既に二十星霜その名夙に中央学界に認識されて居る処たるは言を俟たない。併し乍ら氏の研究態度は飽く迄地味であつて徒に名を求めず自ら地方考古学徒としての地位に甘んじ或ひは入つて郷党の学的開

発に努力し或ひは進んで中央学界の為に貴重なる学的資料を公開せらる、こと屢々であつた。と伝えている（「跋」『防長之古塔』一九三〇年八月）。

確かに、弘津の仕事のような形で、全国各地の資料が満遍なく提供されたならば、考古学研究がいっそう発展するであろうことは、八幡先生も指摘したとおりであると思う。必要な作業であったはずである。そのことに於いて、私は弘津の仕事を評価したいと考えている。が、私は、「考古学の生字引」とまで評されたほど、山口県内の考古資料に精通していた弘津には、独自に、山口地方の原始・古代史を考究してほしかったという思いが強いのも正直なところである。

弘津の著作は、現在、いくつかの大学図書館などに架蔵され、また、当時、日本考古学会や東京考古学会などに寄贈されていた事実もある。が、配布範囲はかなり限定的であったのではないかとも危惧され、果して、研究者の間にその仕事が周知され、弘津の期待通りに活用されたのだろうかと、私は一抹の不安を拭い得ないでいる。いま諸施設に収蔵されている著作は、『防長漢式鏡の研究』や『防長石器時代資料』といった範囲を出ることが少なく、とくに、はやい時期の著作である『防長石製模造農具図集』や『防長弥生土器図集』、『防長石器図集』となると、探索することも難しい。

弘津の著作の入手には、私はずいぶんと苦労をした。刊行後、四〇年から六〇年も経過しているから、その間に於ける散佚も考えられ、無理のないことであったかも知れない。が、はやい時期、一九三〇年代から四〇年代にかけての古書目録、例えば『ドルメン』の「古書販売目録」（岡書店小売部便り）を検索しても、『防長漢式鏡の研究』など三冊が取り扱われたことを知り得たばかりであった。『民族文化』の「関係文献販売目録」（山岡書店）では、まったく見出すことが出来なかった。ずっと以前から、古書店での取り扱いは少なかったように思われる。古書店に在庫することは、その書籍がある程度は世間（学界）に流布し、また需要があることの証であろうが、少なくとも、弘津の著作は古書店にはあまり出回らなかったようである。発行部数がそう多くはなかったからであろうか。要するに、弘津の篤い意図にもかかわらず、その一連の仕事は研究者の間に充分認識され、文献として活用されるには到らなかったのではないかと、私は危惧してしまうのである。

確かに、森本六爾が『防長石器時代資料』を参照しながら、自己の踏査結果も踏まえて、山口県地方の弥生式土器を概観し、

> 私の数回の踏査と弘津史文氏の『防長石器時代資料』とによつて見れば、同地方の弥生式土器は古式と新式に二大別し得る。

と指摘し、弥生式土器の編年に一歩踏み出したことがあった（「長門発見の一弥生式土器―其の青銅器との関連―」『考古学』一―三 一九三〇年五月『日本考古学研究』一九四三年に再録）。また、『日本青銅器時代地名表』（一九二九年）では、⑫『防長石器時代資料』ばかりか、⑦『周防国熊毛郡上代遺跡遺物発見地調査報告書』も参照していることは私も知っている。が、東京考古学会へは弘津からの寄贈があったから、その主幹である森本は閲覧の便に恵まれていたはずである。また、『弥生式土器聚成図録』（一九三八年）に、⑨『防長弥生式土器図集』や⑫『防長石器時代資料』が参考文献として挙げられ、弘津作成の図面が六点ほど収載されているのも、森本に近い坪井良平や小林行雄の編纂であることを考えれば、当然のことのように思われる。山口から九州各地の弥生式土器・石器を実測して廻った藤森栄一さんが、「周防の弥生式石器に就いて―山口高校郷土室の焼失資料を中心に―」（『考古学』一一―一一 一九四〇年一一月）で、⑦『周防国熊毛郡上代遺跡遺物発見地調査報告書』などを参考としているのも、東京考古学会の会員であるし、この調査旅行の際、弘津に会ってもいるのだからごく自然なことであると思う。東京考古学会の人びとの間では、それなりに利用されていることは確認し得た。が、一般には、どうであろうか。例えば、中谷治宇二郎「明治期以後の地誌と先史時代の記録」（『日本石器時代提要』一九二九年）を見ても、⑦『周防国熊毛郡上代遺跡遺物発見地調査報告書』は登載されているが、⑧『防長石器模造農具図集』や⑨『防長弥生土器図集』は掲載されていない。この二冊は中谷の執筆に間に合わなかった可能性もあるが、⑥『防長考古資料写真集』六冊などとなると、それらは中

谷の眼にふれることはなかったようである。『日本石器時代文献目録』（一九三〇年）でも事情は同じである。中谷は、人類学教室や京都帝国大学考古学教室など、多くの公私の架蔵図書を参考にしたと伝えているが、そこには弘津の文献はあまり収蔵されていなかったのだろうか。

弘津の周囲にいた人びとでは、小川のように⑬『防長和鏡の研究　附、経塚』や⑤『防長探古録』を使用し、いくつかの仕事を発表した例はある。小川の「防長金石文の研究」（『考古学雑誌』二〇―八　一九三〇年八月）は、

寧ろこの報告は「防長探古録」の錯簡誤謬を訂正し遺漏を拾録して編まれたものと云ひ得られるかも知れない。

といっているから、弘津の⑤『防長探古録』を継承・発展させようとした仕事であることは明かである。さらに、「防長金石年表補遺」（『考古学雑誌』二二―八　一九三二年八月）でも、⑬『防長和鏡の研究　附、経塚』から事例を採択しているし、「防長金石文（一）」（『考古学雑誌』二三―一〇　一九三三年一〇月）では、茶湯原出土鉄札に関する⑤『防長探古録』の記載を訂正しており、弘津の著書をかなり活用していることは間違いない。

私は、仏教考古学には関心が薄かったから、読書量も少なく、架蔵する書籍も正直多くはない。が、それにしても、経塚や梵鐘についての同時代の論考のなかに、⑬『防長和鏡の研究　附、經塚』や⑤『防長探古録』が参照されている事例を確認出来たのは、わずかに二、三の事例に過ぎなかった。経塚では、石田茂作「経塚 続編」（『考古学講座』三三　一九三〇年五月）がその一例である。石田は巻末に収録した「経塚地名表」に、⑬『防長和鏡の研究　附、経塚』記載の都濃郡黒神嶋字船隠の経塚など六個所を収載している。この雄山閣の『考古学講座』は、繰り返して刊行され、しかも刊行の度に構成に変化があって判然としないところもある。いま、手許の『考古学講座』を検索すると、一九二九年（昭和四）一一月刊行の『考古学講座』（二〇）は、石田の経塚一篇で一冊を構成しているが、そこには「経塚地名表」は収載されていない。後書きに、

更に結論に於いて経塚分布、時代と宗派、当時の文化圏に就いて叙する予定であつたが、講座最後締切までに

間に合いかね、残念乍ら後日稿を補ふことにして、ひと先ず講を終ることとする。

とあるから、「経塚 続編」で、初めて「経塚地名表」は発表されたことが分る。⑬『防長和鏡の研究 附、経塚』の刊行から八ヶ月後という計算になる。

ただ、石田は、弘津の仕事を利用するに当って、かなりの取捨選択を行っている。つまり、弘津は周防国で三〇箇所、長門国で二六個所の都合五六個所を記載しているが、石田が採択したのはわずか五箇所に過ぎない。選択の基準は不明である。弘津の著作に詳細な記載がありながら、典拠に挙げられていない事例もある。例えば、熊毛郡周防村（現光市）字立野小字堂ノ森経塚では、すでに島田貞彦の文献（前掲）があるので、これは当然としても、大津郡日置村（現長門市）大字利生山寺経塚や阿武郡見嶋村（現萩市）大字本村字寺山経塚などは、その出土品の所蔵者しか掲げられていないのは疑問である。利生山寺経塚は、前記したように、⑤『防長探古録』や『考古学雑誌』にも関連した記述がある。

が、石田の後、矢島恭介「経塚とその遺物」（『日本考古学講座 六』一九五六年）や奥村秀雄「経塚」（『新版 考古学講座 八』一九七一年）などになると、その研究史的記述部分でも、弘津の名はまったく見ることが出来なくなってしまう。保坂三郎『経塚論考』（一九七一年）では、山口県の経塚が取り扱われていないこともあってか、弘津の仕事は片鱗も参考とはされていないようである。

また、梵鐘については、坪井良平「梵鐘」（『考古学講座』七 一九二八年一〇月）が、弘津の⑤『防長探古録』によりながら、興隆寺鐘を、

この鐘の興味は、……銘文に存するのではなくて、この鐘がどれほど朝鮮鐘の分子を取り入れてゐるかの点に存するものと云はねばならなぬ。即ちこの鐘が和鐘としての特徴を発揮してゐるのは（一）双頭式の竜頭と（二）二個の撞座及（三）その上下にある縦帯（四）鐘体を一周してゐる中帯中央の三条の紐に過ぎず、爾余の点に於ては著しく朝鮮鐘の特徴を現してゐて、（一）笠形の周縁に突起せる装飾あること――これは高麗朝後期の朝鮮

鐘に屡々見受くるところ（二）乳が唐草文を有する四ヶ所の廓内に配列されてゐること（三）袈裟襷の大部分を廃してゐること（四）装飾が非常に多いこと、即ち乳廓の間には四天王を鋳現し、中帯の上下には雲中に飛躍する龍を現し、駒の爪は蓮弁を以て装飾してゐることなど之である。

と克明に説明し、「朝鮮鐘の趣味形式を取り入れた混合型式のもの」と指摘している例がある。掲載されている写真も⑤『防長探古録』の口絵写真と同一のものである。また、「附記」のなかで、高橋健自や池上年などと並べて弘津の名を記し、「貴重なる実測図、写真、図書又は拓本を恵投、若しくは貸与せらるるの恩恵に浴した」とあるから、写真は弘津から贈られたものと思われる。さらに、坪井「梵鐘」（『日本考古図録大成』四　一九三〇年）でも、国隆寺鐘と賀茂神社鐘を採択して、とくに、国隆寺鐘について、

弘津史文氏の防長探古録によると、享禄五年の銘があり、原は周防国国隆寺の鐘であつたといふことである。しかしこの鐘の興味はそれが和鐘と朝鮮鐘との混合型式であるといふ点に存する。その双頭式の竜頭、乳の形状、その縦帯と撞座の意匠等は和鐘そのまゝであるが、鐘身の上端をめぐる突起状の装飾、乳廓、陽鋳の四天王像等は正しく朝鮮鐘から取り入れたもので、和鐘と朝鮮鐘との混血児である。

と、⑤『防長探古録』を参照にして詳説している。

弘津文献の利用について、私は、考古学会や東京考古学会の中心的なメンバーばかりでしか確認出来なかった。ともに弘津が寄贈を繰り返していた学会である。地方の研究者となれば、地元の山口県や福岡県をフィールドとして活躍した山本博が、⑭『防長原史時代資料』を閲覧したことは確かであるとしても（「長門国小浜山出土の陰刻石器について」『考古学雑誌』二三―三　一九三三年三月）、他の論考では、弘津の著書が参考文献として挙げられることはなかった。掲示されているのは『考古学雑誌』に発表された論述ばかりであった。例えば、「長門国大井村の弥生式遺跡」（『考古学雑誌』二四―一　一九三四年一月）や「山口市吉敷附近の弥生式遺跡」（『考古学雑誌』二七―一〇　一九三七年一〇月）などに於ける、⑬「防長通信（五）　長門国阿武郡大井村字円光寺の古墳」と⑮「周防国赤妻古墳

茄茶臼山古墳」が知られるだけである。山本は、弘津に親しく教示を受けたこともあったらしいが（「周防御堀出土の弥生式遺物―石蓋土壙―」『考古学雑誌』二六―三　一九三六年三月ほか）、日常の研究活動では、⑫『防長石器時代資料』などの著作よりも、『考古学雑誌』掲載論考の方が閲覧に便宜であったようである。

弘津の著書群のなかで、⑤『防長探古録』は有料で配布されたためか、非売品の著作群よりはひろく流布した可能性がある。古書店でも、この書冊は他に較べると目にする機会が多い。といっても、限定された一地方の文献であったからか、坪井や小川の仕事を除けば、全国的な集成作業でもなければ利用されることは少なかったようで、容易に参照した事例を見付けることが出来ないでいる。それでも、手許の文献のなかで、鰐口についての研究で、久保常晴が「平安・鎌倉時代鰐口銘文集」の一覧に、萩市の満願寺の事例を採択していることが確認出来た（『仏教考古学研究』一九六七年）。

私の狭い調査の限りでは、弘津の努力にもかかわらず、その一連の仕事が研究者に利用された機会はそれほど多くなかったように考えられてしまうのである。さすがに関秀夫『経塚の諸相とその展開』（一九九〇年）では、「参考文献」に、⑤『防長探古録』と⑬『防長和鏡の研究　附防長の経塚』のほかに三篇の論考を挙げ、「経塚の遺跡と遺物の地名表」に活用しており、樋口隆康『古鏡』（一九七九年）でも、「古鏡に関する主な著録（参考文献を含む）」に⑪『防長漢式鏡の研究』が掲示されているが、御家老屋敷古墳や宮ノ洲古墳の出土鏡にしても、『古鏡聚英』を典拠としていて、弘津の仕事は活用されていない。保坂三郎『経塚論考』（一九七一年）や青木豊『和鏡の文化史　水鏡から魔鏡まで』（一九九二年）ともなれば、まったく弘津の影を窺うことが出来ないのである。弘津の努力が広く学界全般に普及しなかったとすれば、それは弘津のためにも残念なことであった。

なお、考古学とは関係しないが、『平安遺文（金石文編）』（一九六五年）を編纂した竹内理三は、⑤『防長探古録』の記載を批判的に摂取し、また、⑮『防長の古塔』も参照して、平安朝期の金石文を集成していることを附記しておきたいと思う。

一〇　弘津金石館と山口高校歴史教室

弘津史文は、⑪『防長漢式鏡の研究』に寄せた新保寅次の「序」に、「弘津氏は熊毛郡平生町の土豪にして」と評されているように、熊毛郡平生町の富裕な家柄であったらしい。弘津の努力と豊かな財力に裏付けられたコレクションは充実したものとなり、はやく、考古資料などを陳列した弘津金石館を平生町に創設し、世人に公開したこともあったという。その弘津金石館は、

此ノ館ニ入レバ、石器、土器、古玉、古印、古鐘、古剣、古像、古銭、古書、古畫、層々架ニ満チ、累々室ニ堆ク、人ヲシテ古色ニ眩シ、古香ニ薫ジ、古味ニ酔ヒ、古趣ニ誘ハレ、恍然トシテ百年千年萬年前ノ世界ニ遊ブノ感アラシム。

と称揚されるほどのものであった（作間久吉「序」『防長探古録』）。

が、やがて、その収蔵品を（旧制）山口高等学校と県立博物館に寄託して、より広く開示するに至ったと伝えている（高橋健自『防長石器時代資料　序』）。（旧制）山口高等学校歴史教室では、弘津の所蔵品を多数寄贈されたことから、「山口高等学校歴史教室陳列品目録」を作成して利用者の便宜を計ったという（『考古学雑誌』一六―一一　一九二六年一一月）。

弘津がいつ山口町（現山口市）に転居したのか、私は詳しいことを知らないが、一九二四年（大正一三）五月に刊行された『考古学雑誌』（一四―八）の「会員動静報告」には、

転居　山口県吉敷郡山口町大字野田一〇　弘津史文氏

とあるから、この頃に転居したことは間違いないだろう。翌年一月に上梓された『防長探古録』の奥付にも、住所は、「山口県吉敷郡山口町野田拾番地」とある。が、一九二五年（大正一四）一〇月発行の『考古学雑誌』（一五―一〇）には、野田一五番地への転居の記事があって、⑦『周防国熊毛郡上代遺跡遺物発見地調査報告』以下の編著にあ

る「野田拾五番地」に転住したことが確かである。

一九三六年（昭和一一）七月、藤森栄一さんは、弥生式土器の実測図作成のため、中国地方から九州への旅を続けており、（旧制）山口高等学校の歴史教室も訪れている。その折りの成果として、歴史教室収蔵の土器一二点が、山口教育博物館所蔵の二点とともに『弥生式土器聚成図録』（一九三八年）に採択されている。藤森さんは、

　高校を一日ですませやうと云ふので物凄い馬力、弥生式土器の実測二十四個、弥生式石器三十五個をすませました。

という（「九州廻記　一」『考古学』七―八　一九三六年八月、『かもしかみち』一九四六年に再録）。が、実際には、「一日の予定がとうとう三日になってしまった」とか（『かもしかみち以後』一九六七年）。別の論考では、「四日間滞在して」とも書き残しているから（「周防の弥生式石器に就いて」）、三、四日は滞在しての奮闘であったのだろう。藤森さんにとって、山口は学問的にも、また若い心も惹かれる街であったようである。

　この時、小川五郎の案内で弘津邸にも立寄ったという。また、歴史教室の陳列室は、「弘津さんからの歴史の永い研究室だけに、その内容は私を楽しませて呉れるのに充分でした」と藤森さんの感想であった（「九州廻記　一」）。実際、三宅宗悦が、

　（山口には……著者補註）維新資料と共に誇るべき蒐集が都合三つある。一が山口高等学校の歴史教室の考古学的遺物、弘律（津の誤植）氏蒐集品が経となり小川君や我々の蒐め廻つたのが緯となつて、地方には珍しい整備した小陳列室をなし蒐集遺物は全国に亘つてゐるが、主として防長両国の先史、原史時代の概要が知られる。

と言挙げする充実した陳列室であった（「熊本の旅」『ドルメン』七　一九三二年一〇月）。が、残念なことに、藤森さんの訪問後間もなく焼失し、収蔵されていた膨大な資料は灰燼に帰してしまったという。藤森さんが「最後に近い訪問者になつてしまつた」（「山口を憶ふ」『考古学』八―三　一九三七年三月）。東京考古学会では、歴史教室の復興を願って、会員に遺物の寄贈を呼び掛けたりもしたのであった（「編輯記」『考古学』一一―一一）。

最近（二〇二〇年八月）になって、北島大輔氏が「弘津金石館の研究―先ツ来リテ考古学ノ趣味ヲ解セラレヨ―」と題した研究発表を行っていることを、愚息浩平から教えられた。『令和元年度九州考古学会総会 研究発表資料集』（二〇一九年一一月）に、その研究発表要旨が掲載されていたのである。九州地方とも疎遠になって久しく、新しい情報が入らなくなっていたから、北島氏の研究についてはまったく認識していなかった。教えられることが多かったが、せっかくの年表はあまりにも活字が小さくて、私には読み辛く、通覧することは困難であった。いまは、北島氏が「論文として文章化する」のを期待して、弘津に関心を寄せる仲間がいるという事実を紹介するだけで小論を終えたいと思う。

あとがき

私は、考古学を学び始めた当初から、学史を回顧してみたいなどという野望を持っていたわけではない。が、明治・大正から昭和初期にかけて刊行された主要な文献は、可能な限り入手するように努めて来た。昼食代を節約するなど購入には苦労もあったが、優れた先学の著作を拝読することは、その苦労を上回る悦びであった。そんな蒐書の努力が、この二〇年ほどの仕事には大変に役立っている。ただ、文献蒐集は簡単ではなかった。私の経済的な問題を別にしても、一四〇年にもなる日本考古学界の歴史のなかで、印刷・刊行された書籍や雑誌でも、散佚してしまったものが少なくなかったからである。この間には、関東大震災や第二次世界大戦などの災害と戦災、それに伴う社会的混乱もあり、さらに、二代、三代と世代交代が重なるなかで、亡失してしまったものも多いと思われる。

もともと考古学関係の書物には、発行部数のごく少ないものが多かったようである。以前は考古学人口もわずかであったから、あの『遠賀川　筑前立屋敷遺跡報告』（一九四三年）も刊行部数は一二五部であったし、森本六爾『弥生式土器図集』（一九三三年）に至ってはわずか五〇部であった。森本『柳園古器畧考　鉾之記』（一九三〇年）も五〇部であったと記憶している。雑誌でいえば、一九二二年（大正一一）に、大場磐雄と石野瑛さんが創刊した『武相研究』は一〇〇部であったという（大場「楽石雑筆」）。小誌に関係した雑誌でも、神津猛の『信濃考古学会誌』は一一五部（「復刊の辞」『信濃考古学会誌　全』一九七一年）に過ぎない。『北陸人類学会志』ともなれば、もう、古書店では稀覯本扱いである。一般に、自費出版本や地方刊行の雑誌類に、散佚の傾向が強いように思われる。

博物館や資料館収蔵の反故類となれば、これはもう、遠隔地でも保管する施設を訪ね、一点々々閲覧し、必要なものをコピーしてもらうより仕方がない。労多くして効少ない作業かも知れない。が、それだけに面白い史料に出会した時の喜びは大きい。それでも、複写機の発達していなかった五、六〇年前では、必要な史料は一々筆写したわけで、その苦労に較べれば、なんということはないだろう。

本誌に収録した五篇は、数年の間に書きためたものであるから、まとめてみると、重複する個所があり、また表記法に差異も認められた。出来るだけ整理・統一をしたかったが、一度脱稿してしまった原稿はそれも容易ではなく、結局、放置してしまったところが多い。見苦しい箇所はご寛恕をお願いしたいと思っている。

今回は、前著（『魔道に魅入られた男たち』）との関係もあり、愚息浩平を介して、雄山閣の児玉有平氏にお世話になることになった。相変わらずパソコンの操作能力に劣る私の原稿を、丹念に編輯し、このようなかたちに仕上げて下さったことに深く感謝している。拙い著作ではあるが、一人でも多くの考古学に興味をもつ人びとに読んで頂き、日本考古学界の発展のなかで、懸命の努力を惜しまなかった先学たちのことを認識して頂ければと願っている。

関連拙稿一覧

直良信夫先生と銅鐸の研究―忘れられたその研究分野―　『古代』八二　一九八六年一二月
直良信夫先生と円筒棺の研究―忘れられたその研究分野Ⅱ『図書館紀要』一〇　一九八七年三月
直良信夫と考古学研究　一九九〇年
魔道に魅入られた男たち―揺籃期の考古学界―　一九九九年
　蛮勇採集隊の将　江見水蔭　　貝塚発掘の驍将　水谷幻花　　藤森栄一が評価した研究者　高島唯峰
　二度も地名表を編纂した　野中完一　　最後の採集家　上羽貞幸
考古学への寄り道―地質学者佐藤傳蔵の青年期―　『新世紀の考古学―大塚初重先生喜寿記念論文集　二〇〇三年
探求に熱心なる人―若林勝邦小伝―　『考古学雑誌』八七―一～八八―二　二〇〇三年一月～二〇〇四年二月
「石狂」の先生―羽柴雄輔小伝―　『考古学雑誌』九一―一～四　二〇〇七年一月～三月

僻遠の地に独りで―真崎勇助小伝―　『地域と学史の考古学』　二〇〇九年
北陸に燃えた男―須藤求馬小伝―　『旃壇林の考古学―大竹憲治先生還暦記念論文集』　二〇一一年
創設期人類学会の庇護者―神田孝平小伝―　『考古学雑誌』九五―四　九六―一　二〇一一年三月～二〇一一年九月
童子の時、モースの講演を聴いて―山崎直方小伝―　『考古学雑誌』九八―一・二　二〇一三年一一月・一二月
直良信夫の世界―二〇世紀最後の博物学者―　（刀水叢書九三）　二〇一六年

■著者紹介

杉山 博久（すぎやま ひろひさ）

1937 年　神奈川県小田原市に生まれる
1960 年　早稲田大学第一文学部史学科・国史卒業
1962 年　早稲田大学大学院文学研究科（日本史学・修士課程）修了
1998 年　定年により神奈川県立小田原城内高等学校を退職
現在　日本考古学協会会員・南足柄市文化財審議会委員・二宮町文化財保護委員会委員

〈主要著書〉
『古墳文化基礎資料　日本横穴地名表』（斎藤忠共著）　吉川弘文館　1983 年
『直良信夫と考古学研究』吉川弘文館　1990 年
『縄文期貝塚関係文献目録』刀水書房　1996 年
『魔道に魅入られた男たち―揺籃期の考古学界』雄山閣　1999 年
『直良信夫の世界―20 世紀最後の博物学者―』刀水書房　2016 年

2022 年 1 月 25 日　初版発行　《検印省略》

「瓦礫《がれき》」を追《お》った人《ひと》びと―黎明期《れいめいき》考古学界《こうこがっかい》の先達《せんだつ》たち―

著　者　杉山博久
発行者　宮田哲男
発行所　株式会社 雄山閣
〒 102-0071　東京都千代田区富士見２－６－９
TEL 03-3262-3231㈹ FAX 03-3262-6938
振 替 00130-5-1685
http://www.yuzankaku.co.jp
印刷・製本　株式会社 ティーケー出版印刷

ISBN978-4-639-02802-4　C3021
N.D.C.210　256p　21cm